La discrimination en emploi

Quels moyens faut-il prendre ?

Département des relations industrielles
de l'Université Laval

La discrimination en emploi

Quels moyens faut-il prendre ?

Sous la direction de

Esther Déom

Jacques Mercier

Sylvie Morel

avec la collaboration de

Marc Bilocq

LES PRESSES DE L'UNIVERSITÉ LAVAL

2006

Les Presses de l'Université Laval reçoivent chaque année du Conseil des Arts du Canada et de la Société d'aide au développement des entreprises culturelles du Québec une aide financière pour l'ensemble de leur programme de publication.

Nous reconnaissons l'aide financière du gouvernement du Canada par l'entremise de son Programme d'aide au développement de l'industrie de l'édition (PADIÉ) pour nos activités d'édition.

Le Programme de partenariat syndical-patronal a contribué financièrement à la réalisation de ce projet

Les opinions exprimées dans ce document ne reflètent pas nécessairement celles du gouvernement du Canada

Canada

Le 61ᵉ congrès des relations industrielles intitulé « Discrimination en emploi, quels moyens faut-il prendre ? » s'inscrit dans l'axe 4 « Protections sociales » de l'Alliance de Recherche Universités-Communautés (ARUC)-Innovations, travail et emploi. Cette alliance de recherche, mise en œuvre par le Département des relations industrielles de l'Université Laval et financée par le Conseil de la recherche en sciences humaines (CRSH) du Canada, réunit, pour une période de cinq ans (2005-2010), les principaux chercheurs et acteurs du monde du travail et de l'emploi au Québec. Elle s'appuie d'une part sur une équipe de recherche multidisciplinaire composée de plus de trente chercheurs provenant majoritairement du Département des relations industrielles de l'Université Laval, de même que de l'Université de Montréal, de l'Université du Québec à Montréal, de l'Université du Québec en Outaouais et de l'IRSST. Elle fait d'autre part appel à un vaste réseau de partenaires appartenant autant aux milieux patronaux, syndicaux et gouvernementaux qu'au monde communautaire.

Maquette de couverture : Mariette Montambault

Mise en pages : Danielle Motard

ISBN : 2-7637-8475-5
ISBN 13 : 978-2-7637-8475-5

Distribution de livres Univers
845, rue Marie-Victorin
Lévis (Québec)
Canada G7A 3S8
Tél. (418) 831-7474 ou 1 800 859-7474
Téléc. (418) 831-4021
www.ulaval.ca/pul

Collaboratrices et collaborateurs

Jennifer Beeman
> Conseil d'intervention pour l'accès des femmes au travail
> Montréal

Hélène Bourcier
> AVRH inc.
> Québec

Denis Bradet
> Grondin, Poudrier et Bernier
> Québec

Louise Chabot
> Centrale des syndicats du Québec
> Montréal

Rosette Côté
> Commission de l'équité salariale
> Québec

Lucie-France Dagenais
> Commission des droits de la personne et des droits de la
> jeunesse du Québec
> Montréal

Anne-Marie Daune-Richard
> Laboratoire d'économie et sociologie du travail
> Centre national de la recherche scientifique
> Aix-en-Provence

Esther Déom
> Département des relations industrielles
> Université Laval
> Québec

Annick Desjardins
> Syndicat canadien de la fonction publique – FTQ
> Montréal

Marc-André Dowd
> Commission des droits de la personne et des droits de la
> jeunesse du Québec
> Montréal

Jean GAGNON
  Syndicat des fonctionnaires municipaux de Québec – FISA
  Québec

François JUTRAS
  Ville de Québec
  Québec

Jean LACHANCE
  Syndicat des employés manuels de la ville de Québec
  Québec

Lucie LAMARCHE
  Université du Québec à Montréal
  Montréal

Paul-André LAPOINTE
  Département des relations industrielles
  Université Laval
  Québec

Hélène LEE-GOSSELIN
  Département de management
  Université Laval
  Québec

Sylvie MOREL
  Département des relations industrielles
  Université Laval
  Québec

Patricia RIMOK
  Conseil des relations interculturelles
  Montréal

Moussa SARR
  Centre francophone d'informatisation des organisations
  Québec

Lise SIMARD
  Syndicat canadien de la fonction publique – FTQ
  Montréal

Sommaire

Préface

Chaque année depuis 1946, le congrès des relations industrielles est l'occasion d'une rencontre fructueuse entre l'université et la communauté du travail et de l'emploi. En provoquant des échanges entre universitaires et praticiens, il permet de conjuguer des expertises différentes et complémentaires afin d'enrichir la compréhension des grands enjeux et défis du monde du travail et de l'emploi au Québec. En réunissant les représentants des milieux syndical, patronal, gouvernemental et communautaire aux côtés des universitaires et des spécialistes du Québec et de l'extérieur, ce congrès facilite la prise en compte d'un grand nombre de points de vue relatifs aux questions abordées. Grâce aux échanges, aux discussions et aux analyses qui y prennent place, le congrès des relations industrielles jette un éclairage supplémentaire sur les enjeux et les avenues de solutions pour aider les décideurs politiques et les praticiens à relever les défis auxquels ils font face.

Cette année, le congrès a porté sur la discrimination en emploi et sur les moyens à mettre en œuvre pour l'atténuer ou, plutôt, la faire disparaître. Malgré certaines avancées et la présence de lois et chartes l'interdisant, elle subsiste. Que ce soit sous la forme d'écart salarial, de sous-représentation de groupes cibles ou de plainte déposée à la Commission des droits de la personne et des droits de la jeunesse, la discrimination résiste encore. Grâce à divers spécialistes et acteurs du monde de l'emploi, le 61e congrès des relations industrielles a proposé de faire le point sur cet enjeu fondamental qu'est la discrimination en emploi et de réfléchir sur les moyens d'y mettre fin.

Je remercie les conférencières et les conférenciers ainsi que les intervenantes et intervenants qui ont généreusement accepté de partager leurs connaissances et leurs expériences à l'occasion de ce congrès. Leurs propos, des plus pertinents, ont grandement enrichi les réflexions sur l'enjeu de l'équité en emploi et au travail. Je remercie également les participantes et participants dont la présence a rehaussé la qualité de nos débats. Je remercie enfin les membres du comité du programme (Marc Bilocq, Esther Déom, Jacques Mercier et Sylvie Morel) et ceux du comité d'organisation (Marie-Pierre Beaumont, Monick Debroux, Claudine Leclerc et Geneviève Veilleux) pour leur travail remarquable.

Paul-André Lapointe, directeur
Département des relations industrielles

Remise du prix Gérard-Tremblay

Depuis 1995, le Département des relations industrielles, à l'occasion de son congrès annuel, remet le prix Gérard-Tremblay. Ce dernier a été le premier directeur du Département des relations industrielles de l'Université Laval et aussi le premier sous-ministre du ministère du Travail à Québec. La distinction qui porte son nom est attribuée à une personne dont la carrière témoigne d'une contribution exceptionnelle au développement des relations industrielles. Cette année le prix Gérard-Tremblay est remis à madame Jennie Skene.

Infirmière de formation, madame Skene a été présidente de la Fédération des infirmières et infirmiers du Québec (FIIQ) pendant douze ans, de 1993 à 2005. Elle a obtenu son diplôme de l'École des infirmières de l'Hôpital de l'Enfant-Jésus, à Québec, en 1970. Elle a par la suite exercé sa profession au service d'urgence, au bloc opératoire ainsi que dans les départements de neurologie et de neurochirurgie de ce même hôpital.

Syndicaliste active, madame Skene s'est jointe dès 1976 à l'équipe syndicale de l'Hôpital de l'Enfant-Jésus. Elle a été présidente du Syndicat professionnel des infirmières et infirmiers de Québec en 1979 et 1980, trésorière et vice-présidente de la Fédération des syndicats professionnels d'infirmières et d'infirmiers du Québec de 1980 à 1987. En 1987, elle a joué un rôle de premier plan dans la création de la Fédération des infirmières et infirmiers du Québec dont elle en est devenue, la même année, la première vice-présidente. À ce titre, elle a assumé la responsabilité politique de porter des revendications reliées notamment aux problèmes des soins de santé offerts à la population et à l'organisation du travail des ressources humaines du réseau de la santé et des services sociaux.

Pendant les douze années où elle a occupé le poste de présidente à la FIIQ, elle a toujours défendu avec ses convictions de syndicaliste, de femme et de citoyenne le droit des membres qu'elle représentait de soigner dans des conditions décentes et le droit à des services de santé humains et accessibles à l'ensemble de la population.

Madame Skene a participé comme conférencière à de nombreux colloques, congrès et assemblées générales où elle a porté les réflexions et les orientations de la FIIQ sur des sujets de nature syndicale, sociopolitique et économique. Elle a agi comme porte-parole de la FIIQ au sein de plusieurs commissions parlementaires, notamment celle sur les réformes des services de santé et des services sociaux.

Femme de conviction et de parole, madame Skene a sans cesse eu à cœur de concilier les besoins des infirmières et ceux de la population à desservir.

C'est avec reconnaissance et fierté que le Département des relations industrielles décerne le prix Gérard-Tremblay à madame Jennie Skene afin de souligner sa contribution exceptionnelle à la cause des infirmières et infirmiers et à l'amélioration des soins de santé au Québec.

Paul-André LAPOINTE, directeur
Département des relations industrielles

Remerciements

D'entrée de jeu, je voudrais remercier le Département des relations industrielles de l'Université Laval ainsi que les personnes qui ont choisi de me décerner le prix Gérard-Tremblay. Quel ne fut pas mon étonnement lors de l'appel qui m'annonçait que j'avais été retenue comme récipiendaire de ce prix ! Après Léa Roback et Madeleine Parent, deux grandes dames qui ont fait leur marque sur le terrain des luttes pour la syndicalisation, à une époque où cela n'allait pas de soi, elles l'ont fait par conviction profonde qu'il fallait donner des moyens aux travailleuses et aux travailleurs pour améliorer leurs conditions de travail et de vie. En cela, je peux me reconnaître une parenté avec ces deux grandes dames.

Alors que certains ont fait le choix d'étudier en relations industrielles avant d'y pratiquer, j'y suis, moi, arrivée par le terrain. Je suis d'abord et avant tout infirmière, infirmière de formation, infirmière de cœur. J'ai toujours adoré le travail que je faisais, au-delà des difficultés qu'on y rencontre, parce qu'il permet un contact privilégié avec l'humain dans des moments trop souvent difficiles. Écouter, analyser, expliquer, établir un plan de soins, utiliser son jugement, aider..., voilà qui faisait partie de mon travail quotidien comme infirmière. Lorsque j'ai fait le choix de militer syndicalement dans mon établissement, l'Hôpital de l'Enfant-Jésus de Québec, c'était pour aider mes collègues à trouver des solutions à des problèmes divers avec les mêmes méthodes, les mêmes outils : l'écoute, l'échange, l'analyse, le jugement... Militer, c'est donc aussi pour moi aider, sans jamais perdre de vue celles et ceux pour qui on travaille ou pour qui on se bat ni pourquoi, peu importent les résultats immédiats. Alors, ce prix je le reçois aussi pour les infirmières et pour la Fédération des infirmières et infirmiers du Québec (FIIQ), organisation que j'ai représentée pendant plus de onze années à titre de présidente.

Le militantisme syndical m'a permis de toucher à de nombreux volets des relations du travail, que ce soit l'organisation du travail, à une époque (début des années 1980) où cette préoccupation était peu présente sur le terrain, la négociation collective, la planification de la main-d'œuvre, les ressources humaines, etc. Avoir contribué à l'unification des forces infirmières au Québec en 1987, me rend très fière. Avoir réussi à faire comprendre à la population du Québec les difficultés auxquelles les infirmières faisaient face et avoir gardé cet appui du public malgré une longue grève illégale me rendent très fière.

J'ai tenté, au fil de ces années, de ne pas diviser le monde des relations du travail en deux parties, d'un côté, les bons (entendons syndicalistes) et, de l'autre, les méchants (entendons employeurs). Le milieu est plus nuancé, me semble-t-il, et pour trouver les meilleures solutions aux problèmes rencontrés, il faut garder sa lucidité et faire preuve de jugement. C'est ainsi que j'ai apprécié toutes les occasions de participer aux congrès des relations industrielles, puisque cela me permettait d'entendre et d'échanger sur les différents points de vue des parties en présence sur le terrain ou de prendre connaissance de la recherche. C'est avec le même intérêt que j'ai pu collaborer en rencontrant des étudiants, en participant à des tables rondes et autres.

Être présidente d'une organisation syndicale comme la FIIQ, c'est pouvoir compter sur une équipe-conseil diversifiée et compétente auprès de laquelle s'alimenter, confronter des idées, chercher à aller plus loin pour nos membres. Savoir profiter de toutes les compétences qui nous entourent pour ensuite prendre la meilleure décision possible appartient au politique et j'ai toujours pu m'appuyer sur une équipe très forte à l'exécutif pour ensemble faire cheminer les dossiers sur le terrain.

Je tiens à remercier madame Hélène Pelletier pour l'influence qu'elle a eue sur mon cheminement syndical. Elle a été présidente de l'ancienne Fédération des syndicat professionnels des infirmières et infirmiers du Québec (SPIIQ), elle m'a utilisée à toutes les sauces syndicales, elle m'a poussée à faire des choses qui me semblaient impossibles, elle m'a appris à aller au bout des débats, elle m'a appris la rigueur, merci Hélène.

Un merci tout spécial va à mon conjoint Richard, militant, infirmier, diplômé en relations industrielles de l'Université Laval, pour son soutien indéfectible, sa présence rassurante dans les moments de doute et sa conviction que je pouvais presque tout faire.

Merci encore une fois à tous et un congrès fructueux avec une thématique on ne peut plus d'actualité, pensons seulement au dossier de l'équité salariale.

Jennie Skene

Allocution du recteur

C'est avec grand plaisir que je souhaite la plus chaleureuse des bienvenues à tous les participants à ce 61e congrès des relations industrielles. S'il y a une chose sur laquelle je veux insister ce matin, au moment de son ouverture, c'est sur l'importance de ce forum annuel consacré aux relations du travail. Depuis son début, en 1946, le congrès de relations industrielles a pour objectif de susciter un véritable dialogue social, en soumettant à la discussion et à la réflexion des problèmes qui représentent des enjeux de société importants et qui sollicitent directement les acteurs du système de relations industrielles.

Je salue cette constance qui fait du congrès annuel des relations industrielles un lieu de débat éclairé et équilibré, réputé pour la qualité et la pertinence des discussions qui y sont menées. L'Université Laval est très fière de s'associer à cet événement phare du milieu des relations industrielles.

Cette année encore, les organisateurs du congrès n'ont pas craint de s'inscrire au cœur des débats en proposant un thème très chargé, socialement et politiquement, celui de la discrimination en emploi. Les principes de l'égalité de traitement et du respect de la dignité humaine sont au cœur du modèle social que nous nous sommes donné. Il nous faut toutefois reconnaître que la législation ne semble pas suffire à elle seule pour enrayer la discrimination.

Malgré de grands progrès sur le plan législatif et une sensibilisation accrue des entreprises et organismes à ce problème, il reste toujours des efforts à faire pour que soient intégrés les principes de l'égalité de traitement dans le travail quotidien de nombreux travailleurs. C'est la raison pour laquelle je suis heureux de voir que ce congrès va être l'occasion, entre autres, d'examiner des exemples de bonnes pratiques.

Et je suis heureux également que cette année aussi, le congrès des relations industrielles rassemble des conférenciers et des participants provenant de nombreux horizons. C'est la preuve, une fois de plus, des liens importants que l'Université entretient avec la société dont elle est partie prenante.

Je tiens à remercier les conférenciers et les participants pour l'expérience et les compétences qu'ils apportent à cette rencontre. Je suis confiant qu'ensemble, vous réussirez à cibler des idées et des actions qui aideront à améliorer la qualité de vie et à assurer le respect auxquels ont droit les travailleurs de tous les milieux. Je souhaite à tous un débat stimulant et fructueux et j'attendrai avec beaucoup d'intérêt la publication des actes du congrès.

En terminant, je félicite chaleureusement les organisateurs du congrès, Esther Déom, Jacques Mercier, Sylvie Morel et Marc Bilocq, qui ont su réunir toutes les conditions nécessaires pour faire de ces deux journées une réussite.

Michel PIGEON, recteur
Université Laval

Introduction

La discrimination en emploi :
Quels moyens faut-il prendre ?

Pourquoi doit-on encore parler de discrimination ? Le problème n'est-il pas réglé ? Il semble en effet difficile de croire qu'il faudra encore consacrer des énergies pour lutter contre les effets de la discrimination sur le marché du travail. La *Charte des droits et libertés de la personne* du Québec existe depuis près de trente ans et la *Loi sur l'équité salariale*, depuis 1996. Une autre loi sur l'accès à l'égalité en emploi dans des organismes publics a aussi été adoptée sans compter les obligations contractuelles des gouvernements fédéral et provincial. Des programmes d'accès à l'égalité ont été élaborés dans certaines entreprises et, normalement, toutes les entreprises visées par la *Loi sur l'équité salariale* devraient avoir terminé leur exercice depuis quelques années. Enfin, beaucoup d'entreprises semblent reconnaître la nécessité d'avoir une main-d'œuvre représentative de la composition du marché du travail puisque qu'on entend beaucoup parler de « gestion de la diversité ». Plusieurs colloques ont d'ailleurs porté sur ce thème ces dernières années.

Ces colloques et conférences, généralement assez populaires et, à l'occasion, la parution d'articles de journaux, comme ce fut le cas dans le dossier de l'équité salariale dans le secteur public, donnent l'impression qu'on s'occupe de la question de la discrimination tout en ne la nommant pas comme telle. De surcroît, cette question est dorénavant traitée plutôt sous l'angle de l'entreprise et des pratiques innovatrices mises en place par l'organisation pour « gérer » toute cette diversité. Or, y a-t-il une réelle diversité à gérer ?

La question de l'intégration des groupes discriminés dans les entreprises constitue encore un problème et les exemples de milieux de travail « diversifiés » sont ce qu'ils sont, uniquement des exemples. La représentativité des groupes discriminés dans les milieux de travail est loin d'être atteinte et il ne faudrait surtout pas avoir l'impression qu'il s'agit maintenant de la gérer. Bien sûr, cela contribue à donner bonne conscience, mais ce n'est vraisemblablement pas un des résultats attendus de ce congrès ni un des objectifs d'ailleurs.

En effet, ce 61e congrès du département des relations industrielles sur la **discrimination en emploi** (nommons d'abord le problème avant de songer à s'y attaquer) s'est tenu sur ce thème précisément parce que la situation vécue par les groupes discriminés dans les milieux de travail laisse encore place à de grandes améliorations, et cela, malgré la présence de lois interdisant la discrimination ou imposant des mesures proactives de redressement ou de correction de situations discriminatoires. Dans ces actes sont ainsi rassemblés les différents points de vue partagés par les intervenantes et les intervenants lors du congrès intitulé *La discrimination en emploi : quels moyens faut-il prendre ?*

Ce titre n'est pas le fruit du hasard : il traduit la volonté du Département des relations industrielles de l'Université Laval de prendre acte de nouveau de la discrimination dans les milieux de travail pour ensuite discuter des moyens à employer pour l'enrayer. Je souligne une fois de plus parce que ce congrès a déjà traité directement, par le passé, des problèmes de discrimination au travail : tout d'abord en 1967 lors du congrès portant sur le travail féminin, puis en 1988 lors du congrès portant sur les chartes des droits et les relations industrielles. La présence de la discrimination au travail a ainsi été constatée et l'analyse des moyens pour l'enrayer a déjà été abordée. Presque quarante ans après le premier congrès portant sur le thème de la discrimination envers le travail féminin, il faut maintenant se poser la question : quel chemin avons-nous parcouru, où sommes-nous rendus, comment y est-on parvenu et quels moyens faudrait-il prendre pour continuer d'avancer ?

Cette introduction vise deux objectifs :

- présenter brièvement les instruments juridiques dont nous disposons pour lutter contre la discrimination en emploi ; et

- présenter le contenu de ces actes.

Le cadre juridique général

La présentation du thème du congrès par l'équipe organisatrice constitue une tradition départementale avec laquelle l'équipe de cette année a souhaité renouer. Le choix du thème justifie en grande partie cette décision, car le sujet traité demeure encore fort sensible et nous souhaitions vous présenter les choix qui ont été faits pour en traiter.

Je disposerai rapidement du premier objectif de cette introduction, soit la présentation des instruments juridiques pour lutter contre la discrimination en emploi. En effet, je ne désire pas insister sur le contenu des lois actuelles plus qu'il n'est nécessaire. La saveur du congrès n'est pas juridique. Deux documents préparés aux fins du congrès sont présentés à la fin de ce texte : le premier identifie les principales lois constituant le cadre législatif québécois de lutte contre la discrimination ainsi que l'objectif général poursuivi par chacune de ces lois, certaines modalités d'application et leur champ d'application ; le deuxième rappelle quant à lui les principales différences existant entre un programme d'accès à l'égalité et un programme d'équité salariale.

La consultation de ces documents permet de dresser immédiatement certains constats.

Il existe essentiellement quatre lois qui s'adressent à la discrimination au travail et elles sont d'époques et de factures différentes. Les deux premières sont la *Charte des droits et libertés de la personne* du Québec, adoptée en 1976, et la *Loi assurant l'exercice des droits des personnes handicapées*, adoptée trois ans plus tard, en 1979, et dont on entend peu parler par ailleurs.

La *Loi sur l'équité salariale* a quant à elle été adoptée en 1996, près de trente ans après l'adoption de la Charte, et la *Loi sur l'accès à l'égalité en emploi dans des organismes publics* l'a été encore plus récemment, en 2001. Ces deux dernières lois sont des lois adoptées en application de la Charte, mais elles constituent des moyens tout à fait différents de s'attaquer à la discrimination.

En effet, la Charte et la Loi sur les personnes handicapées peuvent être qualifiées de législations dites passives en ce sens qu'elles n'entrent en ligne de compte que lorsqu'une plainte est déposée. Lors des discussions entourant l'adoption de la *Loi sur l'équité salariale*, cette caractéristique de l'application de la Charte a été très critiquée, au point que la Commission des droits et libertés de la personne a elle-même recommandé l'adoption d'une loi proactive en matière d'équité salariale.

La *Loi sur l'équité salariale* et la *Loi sur l'accès à l'égalité en emploi dans des organismes publics* représentent un nouveau type de lois, dites proactives : essentiellement, elles imposent aux employeurs une démarche et un échéancier de réalisation de programmes (d'accès à l'égalité ou d'équité salariale). Le bilan de la *Loi sur l'équité salariale* est attendu à l'automne 2006, mais il est d'ores et déjà admis que son application ne s'est pas déroulée sans heurts. Quant à la *Loi sur l'accès à l'égalité*, il est un peu tôt pour juger de son application, mais là aussi, il faut noter un certain retard.

On peut ainsi faire remarquer, sans en tirer de conclusion définitive pour l'instant, que même des lois proactives, adoptées précisément pour voir au respect concret de principes déjà enchâssés dans la Charte mais qui ne trouvaient pas leur application dans les entreprises, sont insuffisantes pour redresser la situation. C'est une illustration assez claire de la limite des lois qui ne valent que l'application qui en est faite !

Toutefois, les lois, qu'elles soient passives ou proactives, remettent en cause des valeurs et préjugés enfouis dans notre inconscient collectif et sont souvent considérées comme très « agressantes » par les entreprises. Pourtant, ces lois doivent trouver leur application dans les milieux de travail en présence des acteurs traditionnels en relations du travail. Sans être impossible, la tâche est complexe et demande un engagement constant. Le problème de l'équité, salariale ou en emploi, se superpose à la dynamique, déjà présente, des relations du travail.

Les documents présentés en annexe permettent également de dresser un autre constat : malgré le nombre élevé des motifs pour lesquels la discrimination est interdite ou les programmes d'accès à l'égalité implantés, il n'en demeure pas moins que la majorité des efforts de lutte à la discrimination ont été faits pour améliorer la situation des femmes. Cela ne découle cependant pas directement de l'encadrement législatif[1], mais plutôt d'une combinaison de facteurs, dont la présence importante des femmes sur le marché du travail[2], la force de leur organisation et de leur engagement aux niveaux politique et syndical et, bien sûr, leur importance comme citoyennes et électrices. La volonté des acteurs en relations du travail a ainsi constitué un facteur important de réussite pour les femmes en matière d'accès à l'égalité et d'équité salariale.

Le contenu des actes du congrès

Sur ce point, j'aimerais simplement souligner quelques éléments qui permettront de bien comprendre la structure de ce rapport qui, essentiellement, suit le programme du congrès. Tout d'abord, le congrès était divisé en trois blocs d'une demi-journée chacun. Le présent ouvrage est aussi divisé en trois parties qui permettront particulièrement :

1. de tracer un bilan de la discrimination en emploi ;

2. d'identifier les facteurs de réussite de deux types de programmes visant à lutter contre la discrimination ici au Québec, puis de regarder ailleurs ce qui a réussi ;

3. de discuter des avenues à prendre pour continuer d'avancer dans la lutte à la discrimination.

Le bilan et les facteurs d'échec

Il a semblé essentiel de tracer, dès le départ, un bilan de la discrimination en emploi au Québec. Ce fut le mandat de la première conférencière invitée, Lucie-France Dagenais, chercheure à la Commission des droits de la personne et des droits de la jeunesse du Québec, dont le bilan, appuyé sur les études scientifiques disponibles, constitue le premier texte de la première partie du volume.

---

[1]   Par exemple, la *Loi sur l'accès à l'égalité en emploi dans des organismes publics* veut corriger la situation des personnes faisant partie de cinq groupes victimes de discrimination en emploi, soit les femmes, les personnes handicapées, les autochtones, les personnes qui font partie d'une minorité visible en raison de leur race ou de la couleur de leur peau et celles dont la langue maternelle n'est pas le français ou l'anglais et qui font partie d'un groupe autre que celui des autochtones et celui des personnes qui font partie d'une minorité visible.

[2]   Selon *Femmes au Canada : rapport fondé sur le sexe* de Statistique Canada (2006), les femmes représentaient au Canada, en 2004, 50,4 % de la population et 47 % de la population active occupée.

Pour enrichir ce portrait de la discrimination en emploi, la question de la persistance de la discrimination en emploi a été posée à diverses personnes d'expérience engagées à un titre ou l'autre dans des dossiers touchant la discrimination au travail. Les textes résumant l'essentiel des propos partagés lors du congrès sur cette question font suite au bilan et ouvrent la voie vers une réflexion critique sur l'état des lieux actuels en matière de discrimination en emploi au Québec.

Nous aurions souhaité entendre des représentants d'employeurs sur cette question, mais nous avons été incapables d'obtenir des engagements de leur part. Le Conseil du patronat du Québec étant déjà représenté dans le troisième bloc d'interventions, nous avons tenté d'obtenir l'engagement d'autres organisations représentant les employeurs, sans succès.

Des expériences réussies (ou les facteurs de réussite ici et ailleurs)

Après avoir fait le constat de la discrimination et identifié certaines des raisons qui en expliquent la persistance dans les milieux de travail, nous avons choisi d'aborder dans la deuxième partie la question de la discrimination sous un angle positif. Ici, nous avons dû contraindre la complexité et l'ampleur du sujet à la durée du congrès. Nous ne pouvions tout simplement pas aborder toutes les situations de discrimination, même les plus importantes, sous tous les motifs pour lesquels la discrimination est interdite au Québec. L'expérience et, dans certains cas, les mécanismes mêmes prévus dans les lois nous enseignent que ces dernières trouvent leurs application dans les milieux de travail et, le plus souvent, en faisant appel aux acteurs traditionnels des relations du travail, dans des rôles parfois très différents, cependant. Nous devons reconnaître cette caractéristique des interventions législatives et de leur implantation dans les organisations et même si nous pouvons en questionner la pertinence après plusieurs années d'expériences, nous ne pouvons l'ignorer.

Nous avons ainsi retenu de présenter les expériences de **programmes** implantés depuis plusieurs années pour lutter contre la discrimination. Au Québec, ils sont essentiellement de deux types : les programmes d'accès à l'égalité (p.a.e.) et les programmes d'équité salariale (p.e.s.). En faisant ce choix, nous avons par le fait même mis en lumière les expériences s'appliquant aux femmes ou aux emplois féminins, même si les p.a.e. s'adressent à d'autres groupes discriminés. Nous croyons ce choix justifié compte tenu de l'importance des femmes, comme groupe subissant de la discrimination, dans la population en général et dans la population active. En se basant sur des expériences réussies de p.a.e. et de p.e.s., nous voulions ainsi identifier les facteurs ayant contribué à l'atteinte des résultats positifs obtenus à la suite de l'application de ces programmes. Autrement dit, tout n'est pas négatif dans ce que nous avons fait depuis des décennies !

Respecter les critères déterminés plus haut ne fut pas une tâche facile : tout d'abord, il existe très peu de sources officielles, ne serait-ce que pour identifier de tels programmes, surtout dans le secteur privé. Ensuite, les programmes qui ont dépassé le stade de la conception pour se rendre à la phase d'implantation ne sont pas légion. Par exemple, en matière d'accès à l'égalité, il existe beaucoup de programmes intéressants « sur papier », mais il en existe très peu qui ont été mis en application et qui ont donné des résultats concrets (embauche de femmes dans des emplois de cols bleus, par exemple) et, ce qui est encore plus important, sur une période continue de plusieurs années. Enfin, comme nous voulions présenter des programmes *réussis*, il nous semblait primordial que les acteurs directement concernés, représentantes et représentants des travailleuses et des travailleurs et des employeurs, acceptent d'être présents à la même table ronde pour expliquer les facteurs de réussite des programmes qu'ils ont appliqués. Le contraire nous paraissait problématique. Un programme d'accès à l'égalité répondait à tous ces critères : celui des cols bleus de la Ville de Québec. En effet, c'est un programme qui existe depuis plusieurs années et qui est considéré comme une réussite par les représentants des travailleuses et des travailleurs ainsi que par la direction des ressources humaines de la Ville de Québec qui sont venus ensemble présenter leur expérience.

En ce qui concerne les programmes d'équité salariale, la situation s'est avérée plus complexe. Il nous a été impossible, malgré toutes nos démarches, d'obtenir que des représentantes ou représentants d'employeurs présentent le cas de leur entreprise, malgré l'accord des représentantes ou représentants syndicaux. Dans certains cas, les représentantes ou représentants d'entreprises étaient tout à fait prêts à faire part de l'expérience de leur organisation lors du congrès, mais elles ou ils ont été incapables d'obtenir la permission de la haute direction. Nous avons cependant eu la chance d'avoir avec nous deux personnes représentant une diversité d'expériences dans le domaine de l'équité salariale et dont les points de vue exprimés dans la deuxième partie de ce volume pourront considérablement enrichir le débat sur cette question.

Pour terminer cette deuxième partie, ma collègue Anne-Marie Daune-Richard, du Centre national de la recherche scientifique à Aix-en-Provence, trace les grandes lignes faisant la particularité du modèle suédois de lutte à la discrimination. Ce texte met en évidence un autre facteur de réussite, soit la qualité des politiques publiques qui interviennent en amont du processus.

Ces deux premières parties effectuent un bilan de la discrimination en emploi en 2006 et des difficultés et avantages du type actuel d'interventions dans les entreprises par l'examen des programmes d'accès à l'égalité et d'équité salariale. Elles permettent également d'entrevoir ce qui pourrait peut-être constituer un modèle intéressant pour poursuivre nos avancées dans la lutte à la discrimination en emploi.

Sur quelles bases continuer ?

Au début de la troisième et dernière partie, notre collègue Sylvie Morel présente une synthèse des interventions de la première journée du congrès pour mieux situer les propos des prochains intervenantes et intervenants. Dans cette partie, les propos rassemblés dans les actes ont été exprimés par une diversité d'acteurs : organisations syndicale et patronale, milieu universitaire et organismes engagés dans la défense de groupes discriminés ou dans l'application des lois.

Les textes portent sur les avenues qui s'offrent au Québec pour faire avancer la lutte à la discrimination. La synthèse des interventions de la première journée permet de constater que peu importe le type de lois, passives ou proactives, mises en place depuis trente ans, la discrimination en emploi persiste. Il est sans doute temps d'explorer d'autres modèles qui pourraient s'avérer efficaces. Le cas de la Suède est peut-être un modèle intéressant à approfondir.

Cependant, en dernière analyse, et cela même si on modifiait de façon importante les politiques publiques de lutte à la discrimination, il est plus que probable que l'atteinte de l'équité en emploi pour toutes et tous continuera de se réaliser au sein de l'organisation. Le texte d'Hélène Lee-Gosselin précise les changements profonds qui doivent s'opérer dans l'organisation à différents niveaux pour qu'on puisse entrevoir une application concrète des lois. Les implications que ces changements profonds entraînent pour les organisations sont aussi abordées dans ce texte qui clôt le présent ouvrage.

Si les réticences rencontrées pour compléter le programme du congrès constituent un indicateur de la résistance des entreprises à vouloir modifier leurs pratiques et des valeurs présentes dans les milieux de travail, force est de constater que l'atteinte de l'équité constitue bien un projet interpellant pour les entreprises.

L'équipe du congrès, Marc Bilocq, Jacques Mercier, Sylvie Morel et moi-même, espère que les réflexions entamées se poursuivront au-delà de ce congrès et de ces actes et, qui sait, deviendront le début d'une réelle conscientisation sur la réalité de la discrimination dans les milieux de travail.

Esther DÉOM
Département des relations industrielles

Documents de référence

Nous vous proposons deux documents de référence en guise d'aide-mémoire. Ils ont pour objectif de présenter brièvement le cadre législatif québécois en matière de discrimination en emploi ainsi que les principales différences distinguant un programme d'accès à l'égalité en emploi d'un programme d'équité salariale.

1. LA DISCRIMINATION EN EMPLOI :
cadre législatif québécois

Ce document présente les différentes lois composant le cadre législatif québécois en matière de discrimination en emploi : 1) la *Charte des droits et libertés de la personne* (L.R.Q., c. C-12) ; 2) la *Loi sur l'équité salariale* (L.R.Q., c. E-12.001) ; 3) la *Loi sur l'accès à l'égalité en emploi dans des organismes publics* (L.R.Q., c. A-2.01) ; 4) la *Loi assurant l'exercice des droits des personnes handicapées en vue de leur intégration scolaire, professionnelle et sociale* (L.R.Q., E-20.1). Pour chaque loi, vous trouverez le champ d'application, l'objet ainsi que les mécanismes d'application.

2. TABLEAU COMPARATIF :
programme d'accès à l'égalité vs programme d'équité salariale

Ce document rappelle les principales différences existant entre un programme d'accès à l'égalité et un programme d'équité salariale. Outre l'objectif des programmes, vous trouverez des informations générales concernant chacun des programmes ainsi qu'un exemple de leur mise en application.

1. LA DISCRIMINATION EN EMPLOI : CADRE LÉGISLATIF QUÉBÉCOIS

Document préparé par Marie-Pierre Beaumont en collaboration avec le professeur Alain Barré, Département des relations industrielles, Université Laval

Lois	Champ d'application	Objet	Mécanismes d'application
Charte des droits et libertés de la personne[1] **(L.R.Q., c. C-12) Entrée en vigueur juin 1976**	La Charte ne s'applique que dans les matières qui relèvent de la compétence législative du Québec (art. 55). Elle ne s'applique donc pas aux relations de travail dans la fonction publique fédérale ou dans les entreprises fédérales. Il faut alors s'en remettre à la *Loi canadienne sur les droits de la personne*, L.R.C. (1985), c. H-6. La Charte jouit d'un caractère « supra-législatif » ou « quasi-constitutionnel » : toute loi incompatible avec les articles 1 à 38 peut être déclarée inopérante à moins que le législateur n'ait dit expressément que la loi s'applique malgré la Charte. La Charte s'applique aux rapports des individus entre eux (les relations inter-individuelles) et avec leur administration.	La Charte affirme les libertés et droits fondamentaux de la personne et cherche à les protéger contre toute violation. La Charte interdit la discrimination en emploi (art. 10 à 19). Il y a discrimination interdite lorsqu'une distinction fondée sur « la race, la couleur, le sexe, la grossesse, l'orientation sexuelle, l'état civil, l'âge sauf dans la mesure prévue par la loi, la religion, les convictions politiques, la langue, l'origine ethnique ou nationale, la condition sociale, le handicap ou l'utilisation d'un moyen pour pallier ce handicap » a pour effet de détruire ou compromettre l'exercice des droits et libertés de la personne protégée par la Charte. Dans le domaine de l'emploi, la Charte protège aussi celui qui a été déclaré coupable d'une infraction pénale ou criminelle, « si l'infraction n'a aucun lien avec l'emploi ou si la personne en a obtenu le pardon » (art. 18.2).	Organisme responsable : Commission des droits de la personne et des droits de la jeunesse. La victime d'un cas de discrimination au sens des articles 10 à 19 peut porter plainte à la Commission (art. 74). Au terme d'une phase d'enquête et en l'absence d'un règlement entre les parties, la Commission peut s'adresser au Tribunal des droits de la personne ou à un autre tribunal afin d'obtenir toute mesure de redressement appropriée (art. 80). Toutefois, le justiciable n'est aucunement tenu de recourir aux divers mécanismes prévus à la Charte pour assurer la sanction des droits protégés. Il peut toujours choisir de saisir le tribunal compétent suivant le droit ordinaire.

[1] Sources : Site Internet de la Commission des droits de la personne et de la jeunesse (www.cdpdj.qc.ca) ainsi que le texte de la Charte.

Suite

Lois	Champ d'application	Objet	Mécanismes d'application
Loi sur l'équité salariale[2] (L.R.Q., c. E-12.001) Entrée en vigueur novembre 1997[3]	La loi s'applique à tout employeur dont l'entreprise de 10 salariés ou plus, incluant le gouvernement québécois, ses ministères et organismes. Elle ne s'applique pas à la fonction publique fédérale et aux entreprises qui relèvent de la compétence législative fédérale. Il faut alors s'en remettre à la *Loi canadienne sur les droits de la personne*, L.R.C. (1985), c. H-6, art. 11.	La *Loi sur l'équité salariale* a pour objet de « corriger les écarts salariaux dus à la discrimination systémique fondée sur le sexe à l'égard des personnes qui occupent des emplois dans des catégories d'emplois à prédominance féminine » (art. 1). Organisme responsable : Commission de l'équité salariale.	Afin de corriger les écarts salariaux dus à la discrimination systémique, la Loi prévoit des dispositions particulières qui encadrent la façon de réaliser l'équité salariale. Dans les entreprises d'au moins 100 salariés, l'employeur doit établir un programme d'équité salariale applicable à l'ensemble de l'entreprise (art. 10). Il doit aussi instituer un comité d'équité salariale dans le but de permettre la participation des salariés à l'établissement du programme d'équité salariale (art. 16). Outre l'identification des catégories d'emplois à prédominance féminine et des catégories à prédominance masculine, le programme d'équité salariale a pour objet l'évaluation de ces catégories d'emplois, leur comparaison, l'estimation des écarts salariaux, le calcul des ajustements salariaux et les modalités de versement de ces ajustements dans le but d'atteindre l'équité salariale dans l'entreprise (art. 50).

Dans les entreprises de 50 à 99 salariés, l'employeur doit établir un programme d'équité salariale applicable à l'ensemble de son entreprise, mais il n'est pas tenu de former un comité d'équité salariale. Toutefois, il peut choisir d'instituer un tel comité (art. 31).	Dans les entreprises de 10 à 49 salariés, la Loi oblige l'employeur à effectuer des corrections aux salaires pour atteindre l'équité salariale. Par contre, il n'est pas tenu d'établir un programme d'équité salariale. Toutefois, il peut choisir d'établir un tel programme (art. 34).

2. Sources : Site Internet de la Commission de l'équité salariale (www.ces.gouv.qc.ca), le texte de la loi ainsi que la brochure « L'équité salariale, il faut agir ! », conjointement publiée par la Chaire d'étude Claire-Bonenfant sur la condition des femmes et par le Département des relations industrielles de l'Université Laval, réalisée par Esther Déom et Hélène Lee-Gosselin (1997).

3. Sauf pour les articles concernant la Charte qui, eux, sont entrés en vigueur en novembre 1996.

Suite

Lois	Champ d'application	Objet	Mécanismes d'application
Loi sur l'accès à l'égalité en emploi dans des organismes publics[4] (L.R.Q., c. A-2.01) Entrée en vigueur avril 2001	Tous les organismes publics québécois qui emploient 100 personnes et plus, soit les municipalités, les commissions scolaires, les cégeps et les établissements du secteur de la santé et des services sociaux.	La *Loi sur l'accès à l'égalité en emploi dans des organismes publics* vise à augmenter la présence en emploi des personnes faisant partie de certains groupes traditionnellement victimes de discrimination en emploi : les femmes, les personnes handicapées[5], les autochtones, les personnes qui font partie d'une minorité visible en raison de leur race ou de la couleur de leur peau et les personnes dont la langue maternelle n'est pas le français ou l'anglais et qui font partie d'un groupe autre que celui des autochtones et celui des personnes qui font partie d'une minorité visible (art. 1). Organisme responsable : Commission des droits de la personne et des droits de la jeunesse.	Tout organisme public visé par la *Loi sur l'accès à l'égalité dans des organismes publics* « doit procéder à l'analyse de ses effectifs afin de déterminer, pour chaque type d'emploi, le nombre de personnes faisant partie de chacun des groupes visés par la présente loi » (art. 3). Le rapport d'analyse des effectifs est transmis à la Commission des droits de la personne et des droits de la jeunesse (art. 5) qui va déterminer s'il y a sous-représentation d'un groupe visé par la présente loi (art. 7). L'organisme est tenu d'établir un programme d'accès à l'égalité en emploi dans le cas où la Commission estime que la représentation des personnes à l'emploi de l'organisme faisant partie d'un groupe visé par la présente loi est généralement non conforme à la représentation des personnes compétentes de ce groupe dans la zone de recrutement applicable (art. 9). Dans le cas contraire, l'organisme doit veiller à maintenir une représentation des personnes à son emploi qui soit conforme à la représentation des personnes faisant partie des groupes visés par la présente loi.

[4]   Sources : Site Internet de la Commission des droits de la personne et de la jeunesse (www.cdpdj.qc.ca) ainsi que le texte de la Loi.

[5]   Au sens de la *Loi assurant l'exercice des droits des personnes handicapées en vue de leur intégration scolaire, professionnelle et sociale* (chapitre E-20.1).

Suite

Lois	Champ d'application	Objet	Mécanismes d'application
Loi assurant l'exercice des droits des personnes handicapées en vue de leur intégration scolaire, professionnelle et sociale[6] (L.R.Q., E-20.1) Entrée en vigueur juin 1979	Les ministères et leurs réseaux, les municipalités et les organismes publics et privés.	La *Loi assurant l'exercice des droits des personnes handicapées en vue de leur intégration scolaire, professionnelle et sociale* vise à « assurer l'exercice des droits des personnes handicapées et, par une implication des ministères et de leurs réseaux, des municipalités et des organismes publics et privés, à favoriser leur intégration à la société au même titre que tous les citoyens en prévoyant diverses mesures visant les personnes handicapées et leurs familles, leur milieu de vie ainsi que le développement et l'organisation de ressources et de services à leur égard » (art. 1.1).	La loi prévoit la création de l'Office des personnes handicapées du Québec (art. 2) qui a pour mission « de veiller au respect des principes et des règles énoncés dans la présente loi et de s'assurer, dans la mesure des pouvoirs qui lui sont conférés, que les ministères et leurs réseaux, les municipalités et les organismes publics et privés poursuivent leurs efforts afin d'améliorer les possibilités offertes aux personnes handicapées de s'intégrer et de participer ainsi pleinement à la vie en société » (art. 25). En matière de discrimination fondée sur le « handicap » au sens de l'article 10 de la *Charte des droits et libertés de la personne*, la victime peut porter plainte à la Commission des droits de la personne et des droits de la jeunesse (art. 74) ou choisir de saisir le tribunal compétent suivant le droit ordinaire.

[6] Sources : Site Internet de l'Office des personnes handicapées du Québec (www.ophq.gouv.qc.ca) ainsi que le texte de la Loi.

2. TABLEAU COMPARATIF :
PROGRAMME D'ACCÈS À L'ÉGALITÉ *VS* PROGRAMME D'ÉQUITÉ SALARIALE[1]

Document préparé par Marie-Pierre Beaumont, Département des relations industrielles, Université Laval

	Programme d'accès à l'égalité	Programme d'équité salariale
Objectif	Dans le système d'emploi d'une organisation, identifier et supprimer les règles et pratiques discriminatoires.	À l'intérieur d'une organisation, accorder une rémunération égale pour les emplois jugés de valeur équivalente.
Moyens	Implantation de mesures de redressement, d'égalité des chances et de soutien visant à favoriser l'accès, la progression puis le maintien en emploi des membres des groupes visés.	Évaluation des emplois à prédominance féminine et masculine avec une approche dénuée de préjugés sexistes, puis la comparaison de ces emplois pour vérifier si, à valeur égale, le salaire est égal.
Loi en application	Loi sur l'égalité en emploi dans des organismes publics (L.R.Q., c. A-2.01)[2]	Loi sur l'équité salariale (L.R.Q., c. E-12.001)[3]
Entrée en vigueur	Avril 2001	Novembre 1997[4]

---

[1]   Sources : Sites Internet de la Commission de l'équité salariale www.ces.gouv.qc.ca et de la Commission des droits de la personne et de la jeunesse www.cdpdj.qc.ca ; les textes de loi suivants : *Charte des droits et libertés de la personne*, *Loi sur l'équité salariale* et *Loi sur l'accès à l'égalité en emploi dans des organismes publics* ; ainsi que la brochure « L'équité salariale, il faut agir ! », conjointement publiée par la Chaire d'étude Claire-Bonenfant sur la condition des femmes et par le Département des relations industrielles de l'Université Laval, réalisée par Esther Déom et Hélène Lee-Gosselin (1997).

[2]   La Partie III de la *Charte des droits et libertés de la personne*, entrée en vigueur en juin 1985, encadre l'élaboration et l'implantation de programmes d'accès à l'égalité dans les entreprises et les organisations québécoises. Elle confie également diverses responsabilités à la Commission des droits de la personne et de la jeunesse.

[3]   C'est en vertu de l'article 19 de la *Charte des droits et libertés de la personne* que la *Loi sur l'équité salariale* a été créée en novembre 1997 afin d'appliquer concrètement l'équité salariale dans les entreprises.

[4]   Sauf pour les articles concernant la Commission qui, eux, sont entrés en vigueur en novembre 1996.

Suite

	Programme d'accès à l'égalité	Programme d'équité salariale
Organisme responsable de l'application de la loi	Commission des droits de la personne et des droits de la jeunesse	Commission de l'équité salariale
Motifs	Le sexe, l'appartenance ethnique, la couleur de la peau et la langue maternelle[5]	Le sexe
Organisations visées	Tous les organismes publics québécois qui emploient 100 personnes et plus, soit les organismes publics, municipaux, scolaires et ceux du secteur de la santé et des services sociaux ainsi que toutes les entreprises québécoises qui emploient plus de 100 personnes et qui ont obtenu du gouvernement un contrat ou une subvention d'au moins 100 000 $[6].	Toutes les entreprises québécoises de 10 salariées ou salariés et plus, incluant le gouvernement québécois, ses ministères et organismes ; sauf les entreprises qui relèvent de la juridiction fédérale (Postes Canada par exemple) ou le gouvernement fédéral.
Exemples	Mesure de redressement : retenir, à compétence équivalente, une candidature féminine pour chaque poste affiché dans un secteur d'emploi ou une profession où les femmes sont sous-représentées. Mesure d'égalité des chances : former des comités de sélection composés d'hommes et de femmes. Mesure de soutien : rendre plus accessibles les horaires flexibles pour les personnes en emploi ayant des responsabilités familiales.	Dans une même entreprise, un poste de secrétaire à prédominance féminine a été évalué de même valeur qu'un poste de préposé à l'entretien à prédominance masculine. Les titulaires de ces deux postes de même valeur recevront donc le même salaire.

[5] Les quatre groupes cibles sont : les femmes, les autochtones, les minorités visibles en raison de leur race ou de leur couleur de peau et les personnes dont la langue maternelle n'est ni le français ni l'anglais et qui font partie d'un groupe autre que les autochtones et celui des personnes qui font partie d'une minorité visible.

[6] Pour ce qui est des entreprises visées, seuls les trois groupes suivants sont ciblés : autochtones, femmes, membres d'une minorité visible.

L'ÉTAT DE LA QUESTION

1re

Partie

Le portrait de la discrimination en emploi au Québec

1

Lucie-France DAGENAIS

La discrimination en emploi et les groupes cibles : définition

La notion de discrimination : évolution d'une définition

La *Charte des droits et libertés de la personne* du Québec promeut la mise en œuvre du droit à l'égalité pour en assurer la réalisation matérielle. C'est dans ce cadre que tout un dispositif réglementaire a été instauré pour lutter contre la discrimination en emploi depuis une trentaine d'années (CDPDJ, vol. 2, 2003). Cet objectif a été modulé par les transformations successives de la notion même de discrimination à la faveur des revendications sociales portées par les différents acteurs sociaux au fil des ans. La conception de la discrimination est passée de l'idée d'intentionnalité de la personne qui discrimine à une approche axée sur les effets préjudiciables, par exemple des règles d'emploi en apparence neutres, jusqu'à une compréhension systémique des interrelations entre règles, pratiques ou décisions au sein des organisations.

Dans une perspective systémique, les pratiques discriminatoires sont complexes, elles se renforcent les unes les autres et leurs effets vont au-delà de la simple responsabilité individuelle et du redressement au cas par cas. La définition qu'on retient est la suivante : « La discrimination systémique est une situation d'inégalité cumulative et dynamique résultant de l'interaction de pratiques, de décisions ou de comportements, individuels ou institutionnels, ayant des effets préjudiciables, voulus ou non, sur les membres de groupes visés par l'article 10 de la Charte » (Chicha-Pontbriand, 1989 : 85).

Le dispositif réglementaire : deux sphères d'intervention sur le marché du travail

Partout en Amérique du Nord, après de longs débats sur la meilleure façon de s'attaquer au problème de la discrimination en emploi, deux voies sont retenues : d'abord, la reconnaissance du principe d'égalité de rémunération pour un travail équivalent visant à atténuer les inégalités de traitement salarial pour des postes déjà occupés par les femmes. Ensuite, le principe d'égalité d'accès en emploi visant à éliminer les inégalités d'accès aux emplois qui sont peu ou pas accessibles aux membres des groupes cibles : femmes, personnes des minorités visibles et ethniques, autochtones et personnes handicapées.

Au Québec, le dispositif réglementaire visant à contrer la discrimination systémique en emploi s'articule à ces deux sphères principales d'intervention sur le marché du travail, développées au fil des ans et ayant été mises en place dans le cadre de deux lois : la *Loi sur l'équité salariale* et la *Loi d'accès à l'égalité en emploi dans les organismes publics.*

Avant d'aborder le portrait de la discrimination en emploi au Québec, nous traitons des premiers effets de l'équité salariale. Cet exposé sommaire ne se veut pas une évaluation d'impact du dispositif d'équité salariale. On trouvera à l'annexe 1 du présent texte l'état de la situation des éléments du double dispositif réglementaire : A) de l'équité salariale (visant les femmes dans les emplois à prédominance féminine) et B) de l'égalité d'accès en emploi (pour l'ensemble des groupes cibles).

Les emplois à prédominance féminine et les premiers effets de l'équité salariale

Certains « emplois féminins », comme infirmière ou gardienne d'enfants, par exemple, sont moins rémunérés que les emplois masculins équivalents. Les responsabilités professionnelles sont évaluées plus généreusement lorsqu'il s'agit d'entretenir des équipements de prix que lorsqu'il s'agit de s'occuper de personnes ! Au Canada, cette situation a donné lieu à une réponse sur le plan des politiques d'équité salariale. Au Québec, le principe de l'équité a été adopté dans l'ensemble du secteur public et, récemment, des mesures proactives l'ont été en matière d'équité salariale dans le secteur privé. L'équité salariale vise à éliminer l'influence exercée sur les salaires par la discrimination professionnelle fondée sur le sexe.

Malgré la mise en œuvre de la *Loi sur l'équité salariale* québécoise, dans les faits, on est peu en mesure d'apprécier ses résultats sur les écarts salariaux affectant les emplois à prédominance féminine. D'une part, il n'y a pas d'obligation de former des comités de suivis de la Loi ou des groupes de travail pour vérifier les avancées de son application. D'autre part, et surtout, aucun mécanisme de collecte de données statistiques n'a été mis en place pour permettre de vérifier et d'évaluer ces résultats au fur et à mesure des avancées.

Selon les premières évaluations au Canada, bon nombre d'initiatives provinciales touchant l'équité salariale, bien qu'assez récentes, n'ont eu qu'un « effet restreint sur le marché du travail » (voir DRHC, 2000). D'abord, divers facteurs restreignent la portée de ces lois et politiques dont le fait qu'elles touchent davantage le secteur public et celui des grandes entreprises. Ensuite, les politiques et lois sur l'équité salariale ne se révèlent efficaces qu'en partie pour éliminer les écarts salariaux entre hommes et femmes. Selon des études effectuées au Canada, les mécanismes conçus pour réduire les écarts salariaux attribuables à la discrimination professionnelle fondée sur le sexe réussissent à réduire d'environ 10 % à 20 % les écarts salariaux au sein d'une entreprise (DRHC, 2006 : 3).

Peu de données québécoises permettent de connaître l'impact réel du dispositif d'équité salariale. (Cela est vrai non seulement au Québec mais également pour l'ensemble des dispositifs au Canada.) Les rares données disponibles sur le sujet ne font pas l'objet d'analyses statistiques complètes des ajustements salariaux et demandent un examen très prudent. Par exemple, l'exercice d'évaluation effectué par l'Institut de la statistique du Québec (ISQ, 2005) offre une compréhension des ajustements salariaux effectués seulement dans les établissements de plus de 200 employés (voir l'annexe 1A). Dans ces conditions, il est impossible d'avoir une vue d'ensemble des ajustements salariaux, c'est-à-dire pour tous les employés de la province (exception faite des travailleurs relevant de l'administration fédérale, soustraits du dispositif québécois).

Par ailleurs, la Commission de l'équité salariale constate dans son dernier rapport (2005) un retard important dans le versement des ajustements salariaux, et ce, pour une diversité de raisons. Ces retards proviennent surtout des entreprises de petite taille (moins de 50 employés), soit de petits milieux de travail souvent non syndiqués et peu protégés, dont la démarche d'équité salariale est périlleuse. Par conséquent, à ce jour, et depuis 2001, où la dernière version du dispositif d'équité salariale québécois est entrée en vigueur, très peu de travailleuses, et *a fortiori*, de travailleuses non syndiquées, une majorité de femmes dans le marché du travail, ont pu profiter des ajustements salariaux escomptés (FRONT, 2004 : 16).

Les premières données sur les ajustements de l'équité salariale dans le cas des établissements (privés ou publics) visés par la Loi n'ont donc pas permis de constater, pour l'instant, l'élimination des disparités salariales prévalant dans les emplois à prédominance féminine.

La définition de groupes cibles

Aux fins de l'élaboration du portrait de la discrimination en emploi, précisons la notion de groupes cibles. Cette définition s'articule à celle retenue par le double dispositif de lutte à la discrimination déjà mentionné.

Les femmes ont été le groupe déclencheur d'une approche de lutte à la discrimination dans l'emploi. L'article 10 de la *Charte des droits de la personne* identifie également d'autres groupes comme pouvant faire l'objet de discrimination.

Dans le dispositif d'équité salariale, les femmes dans les métiers à prédominance féminine (secteurs public et privé) demeurent la seule catégorie visée. Cela, malgré les efforts de la Commission des droits de la personne, déjà dans les années 1980, pour dresser un portrait plus complet de la situation désavantagée de plusieurs groupes cibles sur le marché du travail (voir Chicha-Pontbiand, 1989 : 169) et élargir à ces groupes (minorités visibles et ethniques, autochtones, personnes handicapées) subissant, tout comme les femmes, une ségrégation professionnelle.

Dans le dispositif d'égalité d'accès à l'emploi, en plus des femmes, les groupes suivants sont également visés :

- les membres de *minorités visibles* : personnes appartenant à une minorité en raison de leur race ou de la couleur de leur peau ;

- les membres des *minorités ethniques* : personnes autres que les autochtones et les personnes d'une minorité visible dont la langue maternelle n'est pas le français ou l'anglais ;

- les *autochtones* : personnes appartenant à la catégorie des Indiens, des Inuits ou des Métis du Canada ;

- les personnes *handicapées* : définies selon la *Loi sur les personnes handicapées*.

Le cadre d'analyse de la discrimination en emploi

Compte tenu du caractère subtil que peut prendre le phénomène de la discrimination, il serait périlleux d'entreprendre, dans le cadre limité du présent exercice, un examen exhaustif de l'état de la discrimination en emploi des groupes cibles au Québec. Il en serait ainsi d'abord en raison des difficultés d'accès aux données, notamment par leur coût souvent élevé, et ensuite, en raison des difficultés de traitement et d'interprétation homogènes de ces données.

Diverses composantes permettent de caractériser le phénomène de la discrimination en emploi : disparités salariales, incidence des formes d'activité comme le travail à temps partiel des femmes, surqualification professionnelle, niveau de participation ou de représentation des groupes cibles sur le marché du travail, etc. Dans cet article, nous retiendrons deux notions plus particulières autour desquelles s'organise la description des éléments de discrimination des groupes cibles dans l'emploi : celle de *représentation dans l'emploi* et celle d'*écart salarial*. Parler de la représentation des groupes cibles pour dresser un portrait de la discrimination en emploi revient à s'intéresser aux indicateurs de participation au marché du travail. Une diversité de facteurs affectant la participation interviennent étant donné le caractère systémique de la situation désavantagée des groupes cibles. Quant aux disparités salariales, elles sont un indicateur des plus révélateurs du caractère systémique de la situation de discrimination en emploi, au-delà des différences de scolarité, de l'expérience de travail, etc.

Le portrait de la discrimination en emploi au Québec que nous proposons offre un regard sur chacun des groupes cibles en décrivant d'abord les écarts salariaux, puis les écarts dans la représentation en emploi qui caractérisent leur situation discriminatoire. Nous traitons davantage de la situation des femmes ainsi que de celle des minorités, visibles et ethniques, compte tenu des données disponibles, moins rares que pour les autres groupes cibles. La situation des personnes handicapées et des personnes autochtones sera mentionnée, moins pour les écarts salariaux qu'au regard de leur sous-représentation en emploi, particulièrement dans le secteur public. Le portrait proposé ici est donc partiel et effectué à partir de sources d'informations de provenances diverses (données de l'administration publique et autres données statistiques et documentaires, voir la bibliographie).

La discrimination en emploi au Québec

Les écarts salariaux

Nous décrivons ci-dessous les écarts salariaux des groupes cibles dans l'emploi, d'abord les femmes puis les minorités, en commençant par le secteur public ou public élargi, suivi de l'ensemble du marché du travail québécois.

Les femmes et les écarts salariaux

Même si les différences salariales entre hommes et femmes se sont atténuées depuis les années 1970, elles persistent encore aujourd'hui : les gains des femmes au travail à temps plein en 2000 au Québec ne correspondent qu'à 72,0 % du montant gagné par les hommes, bien qu'en hausse par rapport à 1976 (59 %) (Statistique Canada, 2004 : 31).

Quels sont les écarts salariaux qui subsistent et comment peut-on les caractériser ? Pour répondre à cette question, nous examinons d'abord la situation des femmes employées dans le secteur public pour ensuite élargir l'examen aux disparités salariales hommes-femmes dans l'ensemble du marché de l'emploi.

- Les écarts salariaux hommes-femmes dans le secteur public

Nous nous limitons à l'effectif régulier du secteur public sans traiter de celui des employés occasionnels ou de ceux d'ensemble, éléments susceptibles de faire encore mieux ressortir les écarts. En considérant l'effectif global régulier des employés du secteur public, et selon les données officielles du Conseil du trésor (Secrétariat, 2005 : 41-42), le traitement salarial moyen est plus faible chez les femmes que chez les hommes dans toutes les catégories d'emplois en 2003-2004. On peut expliquer ce phénomène par un petit nombre d'années de service combiné à la représentation des femmes dans chacune des catégories d'emplois. Notons que l'écart salarial hommes-femmes, attribuable à l'expérience de travail ou au nombre d'années de service, peut être sous-estimé (Marie Drolet, 2002a : 39).

Les femmes sont plus présentes dans les catégories d'emplois à faible revenu, comme le personnel de bureau (f. 32 924 $/h. 33 199 $) et les techniciens (f. 40 500 $/h. 41 696 $). Elles demeurent donc, même dans l'administration publique, un secteur d'emploi syndiqué et réputé bien protégé, cantonnées dans des types d'emplois dits à prédominance féminine et dans des fonctions sous-évaluées et sous-rémunérées. Dans la catégorie des enseignants, un domaine traditionnellement féminin, il y a presque parité de traitement moyen entre les deux sexes, bien que la rétribution des femmes soit légèrement moindre que celle des hommes. Cependant, moins présentes dans les catégories d'emplois à plus haut revenu, tels les professionnels, cadres et haute direction, leur revenu reste, ici encore, derrière celui des employés masculins de l'administration publique.

- Les écarts salariaux hommes-femmes dans l'ensemble du marché du travail

  - *À diplôme égal, un revenu d'emploi féminin plus faible*

D'abord, malgré des avancées importantes dans le domaine de l'éducation supérieure, qui fournissent aux femmes de meilleures chances d'accéder à l'égalité en emploi, le constat principal qui se dégage est le suivant : femmes et hommes ne retirent pas les mêmes avantages d'un diplôme une fois sur le marché du travail (Dagenais, 2004 : 4).

Les estimations indiquent que le revenu d'emploi des femmes, avec le même niveau d'études et dans la même discipline, demeure moindre que celui des hommes. À niveau égal d'instruction, et ce, à tous les paliers d'éducation (secondaire et postsecondaire), les femmes, comme travailleuses à temps plein, ont des gains annuels moyens toujours plus faibles que ceux des hommes (Dagenais, 1995 : 28-32). Avec un diplôme universitaire, les hommes ont un revenu moyen d'emploi annuel de 60 870 $ contre 43 337 $ pour les femmes[1]. Avec un diplôme collégial, les gains d'emploi moyens des hommes sont de 40 733 $ contre 28 933 $ pour les femmes. Enfin, avec un certificat d'études secondaires, les hommes gagnent 36 204 $ contre 25 786 $ chez les femmes. Le niveau de scolarité n'explique qu'une faible part des écarts salariaux entre hommes et femmes. La prise en compte du domaine d'étude pourrait permettre de mieux les saisir (Marie Drolet, 2002a : 39).

Même dans les emplois traditionnellement féminins où les femmes demeurent largement concentrées – commis de bureau, secrétaires, personnel de la vente, infirmières, techniciennes de la santé ou enseignantes –, on constate que le revenu d'emploi des femmes est toujours moindre que celui des hommes. Chez le personnel de bureau, les femmes ont un revenu moyen d'emploi disponible de 22 835 $ contre 23 937 $ pour les hommes (voir l'annexe 4). En finance et en secrétariat, elles gagnent 24 727 $ contre 35 586 $ pour les hommes. Comme personnel de la santé (techniciennes et soutien), leur revenu moyen d'emploi disponible est de 24 073 $ contre 27 863 $ pour les hommes. Finalement, comme enseignantes, elles gagnent 32 143 $ comparé à 37 565 $ pour les hommes.

---

[1] Données de recensement, http://www.statcan.ca/francais/census96/may12/t4b_f.htm, page consultée le 10/04/06.

Quel que soit le domaine professionnel, le revenu d'emploi disponible moyen des femmes est toujours moindre que celui des hommes, que ce soit dans les secteurs à prédominance féminine ou masculine, ou encore dans tous les autres secteurs[2], sans exception.

– *Un revenu d'emploi plus faible malgré une présence féminine grandissante dans les professions*

Bien sûr, au fil des ans, la présence des femmes s'est accrue dans les professions bien rétribuées. Par exemple, la part des femmes qui pratiquaient la médecine ou la médecine dentaire au Canada s'est accrue de 44 % en 1987 et de 54 % en 2002. Pourtant, celles qui exerçaient une profession libérale gagnaient en moyenne, en 2002, 23,71 $ l'heure contre 26,22 $ pour les hommes (Statistique Canada, 2004 : 33). La présence des femmes s'est aussi accrue en gestion, une activité professionnelle bien rémunérée, traditionnellement à prédominance masculine : elles représentaient 17 % des gestionnaires en 1972 et 35 % en 2001. Toutefois, ici encore, les femmes gestionnaires occupent rarement les postes des échelons supérieurs les mieux rémunérés. Leur revenu moyen disponible dans ce secteur professionnel est plus faible que celui des hommes, soit 34 847 $ contre 44 660 $ (voir l'annexe 4).

Cet état de fait confirme que dans les cas où la ségrégation professionnelle recule et que les femmes pénètrent dans une profession de façon massive, cette dernière tend à se dévaluer du point de vue monétaire (Chicha-Pontbriand, 1989 : 26 ; Dagenais, 2004 : 6).

– *Des emplois à temps partiel ou précaires et un accès moindre aux bons salaires et aux avantages sociaux*

Les femmes sont proportionnellement beaucoup plus nombreuses que les hommes à travailler à temps partiel, même si les trois quarts de celles qui le font voudraient œuvrer à temps complet. Mais la proportion d'hommes augmente dans ce type d'activité, ce qui indique, encore ici, un processus de nivellement où un plus grand nombre d'hommes occupent aujourd'hui des emplois ayant historiquement été réservés aux femmes (Statistique Canada, 2004 : 30).

Les femmes sont non seulement plus présentes dans les emplois à temps partiel, mais elles le sont également dans d'autres formes d'activités atypiques (par exemple, les contrats temporaires, à durée déterminée, sur appel, etc.). Certaines de ces activités, tel le travail autonome, sont moins bien rémunérées chez les femmes (Dagenais, 1998 : 98-99) et comportent un accès restreint aux avantages sociaux et à la formation ainsi que des possibilités limitées d'avancement professionnel. Les études sur le travail indépendant révèlent que la précarité financière est une préoccupation bien présente pour bon nombre de travailleuses autonomes tout comme l'absence d'avantages sociaux

---

[2]   Voir Statistique Canada, *Enquête sur la dynamique du travail et du revenu*. Compilation de l'Institut de la statistique du Québec, 10 juin 2005.

offerts par l'employeur ou le gouvernement, tels l'assurance-maladie-invalidité, les régimes de retraite, les prestations d'assurance-emploi, etc. (Dagenais, 2003 ; D'Amours *et al.*, 2004).

Cette situation confirme que dans les analyses de la discrimination en emploi, les disparités hommes-femmes sont en fait bien supérieures à celles qu'indiquent les seules comparaisons salariales (Chicha-Pontbriand, 1989 : 28). Elles englobent des dimensions monétaires rattachées aux avantages sociaux et à l'accès à la protection sociale plus large.

  – *Les femmes plus présentes dans les tranches inférieures de revenu d'emploi*

Enfin, si l'on compare par tranche de revenu d'emploi, les femmes sont plus présentes que les hommes dans les tranches inférieures. Par exemple, elles représentent 22,7 % contre 14,1 % d'hommes dans celle de 20 000 $ à 30 000 $ (voir l'annexe 2). Leur proportion est encore plus forte avec 27,7 % contre 20,8 % d'hommes dans la tranche la plus basse de 10 000 $ et moins.

Globalement, la proportion de femmes augmente plus les tranches de revenu d'emploi baissent, et ce, à l'exception de la tranche de 40 000 $ à 49 999 $. Mais plus le revenu d'emploi s'élève, plus la proportion de femmes diminue (voir l'annexe 3). La tendance chez les hommes est inversée : d'abord, leur proportion est moindre que celle des femmes dans les tranches de revenu d'emploi plus bas (moins de 30 000 $). La proportion d'hommes est plus forte que celle des femmes dans les tranches de revenu d'emploi au-dessus de 30 000 $ et à mesure que les revenus d'emploi s'élèvent.

  – *Les femmes : plus pauvres et plus précaires tout en travaillant*

Ces données, qui indiquent un revenu d'emploi des femmes plus faible comparé à celui des hommes, confirment également une plus forte présence féminine dans la pauvreté tout en travaillant.

* * *

Le niveau de scolarité et le type de diplôme n'expliquent qu'une partie des écarts salariaux entre les sexes. Les disparités salariales entraînent d'autres écarts monétaires relatifs aux avantages sociaux et à l'accès à la protection sociale. Des facteurs comme l'expérience, l'ancienneté professionnelle, la syndicalisation, la taille de l'entreprise, la présence d'enfants et l'état matrimonial peuvent également en expliquer certaines. Cependant, une bonne part ne peut pas s'expliquer par les facteurs mesurés dans les enquêtes sur le marché du travail (Statistique Canada, 2004 : 32), confirmant de ce fait la présence d'éléments discriminatoires à la source des disparités salariales hommes-femmes.

Les minorités visibles et ethniques et les écarts salariaux

▪ Dans le secteur public ou public élargi

Certaines sources d'informations traitent de la représentation des minorités visibles et ethniques travaillant dans le secteur public ou public élargi. Par contre, les données disponibles pour l'ensemble du secteur public ou public élargi portant précisément sur la situation salariale spécifique aux membres des groupes cibles, autres que les femmes, sont rares, voire inexistantes[3]. Nous reviendrons plus loin sur la question de la représentation des personnes immigrantes au sein du système public d'emploi et sur les programmes d'accès à l'égalité en leur faveur. Pour l'instant, nous tentons de cerner les disparités salariales des personnes des minorités, visibles et ethniques, à partir de données les comparant aux personnes nées au pays.

▪ Les minorités visibles et ethniques et les écarts du revenu d'emploi

Un portrait détaillé de la situation des personnes salariées issues de l'immigration œuvrant dans le secteur manufacturier au Québec a été effectué par Emploi Québec (Emploi Québec *et al.*, 2005[4]). Même si les données sont compilées pour un seul secteur d'emploi, soit le secteur manufacturier, elles offrent un regard détaillé et des observations précises sur les écarts salariaux concernant spécifiquement les personnes des minorités visibles et ethniques en emploi. Ces données doivent être considérées avec prudence, car elles sont citées hors de leur contexte et à simple titre d'exemple des disparités salariales systémiques et multifactorielles pouvant exister entre les personnes des minorités et celles nées au pays, et ce, au regard de différents indicateurs dans un même secteur d'activité.

– *Un revenu d'emploi inférieur pour les personnes des minorités*

D'après les compilations, le revenu total d'emploi[5] des membres des minorités visibles et ethniques travaillant dans le secteur manufacturier est généralement plus faible que celui des personnes nées au pays. En effet, selon que leur lieu de naissance soit ou non le Canada, l'écart salarial peut varier de 7 500 $ à 11 000 $ en faveur des personnes nées au pays (Emploi Québec *et al.*, 2005 : 8). Pour l'ensemble du Québec, le revenu total d'emploi des personnes nées hors du Canada est de 23 757 $ contre 31 257 $ pour les personnes nées au pays. L'écart s'élargit encore pour l'île de Montréal (22 273 $ contre 32 009 $).

---

[3] Le Secrétariat du Conseil du trésor publie : *L'effectif de la fonction publique du Québec 2003-2004* (Analyse comparative des cinq dernières années, Sous-secrétariat au personnel de la fonction publique, Québec, 2005). Cette source offre des données salariales par sexe, mais elle n'offre aucune donnée sur la situation salariale des personnes des autres groupes cibles (minorités ethniques et visibles, autochtones, etc.) œuvrant dans le secteur public québécois.

[4] Ces données proviennent du recensement de 2001 sur la situation des personnes immigrantes en emploi pour le secteur manufacturier au Québec.

[5] Le revenu total d'emploi correspond au revenu total médian (RTM).

– Un revenu d'emploi inférieur avec une scolarité comparable

Les écarts salariaux apparaissent dans le revenu total d'emploi, même avec un diplôme égal, entre personnes nées ici et celles nées ailleurs. Par exemple, le revenu d'emploi des hommes en possession d'un diplôme d'études universitaires est de 36 036 $ pour ceux nés ailleurs contre 58 648 $ pour ceux nés ici (Emploi Québec *et al.*, 2005 : 219).

– Des écarts salariaux entre les catégories de minorités ethniques, visibles ou non

Il existe également des écarts de revenu d'emploi entre immigrants. Les catégories ethnoculturelles associées aux minorités visibles sont souvent les plus discriminées sur le plan salarial. C'est le cas, par exemple, des hommes de la catégorie « autres origines arabes » (28 623 $) qui ont un revenu total d'emploi inférieur à ceux des autres catégories ethniques : Italiens (34 984 $), Européen-Oriental (33 931 $) et Portugais (32 013 $) (Emploi Québec *et al.*, 2005 : 219).

– Un revenu d'emploi qui reste inférieur même avec le temps

Alors que le revenu total d'emploi des personnes des minorités est moins élevé, avec une scolarité comparable et pour un emploi de même niveau de compétence (Emploi Québec *et al.*, 2005 : 224), cette situation peut parfois varier beaucoup selon les qualifications et, surtout, le sexe (Emploi Québec *et al.*, 2005 : 204-208). L'analyse de l'évolution du revenu total d'emploi selon la période d'immigration révèle une augmentation continue de ce revenu en fonction du nombre d'années suivant l'arrivée au Canada. Cependant, le revenu d'emploi des personnes nées ailleurs demeure toujours inférieur à celui des personnes nées au pays, pour un emploi de même niveau de compétence (Emploi Québec *et al.*, 2005 : 224).

– Les femmes des minorités : doublement discriminées

Tandis que les personnes des minorités visibles et ethniques ont généralement un revenu total d'emploi plus bas que la moyenne, cela est davantage le cas des femmes immigrantes qui connaissent un isolement social et économique plus grand (Emploi Québec, 2005 : 46-47). Par exemple, elles gagnaient, en 2000, avec un diplôme universitaire, à peine 31 000 $ contre 48 558 $ pour les hommes immigrés et plus de 36 000 $ pour les autres femmes universitaires (CSF, 2005 : 70).

Finalement, les femmes des minorités nées hors du Canada ont, par rapport aux hommes, une situation socioéconomique encore moins bonne, non seulement pour ce qui est du revenu d'emploi (salaire horaire et salaire annuel plus bas), mais également pour certains autres indicateurs du marché du travail, comme un taux de chômage plus élevé.

La représentation des groupes cibles dans l'emploi

Nous abordons maintenant le second aspect de la discrimination systémique en emploi : la question des disparités de représentation des groupes cibles sur le marché du travail. Nous décrivons d'abord la représentation des femmes en emploi et ensuite celle des autres groupes cibles, en commençant par le secteur de l'administration publique québécoise.

Les femmes et leur représentation dans l'emploi

- Les femmes et leur représentation dans l'emploi du secteur public

La présence féminine globale dans le secteur public continue sa croissance. L'avancée se poursuit dans les effectifs d'emplois réguliers – ou équivalents temps complet (ETC) – où le pourcentage a atteint 52,7 en 2003-2004 contre 48,1 en 1998-1999 (Secrétariat, 2005 : 21-22). La proportion du nombre d'ETC occupés par les femmes a augmenté dans toutes les catégories d'emplois au cours de cette période. Cette hausse se décèle dans celles où les femmes sont déjà présentes. Elle avoisine 10 % pour les emplois professionnels et d'agents de la paix et est de 6,1 % pour les emplois techniques. La progression est minimale à 1,0 % pour le personnel de bureau, un ghetto traditionnellement féminin, où les femmes demeurent toujours le plus fortement concentrées par rapport aux hommes, soit à plus de 85,0 %. Quant aux postes de gestion, la progression des femmes se fait chez les cadres (8,6 %), mais elle est plus faible à la haute direction (5,4 %).

- Les femmes et leur représentation dans l'emploi du secteur public élargi

Le dernier bilan périodique de la mise en œuvre de la *Loi d'accès à l'égalité dans l'emploi dans les organismes publics* (plus de 100 employés) nous permet d'apprécier la représentation des femmes dans une portion du réseau public élargi : commissions scolaires, cégeps, petites municipalités, police, à l'exception du secteur de la santé[6]. On constate une forte présence féminine dans les commissions scolaires et les institutions privées d'enseignement aux niveaux préscolaire et primaire (CDPDJ, 2005a : 31). De plus, les femmes représentent près de la moitié des effectifs dans les cégeps et les sociétés d'État alors que leur présence est faible dans les petites municipalités et parmi le personnel policier de la Sûreté du Québec.

- La présence féminine dans l'ensemble de l'emploi

Dans l'ensemble de l'emploi, la représentation des femmes par rapport aux hommes n'a cessé de s'accroître de façon constante depuis le milieu des années 1970. En 2004, le taux d'activité selon le sexe atteignait 60,0 % chez les femmes et 71,9 %

---

[6] Les compilations des programmes d'accès à l'égalité (PAE) dans le secteur de la santé sont à venir.

chez les hommes[7]. Malgré une présence ou représentation aussi significative tant dans l'effectif de l'administration publique ou publique élargie ainsi que dans l'ensemble du marché du travail du Québec, les femmes demeurent concentrées dans des secteurs d'emploi relativement traditionnels.

Ainsi, environ le tiers de la main-d'œuvre féminine se concentre dans les secteurs traditionnels d'emploi féminins suivants : personnel de bureau ; personnel en finance et en secrétariat ; personnel des ventes et des services : commis, caissières et activités alimentaires ; enseignantes ; personnel technique et de soutien du secteur de la santé, professionnels en soins de santé et infirmières. La sous-catégorie « personnel de bureau » est celle qui affiche la plus forte présence féminine en chiffres absolus (261 553 femmes, soit 71,9 % ; voir l'annexe 4). Mais c'est dans le secteur « personnel en finance et en secrétariat » que les femmes restent le plus fortement concentrées, à plus de 88 % par rapport aux hommes (moins de 12 %).

Les hommes, comme on s'y attend, se concentrent dans des secteurs autres d'activité. Plus du tiers d'entre eux (voir l'annexe 4) œuvrent dans les secteurs suivants : sciences naturelles et appliquées ; métiers, transport et machinerie (autres métiers et conducteurs d'équipement) ; transformation, fabrication et services d'utilité (surveillants et conducteurs de machines) ; gestion (autres cadres que supérieurs) ; personnel de la vente et de l'assurance et personnel des services de protection.

La répartition hommes-femmes reste très tranchée entre les différents secteurs de l'activité professionnelle. Elle illustre très clairement l'ampleur des écarts de représentation des femmes qui demeurent toujours cantonnées dans les ghettos professionnels féminins dans l'ensemble du système d'emploi.

Les groupes cibles (autres que les femmes) et leur représentation dans l'emploi

- La présence des groupes cibles (autres que les femmes) dans le secteur public

Voyons maintenant la question de la représentation des groupes cibles (autres que les femmes) dans l'emploi en examinant leur présence d'abord dans le secteur de l'administration publique. Les groupes cibles considérés sont les groupes habituellement visés : minorités visibles et ethniques, personnes handicapées et autochtones auxquels s'ajoute ici le groupe des anglophones. Les informations présentées proviennent des données de *L'effectif de la fonction publique du Québec 2003-2004* (Analyse comparative des cinq dernières années) (Secrétariat, 2005). Ces données seront parfois comparées à celles de la période précédente, 1992-1996, où certains groupes cibles ne bénéficiaient alors pas de mesures d'accès à l'égalité dans l'emploi (autochtones ; anglophones).

---

[7]   Taux d'activité, moyennes annuelles, Québec, 1976 à 2004. Indicateurs du marché du travail, ISQ.

Le portrait que nous dressons, au regard des données disponibles, de la présence des groupes cibles (autres que les femmes) dans le secteur public peut sans doute en réduire la représentativité réelle. En effet, ce portrait ne traite que de l'effectif régulier et il est établi à partir d'une situation partielle compilée par le Secrétariat du Conseil du trésor (Secrétariat, 2005 : 25-37). Cependant, il donne tout de même une bonne idée du phénomène de sous-représentation qui caractérise les groupes cibles (autres que les femmes) dans le secteur public d'emploi.

• Les membres des communautés culturelles : il est impossible d'estimer avec précision la représentation des sous-catégories minorités visibles et minorités ethniques en tant que groupes cibles dans l'emploi de la fonction publique du Québec. Elles sont fondues dans la grande catégorie des « communautés culturelles » qui regroupe dans le même ensemble les minorités visibles et ethniques. Ces communautés représentaient, en mars 2004, 2,5 % des employés réguliers du secteur public, soit 1 504 personnes, contre 2,0 % en 2002-2003. Il s'agit d'une augmentation légère, puisque pour la période de 1998-1999, leur nombre représentait 937 (Secrétariat, 2005 : 26-27) et plus de 1 000 pour la période de 1992-1996 (Sous-secrétariat, 1997 : 28). Au regard de la représentation des personnes immigrées dans la population totale du Québec (environ 10 %[8]), cette présence confirme plutôt une sous-représentation.

• Les anglophones : leur part est demeurée à peu près stable à 0,7 % au sein de l'effectif des emplois réguliers du secteur public, représentant 303 en 1998-1999 et 384 en 2003-2004 (Secrétariat, 2005 : 29). Au cours de la période précédente, de 1992 à 1996, leur nombre était passé de 465 à 411, soit 0,8 % de l'effectif régulier (Sous-secrétariat, 1997 : 28). Encore ici, on doit constater une sous-représentation du groupe des anglophones dans l'emploi de l'administration publique compte tenu de leur présence (4,6 % au recensement de 2001) dans la population.

• Les personnes handicapées : elles poursuivent leur mouvement de régression déjà enregistré auparavant dans l'effectif des emplois réguliers du secteur public. Entre 1992 et 1996, ce groupe de personnes représentant 1,4 % de l'effectif était passé de 818 à 735 (Sous-secrétariat, 1997 : 28). Pour la période de 1998-1999 à 2003-2004, il a régressé de nouveau, de 1,1 % (511) à 0,9 % (518) de cet effectif (Secrétariat, 2005 : 35). On doit constater ici une difficulté particulière à comparer la représentation des personnes de ce groupe cible dans l'effectif régulier des employés du secteur public, tout comme dans l'ensemble de la population, du reste. En effet, « les statistiques disponibles sont souvent floues, parcellaires et rendent ardues les comparaisons avec la population en général » (Emploi Québec, 2005 : 44). De plus, il ne faut pas oublier la multiplicité des types de handicaps qui compliquent non seulement

---

8   Le Québec comptait 10 % de personnes immigrées parmi sa population totale en 2001 (CSF, 2005 : 14).

l'appréhension de l'ampleur du problème, mais également la question entière de l'intégration en emploi des personnes avec un handicap.

- Les autochtones : pour la période de 1998-1999 à 2003-2004, ils sont passés de 162 à 198, une proportion de 0,3 % qui est restée à peu près stable dans l'effectif régulier (Secrétariat, 2005 : 34). Ce nombre est encore plus faible que lors de la période antérieure de 1992 à 1996 où ce groupe était passé de 265 à 227 de l'effectif régulier alors qu'il ne bénéficiait pas de mesures d'accès à l'égalité (Sous-secrétariat, 1997 : 28).

- La représentation des groupes cibles (autres que les femmes) dans l'emploi du secteur public élargi

D'après le bilan provisoire sur la mise en œuvre de la *Loi d'accès à l'égalité dans l'emploi dans les organismes publics* (plus de 100 employés), on constate une faible présence et une quasi-absence des membres des minorités visibles dans les petites municipalités ainsi que parmi les employés des services policiers du Québec (CDPDJ, 2005a : 31-32). Quant aux minorités ethniques, leur situation ressemble à celle des minorités visibles. Cependant, on note une présence plus élevée dans les institutions privées d'enseignement que dans les commissions scolaires et les cégeps ainsi qu'une présence plus marquée dans la région métropolitaine que dans les autres régions. De même, on constate une très faible représentation des autochtones dans tous les réseaux du secteur public élargi ainsi que parmi le personnel policier du Québec.

* * *

En un mot, les groupes cibles autres que les femmes demeurent sous-représentés dans l'emploi du secteur de l'administration publique québécoise et du secteur public élargi. La catégorie globale des communautés culturelles (à la fois minorités visibles et minorités ethniques) ne progresse que très légèrement, tandis que les autochtones et les anglophones restent à peu près stables et que les personnes handicapées régressent dans l'ensemble de cet effectif.

- La représentation en emploi des minorités ethniques et visibles

Nous complétons maintenant le portrait dressé jusqu'ici en introduisant des indicateurs pour l'ensemble du marché du travail. Ils permettront de rendre compte des disparités de représentation des minorités visibles et ethniques dans l'emploi. Les principaux éléments d'appréciation de la discrimination dans l'emploi, qui risquent de se manifester tout au long de la trajectoire professionnelle d'une personne immigrante, sont des facteurs tels que l'appartenance ou non à une minorité visible ou le lieu d'origine, la période d'immigration, le niveau de scolarité, le sexe, l'âge et la langue parlée, pour ne nommer que ceux-là. Ces facteurs interviennent pour ponctuer à la hausse ou à la baisse les disparités dans la représentation en emploi. Nous n'examinerons ici que certains d'entre eux.

– L'activité des personnes des minorités ethniques et visibles

Les données disponibles concernant les personnes des minorités visibles nées ou non au pays montrent un taux d'activité plus élevé chez les personnes immigrantes de ces minorités. Par exemple, en 2001, le taux d'activité des hommes des minorités visibles nés hors du pays était de 73,5 % alors que celui des hommes des minorités nés au pays était de 60,6 %[9]. Par rapport à l'ensemble des hommes de la population, pour la même année, le taux d'activité était de 70,7 %.

– La non-reconnaissance des acquis à l'étranger

Malgré un taux d'activité réputé plus élevé que celui de la population non immigrante, la population immigrante des minorités ethniques et visibles rencontre des difficultés particulières en tant que nouveaux arrivants pour s'intégrer au marché du travail. Selon des données récentes d'Emploi Québec (2005 : 45-47), au titre des obstacles à l'emploi, il faut mentionner, comme une première barrière, la non-reconnaissance des acquis et des compétences scolaires et extrascolaires. Les difficultés d'accès à certains ordres professionnels sont une barrière additionnelle. Pour les personnes diplômées nouvellement arrivées, l'accès à un premier emploi dans leur champ d'études est difficile également en raison de l'absence d'expérience locale. Pour subvenir à leurs besoins, ces personnes acceptent souvent d'occuper un emploi inférieur à leur niveau de compétence. Dans ce contexte, les premières années au pays sont souvent marquées par une déqualification professionnelle.

– Les écarts entre emploi occupé et formation :
une surqualification professionnelle

Étant donné le haut niveau de scolarité (14 années et plus, en progression constante) d'une part importante des nouveaux arrivants, ces personnes sont souvent surqualifiées pour les emplois occupés. En raison de la proportion élevée de personnes immigrantes diplômées universitaires concentrées sur l'île de Montréal (35 % selon le recensement de 2001), la situation de surqualification des personnes immigrantes devient préoccupante. Dans un contexte de concurrence accrue, celles-ci trouveront difficilement des postes à leur niveau et selon leurs attentes alors que la région métropolitaine regroupe la très grande majorité (88,3 %) des personnes immigrantes du Québec (Emploi Québec, 2005 : 47).

– La surreprésentation au chômage et à l'aide de dernier recours

Outre que leur emploi correspond moins souvent à leur scolarité et à leur niveau de qualification, par rapport aux personnes nées ici, les personnes des minorités ont aussi un taux de chômage plus élevé (15,1 %[10]) que les personnes non immigrantes (14,0 %). En mars 2004, les personnes immigrantes prestataires de l'assurance-emploi

---

[9]   Statistique Canada, données du recensement de 2001, http://www12.statca.ca/francais/census01/products/standard/themes/RetrieveProductTa, page consultée le 19/04/06.

[10]   Données du recensement de 2001, pour les deux sexes.

dépassaient le nombre de leurs homologues nées ici. Elles représentaient 54 000 individus sur le territoire de l'île de Montréal, pour une proportion de 52 % du total des prestataires de cette catégorie[11]. Les personnes nées hors du pays sont toutefois majoritaires de l'assurance-emploi pour une brève période (moins de 6 mois). Parmi les prestataires bénéficiaires pour une longue période (depuis 120 mois), elles sont minoritaires (moins du tiers) (Emploi Québec, 2005 : 108). Ajoutons que les personnes immigrantes sont surreprésentées quant à l'aide de dernier recours par rapport à la population québécoise.

– La « théorie du rattrapage »

La « théorie du rattrapage » voudrait qu'il suffise aux immigrants pour améliorer leur présence et leurs résultats sur le marché du travail, après un certain nombre d'années au pays, de perfectionner leurs capacités linguistiques et d'acquérir des titres de compétence ainsi qu'une expérience d'emploi locale. Comme les premières années sont le plus souvent marquées par la déqualification professionnelle, avec le temps, la situation des personnes immigrantes devrait témoigner d'un certain rattrapage. Les données indiquent cependant que, alors que le taux de chômage et l'incidence de faible revenu diminuent plus le nombre d'années passées au pays augmente, les personnes des minorités visibles établies depuis longtemps présentent encore des taux de chômage et de faible revenu plus élevés que leurs homologues blancs (Picot et Hou, 2003, cité dans CTC, 2005 : 29).

Des données prenant en compte le niveau de scolarité indiquent toutefois qu'un rattrapage différencié se produit dans l'intégration des immigrants au marché du travail québécois. Les résultats d'une étude sociologique récente (Renaud et Cayn, 2006) démontrent que l'intégration à la société québécoise se déroule de façon satisfaisante pour la plupart des immigrants sélectionnés. Trois mois après leur admission au Québec, la moitié d'entre eux ont obtenu un premier emploi et après une année, un emploi correspondant à leur niveau de scolarité. Plus des deux tiers ont obtenu un tel emploi cinq ans après leur admission.

Certains groupes de nouveaux arrivants parviennent plus rapidement à s'intégrer dont ceux de l'Europe de l'Ouest et des États-Unis. Pour d'autres, le cheminement est plus long. Selon cette même étude, certains facteurs influencent davantage la rapidité de l'insertion au marché du travail québécois, tels que le niveau de scolarité, la préparation de la migration, les séjours préalables et la région d'origine. L'importance de la région de provenance des immigrants est déterminante sur leur accès à l'emploi. En effet, les immigrants issus d'Asie, du Moyen-Orient et de l'Océanie semblent désavantagés, car l'accès à un emploi et à un emploi qualifié est plus lent pendant toute la période observée, jusqu'à cinq ans.

---

[11] En comparaison, seulement 33 % de la population de l'île en âge de travailler (15 ans et plus) était immigrante (recensement de 2001) (Emploi Québec, 2005 : 47).

Une double problématique semble donc caractériser la situation de sous-représentation de la main-d'œuvre immigrante : d'une part, la main-d'œuvre qualifiée aspire à occuper un emploi équivalent à son niveau de compétence, mais elle rencontre des obstacles et se trouve sous-employée de façon temporaire ; d'autre part, la main-d'œuvre peu qualifiée éprouve des difficultés à trouver un emploi et à s'y maintenir, en raison notamment des barrières de langue et de culture. Dans ce cas, la situation semble relevée d'une logique de discrimination menant à une sous-utilisation des compétences, puisque la situation perdure sans qu'on puisse prévoir des changements significatifs (Renaud, Cayn, 2006 : 52).

– *Les femmes des minorités et le niveau de diplôme*

Les femmes qui appartiennent à des minorités visibles ou ethniques peuvent connaître des conditions d'isolement social et économique plus aiguës dues à une faible maîtrise de la langue qui limite leur communication avec leurs collègues ou une clientèle. Dans ce contexte, la catégorie de sexe peut constituer un indicateur marquant des disparités de représentation ou de discrimination en emploi des personnes des minorités ethniques, particulièrement des minorités visibles.

Les femmes des minorités visibles et ethniques vivent la discrimination salariale d'une façon plus aiguë que leurs homologues masculins, tel que déjà noté. En ce qui touche la discrimination en emploi, pour elles, un niveau d'instruction plus élevé n'améliore pas à coup sûr leur sort en emploi. Quel que soit leur niveau de scolarité, le taux de chômage des femmes immigrées est plus élevé et leur taux d'activité plus faible que celui des Québécoises et des autres populations immigrantes.

– *Les femmes des minorités et la déqualification professionnelle*

Malgré leur scolarité souvent plus poussée que celle des immigrants masculins, les travailleuses immigrantes subissent une forme ou une autre de déqualification professionnelle plus marquée à leur arrivée (CSF, 2005 : 65). À titre d'exemple, en 2001, 8,0 % des femmes immigrées au Canada occupaient des postes de gestion dans leur pays d'origine et moins de 3,0 % d'entre elles occupaient ce type de poste six mois après leur arrivée au pays (CSF, 2005 : 60). En affaires, finance et administration, elles étaient 25,0 % et seulement 18,0 % sont restées dans le domaine. Par contre, uniquement 12,0 % des femmes immigrées occupaient un poste dans le secteur de la vente et des services dans leur pays natal, pourcentage passé à 37,0 six mois après leur arrivée au Canada. Dans le domaine de la transformation et de la fabrication, 4,4 % a grimpé à 18,0 %. Cela signifie que les professions occupées par les membres des minorités ne correspondent pas à leur compétence et, en fait, elles les sous-estiment, du moins pour un certain temps.

S'il ne s'agit pas d'une différenciation socialement inacceptable, car il peut s'agir d'un processus temporaire d'ajustement, il y a, pour ces personnes, une sous-utilisation provisoire de leurs compétences, un retard mais non un blocage. Cependant, pour celles qui ne parviennent pas, au-delà de six mois à un an, à trouver un emploi à leur niveau de compétence, la situation peut traduire une logique de discrimination. Dans ces cas, il s'agit d'une perte sèche importante de compétence, non seulement pour les femmes immigrantes elles-mêmes, mais également pour l'ensemble de la société : que des femmes doivent se recycler en restreignant leur activité profession-nelle dans le domaine de la vente, des services ainsi que de la transformation et de la fabrication alors qu'elles auraient les qualifications pour contribuer dans des secteurs plus élevés.

– Les femmes des minorités et les nouveaux visages
de la discrimination en emploi

Les femmes des minorités doivent aussi faire face aux nouveaux visages de la discrimination. Par exemple, celles qui veulent immigrer au pays doivent parfois emprunter des filières d'emploi particulières pouvant conduire à des formes d'exploi-tation ou d'esclavage modernes qui intensifient la discrimination dont elles sont victimes. Les femmes immigrantes, souvent employées comme domestiques, sont fréquemment astreintes à des conditions particulièrement pénibles d'isolement et rencontrent des conditions d'insertion en emploi des plus désavantageuses. On connaît bien le cas des immigrantes d'origine philippine, majoritaires comme travailleuses domestiques au Québec.

– Les femmes des minorités et les nouvelles filières piégées

Le cas des « danseuses exotiques » a fait beaucoup de bruit au Canada. Le cas des « mariées sur le net » ou des « épouses promises » est moins connu, mais il cor-respond à un nouveau phénomène en progression depuis une décennie (CSF, 2005 : 63). Il se manifeste dans des pays où les femmes cherchent à fuir la guerre, l'oppres-sion ou la pauvreté. Ce recrutement dans le tiers-monde, ou l'importation d'une main-d'œuvre vulnérable, se fait de plus en plus sur Internet ou par le biais d'agences de tous genres auprès de candidates à l'immigration, à partir des anciens pays du bloc soviétique, en Amérique latine, en Afrique et en Asie. Internet a provoqué une grande explosion de l'offre : un seul site mène à 300 agences ou organisations connexes de recrutement des femmes. Un grand nombre des victimes du trafic sexuel, ainsi recru-tées, arrivent au pays par des voies tout à fait légales, comme aide-ménagère, artiste, danseuse ou touriste, mais elles se retrouveront en situation des plus précaires à l'ex-piration de leur permis de séjour. Des réseaux de consultants malhonnêtes, aux pra-tiques souvent discutables, profitent également de la vulnérabilité des candidates au statut de réfugiées et d'immigrantes au Canada.

Certes, ces cas sont en marge de l'immigration, mais ils témoignent cependant d'une conjoncture nouvelle qui menace les femmes aspirant à immigrer dans un monde où ces filières d'emploi sont présentées comme un moyen d'amélioration de leurs conditions de vie pour sortir de la pauvreté.

Conclusion : Les grands défis de l'intégration des groupes cibles dans l'emploi ou comment faire reculer la discrimination ?

Le portrait dressé de la discrimination en emploi au Québec a porté sur les disparités salariales et de représentation des groupes cibles comme éléments de description du phénomène. En guise de conclusion et au terme de ces constats, tracés à grands traits, nous rappelons les principaux défis de l'intégration à relever pour chacun des groupes cibles afin de faire reculer davantage la discrimination en emploi.

Pour les femmes, le défi principal incombe à l'ensemble de la société et des acteurs du monde du travail. Il réside dans l'atteinte de l'équité salariale avec les hommes dans le domaine du travail. Pour y parvenir, les femmes doivent d'abord accéder aux emplois à plus haut niveau de revenu, aux postes de décision et de responsabilité ainsi qu'aux emplois dits non traditionnels, tant du secteur public que privé.

Pour les minorités visibles et les minorités ethniques, elles devront être mieux représentées dans l'ensemble du marché de l'emploi et accompagnées dans leur projet d'intégration. De nouveaux moyens peuvent être envisagés et promus, notamment par la Commission, pour soutenir les employeurs dans leurs démarches de recrutement et d'intégration en emploi. Par exemple, puisque les recruteurs avouent[12] attacher de l'importance aux nom et prénom mentionnés sur le curriculum vitæ (cv), le cv anonyme pourrait sans doute constituer un moyen valable d'ouvrir des portes aux personnes des minorités afin d'obtenir une première entrevue d'embauche. Elles doivent également pouvoir accéder aux emplois dans leur champ de compétence et de formation dans la région métropolitaine, là où les minorités sont concentrées, ainsi qu'à travers les autres régions du Québec : on doit faciliter l'intégration des minorités, par leur apprentissage du français, et, dans les emplois exigeant l'appartenance à un ordre professionnel, par des démarches accélérées de reconnaissance de la formation, des compétences et des expériences acquises à l'étranger, tel que déjà recommandé par la Commission (CDPDJ, 2005a : 93) ; on peut également envisager le développement d'un plan d'action au niveau national, afin de promouvoir les qualifications des personnes immigrantes auprès des employeurs du Québec ; on doit soutenir en particulier les femmes des minorités pour faciliter leur insertion dans des emplois correspondant mieux à leur niveau de formation et leurs compétences et pour les prémunir contre les nouvelles formes d'exploitation et de discrimination qui les guettent (par exemple, le recrutement périlleux sur Internet).

Pour les autochtones, on doit s'efforcer de définir le type de mesures à inscrire dans les programmes d'accès à l'égalité en emploi qui tiennent compte de leurs besoins et de leurs préoccupations, afin de leur assurer une meilleure représentation dans le domaine du travail et l'intégration dans la société.

---

[12] Il est à noter que « 44 % des recruteurs flirtent avec la discrimination », L'Entreprise.com, jeudi 16 février 2006.

Finalement, quant aux personnes handicapées, elles sont nouvellement prises en compte dans les objectifs d'accès à l'égalité dans les organismes publics, au terme des dispositions législatives entrées en vigueur en décembre 2005. Elles devraient pouvoir améliorer leur représentation en emploi par ce moyen. Ce sera également l'occasion d'un travail important à développer sur les approches d'accommodement dans les divers milieux de travail. On ne peut négliger les efforts importants pour vaincre les obstacles structurels qui limitent encore l'exercice des droits de ces personnes.

La réalisation de ces défis requiert une évolution des mentalités au sein des organisations. Améliorer la présence des groupes cibles, favoriser l'égalité d'accès à l'emploi ainsi que l'équité salariale sont des mécanismes positifs pour l'ensemble de la collectivité qui requièrent plus de ressources professionnelles. Travailler ainsi à l'intégration des membres des groupes cibles dans les organisations améliore en même temps les échanges et le mieux vivre de tous. Cela peut également constituer un atout (bonnes pratiques d'affaires) pour attirer la clientèle des consommateurs des minorités.

ANNEXE 1

**État de la situation du dispositif réglementaire de l'équité salariale
et de l'égalité d'accès en emploi**

A Éléments du dispositif visant l'égalité de traitement sur le plan salarial	État de la situation
1975 : adoption du principe d'égalité de rémunération pour un travail équivalent ; la *Charte québécoise des droits et libertés* était la première loi au Canada à consacrer ce principe.	
1982 : « grossesse » devient un motif de discrimination interdit reconnu dans la Charte québécoise ; jusque-là, les tribunaux québécois ne l'intégraient pas au motif « sexe ».	
1989 : équité salariale : promotion d'une loi dite proactive en cette matière exigeant des entreprises (moins de 50 employés) de faire l'évaluation des emplois à prédominance féminine et à prédominance masculine et les ajustements salariaux requis.	
1996 : la *Loi sur l'équité salariale* est finalement adoptée. Prolonge le droit à l'égalité pour les femmes inscrit dans la Charte. A pour objet de corriger, au sein d'une même entreprise, les écarts salariaux dus à la discrimination systémique fondée sur le sexe à l'égard des personnes occupant des emplois à prédominance féminine.	**Novembre 2005** : environ 45 000 entreprises sont visées par la Loi dont 35 000 (75 %) sont de *petite* taille (10 à 49 employées). La démarche d'équité salariale devait être terminée et les écarts salariaux déterminés au plus tard le 21 novembre 2001. La date de versement des ajustements salariaux avait été fixée au 21 novembre 2005. La Commission de l'équité salariale indique dans son rapport annuel : « En 2004, 62 % des entreprises visées déclaraient avoir terminé leurs travaux d'équité salariale. Le retard le plus important s'observe dans les petites entreprises » (CES, 2005 : 14). Elle ajoute toutefois « [...] qu'il existe un écart important entre ce que les entreprises prétendent et ce que la Commission constate sur le terrain » (CES, 2005 : 25).

Suite

A Éléments du dispositif visant l'égalité de traitement sur le plan salarial	État de la situation
	➢ *Évaluation de l'impact de la Loi* : l'ISQ (2005) a réalisé en 2004 une enquête portant sur les ajustements relatifs à l'équité salariale auprès des établissements québécois de plus de 200 employés réguliers, à l'exception de l'administration québécoise (fonction publique, éducation, santé et services sociaux), assujettis à la Loi. On y a mesuré l'ampleur et les caractéristiques des ajustements relatifs à l'équité salariale : • l'ajustement moyen relatif à l'équité salariale est de 5,6 % ; il est plus élevé dans le secteur « autre public » (6,5 %) que dans le secteur privé (5,4 %). Dans l'ensemble des catégories d'emplois à prédominance féminine ayant fait l'objet d'un ajustement, ce sont celles représentant du personnel de bureau qui reçoivent le plus fréquemment des ajustements (48,0 %). Les résultats indiquent que pour 67,7 % des catégories ajustées, les salaires l'ont été du même pourcentage que les maximum de l'échelle. Ils montrent en outre que dans la presque totalité des cas (96,6 %), aucune modification n'a été apportée aux avantages ou conditions de travail. L'objectif premier de l'ISQ qui était d'analyser l'impact des ajustements comparés à la rémunération globale n'a pu être atteint (le chap. IX de la Loi jugé inconstitutionnel a empêché l'ISQ d'inclure des résultats pour l'administration québécoise et certains grands employeurs du Québec qui se sont prévalus de ce chapitre). L'impact réel de la Loi reste donc à évaluer dans son ensemble en comparant les ajustements salariaux à la rémunération globale. Une enquête effectuée en 2002 (CES, 2002) indiquerait une augmentation de 8,0 % dans les entreprises ayant complété l'exercice d'équité salariale (Rosette Côté, *Le Devoir*, 2006). Finalement, une entente intervenue entre le Programme d'équité salariale du Conseil du trésor et le Syndicat des professionnel(le)s du gouvernement du Québec a permis des ajustements à la hausse pour cinq corps d'emploi à prépondérance féminine (SPGQ, 2006).

B Éléments du dispositif pour favoriser l'égalité d'accès en emploi	État de la situation
1982 : une modification à la Charte (articles 86 à 91) ajoutait les *programmes d'accès à l'égalité* (PAE) comme instrument privilégié de lutte à la discrimination systémique touchant des groupes de personnes.	
1985 : un PAE visait à corriger la situation de discrimination dans l'emploi de personnes des groupes spécifiques ciblés selon les effets discriminatoires : femmes, minorités visibles, autochtones, personnes handicapées, anglophones.	
1989 : mise en œuvre du *programme d'obligation contractuelle* (OC) vise à assurer l'égalité d'accès à l'emploi en favorisant l'embauche des groupes cibles (femmes, minorités visibles et autochtones) par les organisations (plus de 100 employés) qui contractent (à plus de 100 000 $) avec le gouvernement.	31 mars 2005 (CDPDJ, 2005b) : depuis le début du programme : 286 entreprises, représentant près de 170 000 employés, y sont engagées dont 172 sont soumises à l'obligation d'implanter une OC.
1998 : un premier bilan des PAE au Québec est réalisé par la CDPDJ.	(CDPDJ, 1998) : a) on y constate déjà des avancées féminines significatives dont une plus grande représentation dans les catégories d'emplois réguliers du secteur public même si un déficit persiste face aux objectifs. En 1986, les femmes occupaient 37,6 % des emplois réguliers du secteur public contre 47,0 % en 1996 ; b) les avancées sont presque inexistantes pour les autres groupes cibles : pour les communautés culturelles visées, les résultats sont plus que mitigés par rapport à l'objectif de les faire progresser dans la fonction publique ; quant aux personnes handicapées, elles accusent une régression de leur présence dans ce secteur d'emploi de même que les autochtones et les anglophones.

2001 : entrée en vigueur de la *Loi d'accès à l'égalité dans l'emploi dans les organismes publics* (plus de 100 employés) du réseau public élargi (éducation, santé, municipalités, police). Elle vise une plus grande présence des membres des groupes visés dans le réseau public : femmes, minorités visibles et ethniques, autochtones.	
2005 : modification apportée à la Loi pour permettre également aux personnes handicapées d'avoir accès aux PAE.	2003-2004 (CDPDJ, 2005b) : Plus de 600 organismes du secteur public sont visés par la loi.
	La *Loi d'accès à l'égalité dans l'emploi dans les organismes publics* (plus de 100 employés) est entrée en vigueur le 1er avril 2001. Un portrait global de la situation des groupes cibles a été réalisé en 2004 (CDPDJ, 2005a) faisant état du travail effectué par les organismes visés et par la Commission des droits de la personne et des droits de la jeunesse durant les trois premières années de son application. Il analyse la représentation des groupes cibles dans l'emploi du réseau public élargi qui a terminé une première étape (commissions scolaires, cégeps, institutions privées d'enseignement et institutions d'enseignement supérieur, municipalités/sociétés de transport, sociétés d'État, Sûreté du Québec). Il présente la situation la plus récente disponible de la représentation des groupes visés dans 185 organismes du secteur public élargi (avec un effectif total de 191 067 personnes) devant élaborer un programme d'accès à l'égalité. Cet exercice qui avait comporté au départ l'étude des emplois de 600 000 personnes dans les organismes publics reporte donc l'examen final des 618 organismes visés par la Loi. Le bilan effectué a permis d'entrevoir tout le chemin qui reste à parcourir au cours des prochaines années, tant pour les organismes que pour la Commission, afin de favoriser davantage l'intégration à l'emploi des minorités. Le prochain rapport triennal, prévu en 2007, devrait offrir une vue d'ensemble plus complète de la situation des groupes cibles visés par le dispositif réglementaire des programmes d'accès à l'égalité dans l'emploi. À ce jour, l'impact de l'ensemble du dispositif d'accès à l'égalité dans l'emploi, tant les initiatives volontaires que les mesures obligatoires (programmes d'accès à l'égalité dans l'emploi ; interventions d'ordre systémique ; obligations contractuelles ; etc.) mises en place dans le secteur public élargi et dans le secteur privé, demeure évalué de façon encore très partielle

ANNEXE 2

GRAPHIQUE 1

Répartition de la population selon les tranches de revenu pour l'ensemble des personnes de 15 ans et plus ayant un revenu d'emploi, Québec, 2002

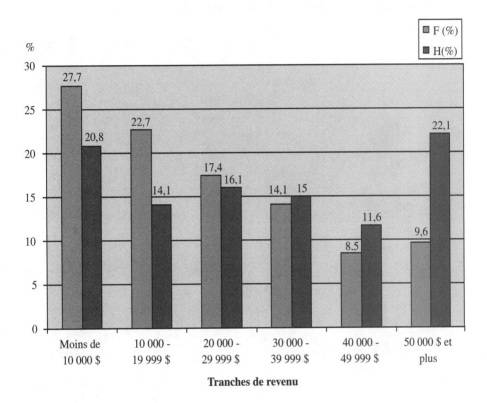

Source : Statistique Canada, *Enquête sur la dynamique du travail et du revenu* (EDTR), compilation ISQ.

ANNEXE 3

GRAPHIQUE 2

**Répartition de la population selon les tranches de revenu supérieur à 50 000 $ pour
l'ensemble des personnes de 15 ans et plus ayant un revenu d'emploi, Québec, 2002**

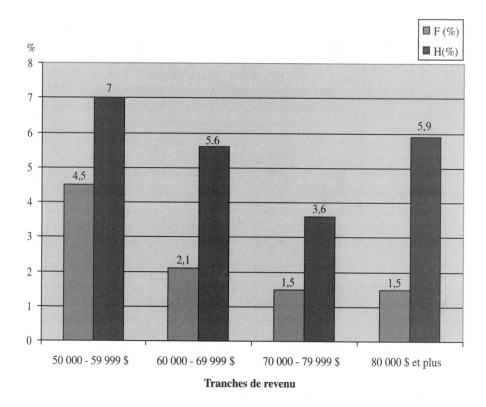

Source : Statistique Canada, *Enquête sur la dynamique du travail et du revenu* (EDTR), compilation
ISQ.

ANNEXE 4

Principaux secteurs d'activité selon le sexe et le revenu d'emploi, Québec, 2002

Principaux secteurs d'emploi où se concentre le tiers des femmes	Nombre		Nombre		Revenu moyen disponible selon la profession	
	F	%	H	%	F	H
Affaires, finance et administration						
– Personnel de bureau ; supervision, travail de bureau	261 553	71,9	107 504	28,1	22 835	23 937
– Personnel en finance, en secrétariat	173 782	88,3	22 999	11,7	24 727	35 586
Secteur de la santé						
– Personnel technique et de soutien	95 870	80,5	23 262	19,5	24 073	27 863
– Personnel professionnel en soins de santé et en sciences infirmières	85 416	78,8	23 619	21,2	40 255	73 303
Sciences sociales, enseignement et administration						
– Enseignants	109 403	69,1	48 987	30,9	32 143	37 565
Ventes et services						
– Personnel de supervision, ventes, commis, caissiers	158 147	73,2	57 972	26,8	13 613	16 748
– Chefs et cuisiniers, personnel de supervision et en alimentation	101 529	67,8	48 154	32,2	14 094	17 198
Sous-total	985 700		332 497			
Tous les secteurs confondus	2 912 234	33,5	2 853 118	10,8		

Principaux secteurs d'emploi où se concentre plus du tiers des hommes	Nombre		Nombre		Revenu moyen disponible selon la profession	
	F	%	H	%	F	H
Gestion (autres cadres que supérieurs)	104 206	34,8	195 054	65,2	34 847	44 660
Sciences naturelles et appliquées et professionnels	58 954	19,8	228 836	79,5	32 814	38 052
Ventes et services						
– Personnel de la vente, de l'assurance, etc.	29 051	30,4	66 393	69,6	24 091	38 297
– Personnel des services de protection	11 968	18,2	53 633	81,8	25 668	35 731
Métiers, transport et machinerie						
– Autres métiers	8 914	4,3	196 571	95,7	11 054	30 989
– Transport et conducteurs d'équipement	x	–	125 053	–	x	27 002
Transformation, fabrication et services d'utilité						
– Surveillants, conducteurs de machines, etc.	87 473	30,9	195 986	69,1	18 184	30 547
Sous-total	**300 566**		**1 061 526**			
Tous les secteurs confondus	**2 912 234**	**10,3**	**2 853 118**	**37,2**		

Source : Statistique Canada, *Enquête sur la dynamique du travail et du revenu* (EDTR), compilation ISQ.

Bibliographie

CHEUNG, Leslie (2005), *Le statut racial et les résultats sur le marché du travail*, Rapport de recherche n° 34, Congrès du travail du Canada.

CHICHA-PONTBRIAND, Marie-Thérèse (1989), *Discrimination systémique – Fondement et méthodologie des programmes d'accès à l'égalité en emploi*, Commission des droits de la personne et des droits de la jeunesse, Études et documents de recherche sur les droits et libertés, Montréal : Éditions Yvon Blais inc.

COMMISSION DE L'ÉQUITÉ SALARIALE (CES) (2002), *L'équité salariale, un poids une mesure*, Rapport du ministre du Travail sur la mise en œuvre de la Loi sur l'équité salariale dans les entreprises de 10 à 49 personnes salariées.

COMMISSION DE L'ÉQUITÉ SALARIALE (CES) (2005), *Rapport annuel de gestion 2004-2005*.

COMMISSION DES DROITS DE LA PERSONNE ET DES DROITS DE LA JEUNESSE (1998), *Les programmes d'accès à l'égalité au Québec. Bilan et perspectives.*

COMMISSION DES DROITS DE LA PERSONNE ET DES DROITS DE LA JEUNESSE (2003), *Après 25 ans. La Charte québécoise des droits et libertés*, volumes 1 et 2.

COMMISSION DES DROITS DE LA PERSONNE ET DES DROITS DE LA JEUNESSE (2003), *L'accès à l'égalité en emploi. Guide pour l'analyse du système d'emploi.*

COMMISSION DES DROITS DE LA PERSONNE ET DES DROITS DE LA JEUNESSE (2005a), *L'accès à l'égalité en emploi. Rapport triennal 2001-2004, La loi sur l'accès à l'égalité en emploi dans des organismes publics.*

COMMISSION DES DROITS DE LA PERSONNE ET DES DROITS DE LA JEUNESSE (2005b), *Rapport d'activités et de gestion 2004-2005.*

CONSEIL DU STATUT DE LA FEMME (2005), « Femmes à vendre, épouses offertes dans Internet, danseuses exotiques, aides familiales au rabais, bienvenue au Canada ! », *Gazette des femmes*, vol. 27, n° 1.

CONSEIL DU STATUT DE LA FEMME (2005), *Les femmes immigrées du Québec. Des nouvelles d'elles*, Québec.

DAGENAIS, Lucie-France (1995), *Recherche sur les inégalités scolaires : discrimination sexuelle en éducation ?* Étude de la Direction de la recherche, Commission des droits de la personne et des droits de la jeunesse.

DAGENAIS, Lucie-France (1998), *Travail éclaté : protection sociale et égalité*, Études et documents de recherche sur les droits et libertés, Montréal : Éditions Yvon Blais inc.

DAGENAIS, Lucie-France (2004), « Les contributions de la Charte des droits et libertés de la personne à la promotion de l'égalité des sexes » (notes de conférence), *Fourteenth Biennal Conference of the American Council for Québec Studies*, Château Frontenac, Québec.

DAGENAIS, Lucie-France et Sabrina RUTA (dir.) (2003), *Les systèmes de protection sociale et d'encadrement juridique des travailleurs autonomes : comparaisons Europe-Amérique*, Commission des droits de la personne et des droits de la jeunesse.

DAGENAIS, Lucie-France et Diane-Gabrielle TREMBLAY (dir.) (2002), *Ruptures, segmentations et mutations du marché du travail*, Études d'économie politique, Québec : Presses de l'Université du Québec.

D'AMOURS, Martine, Frédéric LESEMANN, Lucie-France DAGENAIS, Diane-Gabrielle TREMBLAY et Benoit LÉVESQUE (2004), *Le travail indépendant comme combinaison de formes de travail, de sources de revenus et de protections : étude des conditions pour comprendre les rapports entre travail indépendant et protection sociale. Rapport synthèse*, Montréal : INRS-Urbanisation, Culture et Société, Transpol (Groupe de recherche sur les transformations du travail, des âges et des politiques sociales).

DÉVELOPPEMENT ET RESSOURCES HUMAINES CANADA (2000), *Taux de féminité des professions et salaires : pourquoi le Canada diffère-t-il des États-Unis ?*, http://www11. sdc.gc.ca/fr/sm/ps/rhdcc/ra/publications/recherche/2000-000181/page01.shtm, page consultée le 07/03/06.

DÉVELOPPEMENT ET RESSOURCES HUMAINES CANADA (2003), *L'égalité entre les sexes sur le marché du travail*, Sommaire-Étude bilan, Gouvernement du Canada, http://www11.hrdc-drhc.gc.ca/pls/edd/fr_edd_brief.document?p_site=EDD&cat=LLS&sub, page consultée le 06/03/06.

DROLET, Marie (2002a), « Écart salarial entre hommes et femmes », *Perspective*, Statistique Canada.

DROLET, Marie (2002b), « Le "qui, quoi, quand, et où" des écarts salariaux entre les hommes et les femmes », *La série sur le milieu de travail en évolution*, Statistique Canada et Développement des ressources humaines Canada : Ministère de l'Industrie.

EMPLOI QUÉBEC (2005), *Portrait et problématique du marché du travail 2005-2006, région de Montréal*, Direction de la planification, du suivi et de l'information sur le marché du travail.

EMPLOI QUÉBEC, CAMO et ÉDUCONSEIL (2005), *Portrait de la situation des personnes salariées issues de l'immigration dans le secteur manufacturier pour l'ensemble du Québec, la région métropolitaine de recensement de Montréal et l'île de Montréal*, Résultats d'une analyse statistique, Québec.

FRONT (2004), *Plate-forme pour l'égalité des femmes*, http://www.front.qc.ca/ communiques/1049129944.shtml, page consultée le 06/03/06.

HARVEY, Réginald (2006), « Commission de l'équité salariale – Il n'y a pas que l'argent qui compte… », *Le Devoir* (Montréal), 4 et 5 mars.

INSTITUT DE LA STATISTIQUE DU QUÉBEC (2005), *Étude sur les ajustements relatifs à l'équité salariale dans les établissements de 200 employés et plus au Québec*, Faits saillants.

INSTITUT DE LA STATISTIQUE DU QUÉBEC et MINISTÈRE DE L'EMPLOI ET DE LA SOLIDARITÉ (2006), *Recueil statistique sur la pauvreté et les inégalités socioéconomiques au Québec*, Conditions de vie.

PICOT, Barnett et Feng HOU (2003), « La hausse du taux de faible revenu chez les immigrants au Canada », Statistique Canada, Direction des études analytiques, document de recherche n° 198.

RENAUD, Jean et Tristan CAYN (2006), *Un emploi correspondant à ses compétences ? Les travailleurs sélectionnés et l'accès à un emploi qualifié au Québec*, Gouvernement du Québec.

SECRÉTARIAT DU CONSEIL DU TRÉSOR (2005), *L'effectif de la fonction publique du Québec 2003-2004*, Analyse comparative des cinq dernières années, Québec : Sous-secrétariat au personnel de la fonction publique.

SOUS-SECRÉTARIAT AU PERSONNEL DE LA FONCTION PUBLIQUE (1997), *Portrait statistique des effectifs régulier et occasionnel de la fonction publique du Québec 1996*, Québec.

STATISTIQUE CANADA (2004), « La féminisation du marché du travail », *Tendances sociales canadiennes*, p. 27-34.

STATISTIQUE CANADA (2005), *Le Canada en statistiques*, « Gains moyens selon le sexe et le régime de travail », CANSIM, tableau 202-0102. Dernières modifications apportées le 12/05/05, http://www40.statcan.ca/l02/cst01/labor01a_f.htm, page consultée le 22/02/06.

STATISTIQUE CANADA (2005), *Enquête sur la dynamique du travail et du revenu*. Compilation de l'Institut de la statistique du Québec, 10 juin 2005.

SYNDICAT DE PROFESSIONNELLES ET PROFESSIONNELS DU GOUVERNEMENT DU QUÉBEC (2006), *Info-express Équité*, Bulletin électronique, vol. 3, n° 23, 16 janvier.

Pourquoi la discrimination en emploi subsiste-t-elle ?
La lutte à la discrimination en emploi et les femmes

Jennifer BEEMAN

La question qui m'a été soumise dans le cadre de ce colloque est beaucoup plus difficile qu'elle en a l'air à première vue. En effet, la question telle que formulée : *pourquoi y a-t-il encore de la discrimination dans les milieux de travail ?* de même que la sous-question : *les instruments pour l'enrayer sont-ils adéquats ?* m'ont demandé un long temps de réflexion avant que je puisse identifier les raisons pour lesquelles elles me paraissaient si difficiles. Le problème avec ces interrogations, c'est qu'elles présument que la discrimination en emploi disparaîtra un jour avec l'évolution des mentalités, une bonne application des lois du travail ou la mise en place d'autres lois, politiques ou programmes. Mais ce problème, en réalité, excède largement la question de la réglementation ou de son application, et il se pose à plusieurs niveaux. Il y a d'abord la question des principes et des dynamiques du système capitaliste lui-même. Puis celle des actions directes et concrètes que posent les individus concernés, et leur rôle, conscient ou non, dans le maintien des pratiques discriminatoires. Vient ensuite la question de la réglementation et de l'efficacité des outils dont nous disposons pour corriger les dynamiques de discrimination. Et, finalement, celle de la volonté politique d'appliquer rigoureusement la réglementation en vigueur. Pour répondre à ces questions en lien avec les femmes et la discrimination en emploi, il faut d'abord considérer la part spécifique que celles-ci occupent sur le marché du travail.

La part spécifique des femmes sur le marché du travail

Le marché du travail demeure largement ségrégué par le sexe des travailleurs quant aux choix professionnels que font les femmes et les hommes de même qu'en ce qui a trait aux conditions de travail et aux statuts d'emplois associés aux professions féminines et masculines. Les choix professionnels des femmes se sont très peu diversifiés depuis trente ans, et elles demeurent massivement concentrées dans des emplois typiquement féminins et offrant de piètres conditions de travail, sauf pour celles qui œuvrent dans les secteurs public et parapublic, dont les infirmières et les enseignantes qui bénéficient d'une forte couverture syndicale (voir tableau 2). Par ailleurs, bien que les femmes représentent près de la moitié de la population active, elles ont fait très peu de progrès dans leur intégration à des secteurs d'emplois non traditionnels. En 2002, au Canada, 40 % des hommes occupaient des emplois de « col bleu » comparativement à 8,7 % des femmes. Cette dernière proportion a diminué depuis 1990, passant de 9,6 % à 8,7 % (Jackson, 2003 : 19).

Entre les années 1970 et 2000, alors que le nombre de femmes rejoignant les rangs de la population active augmentait, leurs emplois devenaient de plus en plus précaires. La concentration de femmes dans un nombre limité de postes et de secteurs d'emploi coïncide avec l'augmentation de la précarité des emplois qu'elles occupent, surtout en ce qui concerne les postes de vendeuses, commis-comptables et caissières. En effet, les secteurs qui font appel à ce type de travailleuses (commerce de détail, alimentation, secteur financier) recourent de façon plus intensive aux diverses formes atypiques d'emploi, permettant ainsi aux employeurs de s'ajuster constamment aux flux de la clientèle (Pinard, 2006 : 8). Par ailleurs, les femmes sont toujours plus nombreuses que les hommes dans des emplois atypiques situés au bas de l'échelle salariale. En 2001, au Québec, 52,7 % des travailleuses non syndiquées gagnaient 10 $ de l'heure ou moins. De plus, deux tiers des personnes travaillant au salaire minimum sont des femmes et elles ont tendance à demeurer à ce niveau salarial beaucoup plus longtemps que les hommes (Comité aviseur femmes, 2005 : 26).

TABLEAU 1

Occupations avec le plus grand nombre de femmes et d'hommes au Québec (2001)

Occupation	Rang Effectif	Rang Effectif	Niveau de compétence[1]	Population 15 ans et +	Population 15 ans et +	Répartition par sexe	Répartition par sexe
	2001	1991	2001	2001	1991	2001	1991
FEMMES							
Secrétaires (sauf domaines juridique et médical)	1	1	B	95 075	143 325	97,7	98,3
Vendeuses et commis-vendeuses, vente au détail	2	2	C	76 625	79 895	58,7	58,7
Caissières	3	3	D	62 650	60 270	86,5	88

Commis à la comptabilité et personnel assimilé	4	5	C	56 600	50 665	87,8	81,6
Infirmières diplômées	5	6	A	50 395	48 365	91	91,4
Institutrices à la maternelle et au niveau primaire	6	8	A	45 095	39 970	86	85,8
Éducatrices et aides-éducatrices de la petite enfance	7	20	B	39 610	15 325	95,7	95,9
Commis de travail général de bureau	8	4	C	39 265	54 705	83,2	79,1
Serveuses d'aliments	9	7	C	38 690	46 590	79,1	80,9
Serveuses au comptoir, aides de cuisine et autres	10	12	D	34 880	28 520	60,5	56,8
HOMMES							
Professions en informatique	1	7	A-B	65 090	29 700	74,2	66,6
Conducteurs de camions	2	3	C	58 330	49 360	97,7	98,6
Vendeurs et commis-vendeurs, vente au détail	3	1	C	53 810	56 125	41,3	41,3
Directeurs de la vente au détail	4	2	Gestion 2	46 225	54 705	63,3	65,8
Concierges	5	4	D	32 040	34 305	79,2	81,3
Mécaniciens, techniciens et réparateurs d'automobiles	6	5	B	31 960	33 975	99,1	99,1
Manutentionnaires	7	11	C	31 730	26 820	90,6	91,9
Chauffeurs-livreurs	8	9	C	26 790	27 930	92,8	96,7
Représentants des ventes non techniques, vente en gros	9	8	C	26 230	29 630	69,6	76,4
Commis d'épicerie et étalagistes	10	17	D	25 850	20 960	71	73,6

[1]   A : professionnel ; B : technique ; C : intermédiaire ; D : élémentaire ; Gestion 2 : autres cadres.

Source : données du recensement de 2001 de Statistique Canada, Institut de la statistique du Québec.

En termes de taux de syndicalisation, en 2003, au Québec, 39,1 % des travailleuses salariées bénéficiaient d'une couverture syndicale, mais la grande majorité d'entre elles se trouvaient dans les secteurs public et parapublic. Seulement 20 % des travailleuses du secteur privé bénéficiaient d'une couverture syndicale comparativement à 35 % des travailleurs salariés. Par ailleurs, ce sont les travailleuses non syndiquées qui ont connu la plus faible hausse de salaire entre 1997 et 2002, soit 1,40 $ de l'heure.

TABLEAU 2

Taux de présence syndicale selon le sexe par rapport à la population active, 2003, Québec

	Femmes (%)	**Hommes (%)**	**Total (%)**
Personnel syndiqué	39,1	43,1	41,2
Secteur privé	20,3	34,9	28,4
Secteur public	83,2	78,8	81,4

De plus, on observe une forte persistance des écarts salariaux entre les hommes et les femmes, et ce, peu importe la façon de calculer les salaires moyens, soit sur une base moyenne horaire, hebdomadaire ou annuelle. Ces écarts s'observent également chez les populations d'origine immigrantes ou de minorité visible. Évidemment, le secteur d'emploi, le statut d'emploi et l'accès à la syndicalisation jouent des rôles prépondérants dans les salaires et, à tous ces égards, les femmes, surtout celles d'une minorité visible ou d'origine immigrante, sont désavantagées, et ce, indépendamment de leur niveau d'études.

TABLEAU 3

Tranches de revenu total, population immigrante et non immigrante selon le sexe, pour la population 15 ans et plus, 2000, Québec

	Population immigrante		**Population non immigrante**	
	Femmes	**Hommes**	**Femmes**	**Hommes**
Revenu médian ($)	14 711	22 023	16 465	27 674

Comité aviseur femmes, 2005 : 52.

Nous avons peu de données sur la situation d'emploi des femmes d'origine immigrante ou de minorité visible au Canada, mais une nouvelle étude de Statistique Canada révèle que les femmes de minorité visible ont un taux de chômage plus élevé que celui des femmes n'étant pas de minorité visible, qu'elles sont encore plus susceptibles que ces dernières d'occuper un emploi à temps partiel et deux fois plus susceptibles de toucher un revenu faible. Finalement, elles sont cinq fois plus nombreuses que celles qui ne sont pas de minorité visible à déclarer avoir été victimes de discrimination ou d'un traitement injuste (Statistique Canada, 2006 : 267).

Certaines populations, plus spécifiquement celles des femmes et des populations immigrantes, demeurent donc dans des positions plus faibles en matière d'accès à des emplois plus stables et offrant de meilleures conditions de travail, ce qui a des conséquences directes sur leur capacité de bénéficier des lois du travail et de faire respecter leurs droits.

Le système capitaliste et l'éthique

Si on porte un regard plus large sur notre système économique, on constate qu'il n'y a aucune éthique inhérente au système capitaliste, qui est en soi amoral. Deux de ses règles principales commandent de saisir les opportunités et de toujours chercher à diminuer les coûts de production. De plus, les rapports entre employeurs et employés « sont fondamentalement inégalitaires et leurs intérêts économiques, opposés, puisque les salaires représentent un coût pour l'entreprise, qu'elle cherche constamment à réduire » (Pinard, 2006 : 16).

Pour les entreprises, saisir les opportunités veut dire, d'une part, être en mesure de répondre aux nouveaux besoins de leurs clients en matière de biens et services et, d'autre part, profiter des occasions qui se présentent d'exploiter de nouvelles ressources. Cela suppose également la création continuelle de nouveaux produits et services et une lutte soutenue pour accéder à de nouveaux marchés et pénétrer les secteurs protégés par l'État.

Pour diminuer les coûts de production, les entreprises développent de nouvelles technologies et font appel à une nouvelle main-d'œuvre, de préférence scolarisée, mais moins chère et relativement docile. La main-d'œuvre idéale qui répond à ces critères est de plus en plus féminine. Mais cela va plus loin. Tout comme les entreprises cherchent à créer de nouveaux besoins, elles répondent à leurs besoins de nouvelles mains-d'œuvre de moins en moins chères en favorisant la compétition entre les mains-d'œuvre de différentes régions, provinces ou pays dans le but d'identifier celles qui accepteront les salaires les moins élevés. De la même manière, les employeurs, qu'ils appartiennent au domaine public ou privé, ont intérêt à faire en sorte de limiter les capacités de certaines mains-d'œuvre à améliorer leurs conditions de travail.

Lutter contre la discrimination au travail, c'est lutter pour assurer à chacun l'accès à des emplois décents, offrant un traitement équitable. C'est aussi lutter pour favoriser la réévaluation des emplois traditionnellement féminins et s'assurer qu'ils sont rémunérés à leur juste valeur. Finalement, c'est lutter pour que les systèmes de recours des travailleurs et travailleuses en cas d'iniquité fonctionnent efficacement.

Mais le contexte général actuel en est un de diminution constante des coûts de la main-d'œuvre, donc de précarisation et de *flexibilisation* de la main-d'œuvre, puisque c'est elle qui sert désormais d'amortisseur face aux fluctuations de la demande. Les mains-d'œuvre plus faibles et non syndiquées sont particulièrement vulnérables à ce type de gestion. Dans notre système économique, des entreprises cherchent à tirer profit de la faiblesse de ces populations de travailleurs qui acceptent des conditions moindres parce qu'elles ne peuvent pas trouver de meilleurs emplois ou ne savent pas comment s'y prendre pour ce faire.

C'est au gouvernement qu'il revient d'imposer des règles éthiques au système capitaliste. Sans réglementation claire et applicable, la porte reste grande ouverte à la discrimination directe ou systémique. Pourtant, les gouvernements sont les premiers à accepter et à appliquer des règles favorisant la compétition dans le but de faire baisser le coût de la main-d'œuvre, souvent féminine.

La discrimination directe ou systémique

Si nous portons notre attention sur les dynamiques de discrimination directe ou systémique, nous avons tendance à penser que nous sommes devenus très modernes et que les mentalités ont tellement évolué que les luttes des femmes et des personnes de minorité visible pour le respect de leurs droits sont des phénomènes dépassés. Mais si on prend l'exemple des femmes, on constate que bien qu'elles investissent le marché du travail dans des proportions toujours croissantes depuis trente ans, celui-ci a bien peu changé. Les préjugés et les stéréotypes à l'égard des emplois à prédominance féminine demeurent forts et tenaces. Le débat sur l'équité salariale pour les éducatrices en garderie est à cet effet des plus révélateurs. On entretient toujours les mêmes préjugés à l'égard de ce travail : c'est facile, il n'exige pas de qualification particulière, il comporte peu de responsabilités et exige peu d'efforts aux niveaux physique et mental. Les femmes dans les métiers non traditionnels font elles aussi face à de vieux stéréotypes, surtout ceux qui véhiculent l'idée qu'elles ne sont pas assez fortes pour exercer ces métiers. Par contre, la force physique qu'exigent certains emplois typiquement féminins, comme ceux de caissière, de serveuse, d'éducatrice, de femme de chambre ou de ménage, n'est pas toujours reconnue.

Les femmes qui exercent des métiers non traditionnels sont aussi parfois aux prises avec des employeurs qui admettent ouvertement qu'ils n'ont pas l'intention d'embaucher des femmes ou, encore, qu'ils ne peuvent pas le faire parce qu'ils n'ont pas de toilette pour elles. Par ailleurs, tout ce qui relève de la conciliation famille-travail pour ces femmes demeure extrêmement délicat. Une étude a fait état d'une situation aberrante où des femmes exerçant des métiers non traditionnels recommandaient à de jeunes postulantes d'informer tout employeur potentiel, en cours d'entrevue, qu'elles n'avaient aucune intention d'avoir des enfants, question de « rassurer » l'employeur à l'effet qu'il n'aurait pas à composer avec les futurs congés de maternité et les responsabilités familiales de la travailleuse, l'idée étant qu'une fois la place acquise, elles pouvaient toujours se raviser (Guay, 2005 : 41).

On sait par ailleurs que dans les cas de discrimination directe, le système de recours des travailleurs par le biais d'une plainte déposée en vertu de la *Charte des droits et libertés de la personne* est lourd, complexe, coûteux et très long. Pour les travailleurs et travailleuses non syndiqués, il est tout simplement inaccessible. La législation dite proactive a une portée très limitée et, en pratique, elle ne s'applique pas aux travailleuses qui occupent des emplois situés au bas de l'échelle salariale, c'est donc dire à une tranche importante de la main-d'œuvre féminine.

Le décalage entre les systèmes de protection et les formes d'emploi

Plusieurs études, notamment le Rapport Bernier sur les besoins de protection sociale des personnes vivant une situation de travail non traditionnelle, font état de la relative désuétude des lois du travail devant l'augmentation des emplois atypiques. Ces lois ont été pensées en fonction des emplois dits typiques, c'est-à-dire stables, à temps plein, pour un seul employeur et sur les lieux de l'entreprise. Le fait que les lois du travail aient été élaborées en fonction des emplois typiques engendrent par ailleurs tellement de difficultés que nous ne pouvons pas entrer ici dans une discussion sur ce sujet. Mais l'élément clé en ce qui nous concerne est le fait que ce sont les populations les plus fragiles, soit celles constituées par les travailleurs qui occupent les emplois les plus précaires, qui sont le plus durement touchées par ce problème, dont les femmes bien sûr et, plus encore, les femmes immigrantes ou de minorité visible.

De plus, plusieurs lois, dont la *Loi sur l'équité salariale* (LES) et la *Loi sur l'accès à l'égalité*, ont été élaborées pour s'attaquer à un seul problème et donnent souvent lieu à une interprétation restreinte. Par exemple, selon la Commission de l'équité salariale, la LES ne touche pas aux problèmes d'inégalité salariale. Par conséquent, de tels problèmes relevés au cours d'un exercice d'équité salariale dans des catégories d'emplois mixtes ne sont pas du ressort de la LES. Toutefois, dans la vraie vie, dans les milieux de travail, il existe à différents niveaux toutes sortes de difficultés insurmontables et de complications inextricables qui donnent lieu à des pratiques discriminatoires. Voici un exemple raconté par une travailleuse d'origine immigrante dans le cadre de notre recherche sur l'équité salariale et les travailleuses non syndiquées :

> BR-6 : Dans mon entreprise, dès que tu essaies de négocier le salaire, on va te mettre à la porte. Il y en a deux qui sont parties comme ça. Là où je travaille, les femmes font l'assemblage de bijoux. [Une travailleuse] avait changé de poste, elle a dit « Ben, j'ai changé de poste. Je suis pas supposée être là parce que c'est la place des hommes. Puisque j'ai changé de poste, j'aimerais que

vous augmentiez mon salaire. » Deux semaines après, ils ont trouvé un prétexte pour la faire partir, alors que cela faisait trois ans qu'elle travaillait là.

Q : Est-ce que tu sais si dans la compagnie les hommes ont le même salaire que les femmes ?

BR-6 : Non

Q : C'est plus élevé ?

BR-6 : Oui

Q : Est-ce que c'est pour le même travail ?

BR-6 : Non, eux ils font le moulage de pièces. Les femmes font le montage de pièces. Ce sont les femmes qui font en fait presque tout l'ensemble du travail. Mais nous sommes pas payées au même salaire. Il y en a une qui vient de partir. Elle avait cinq ans dans l'entreprise. Mais à cause du salaire, elle est partie (Beeman, 2005 : 56).

Cet exemple est une bonne illustration de problèmes d'iniquité en emploi, et probablement d'iniquité salariale. De plus, on note un problème d'inégalité salariale lorsqu'une des travailleuses est enfin promue à un poste dit *d'homme* et, plus loin, un congédiement sans cause juste et suffisante. La réalité du marché du travail est complexe, mouvante et large, mais les lois pour protéger les travailleurs et les travailleuses contre la discrimination et les abus sont réductrices, figées dans le temps et restreintes dans leur application.

Finalement, des lois dites proactives pour contrer la discrimination, notamment la *Loi sur l'équité salariale* et la *Loi sur l'accès à l'égalité en emploi dans des organismes publics*, ont chacune une portée très limitée. La LES, par exemple, exclut d'emblée 25 % de la main-d'œuvre féminine, essentiellement non syndiquée, qui travaille dans des entreprises de moins de 10 employés. C'est seulement par le biais de la *Loi sur les normes du travail* que nous pouvons assurer une certaine protection aux travailleurs et aux travailleuses.

Y a-t-il une volonté politique de faire appliquer les lois de façon rigoureuse ?

Pour contrer les dynamiques du capitalisme qui ont eu pour effet de rendre les emplois plus précaires, donc de rendre les lois du travail beaucoup moins efficaces, il faudrait une volonté politique forte pour exiger des employeurs un comportement juste et équitable envers leurs employés. Mais l'heure est à la déréglementation, et nous ne voyons aucune volonté politique d'imposer aux entreprises des contraintes qui assureraient des pratiques éthiques et équitables. À cet égard, même les gouvernements ne sont pas des modèles en tant qu'employeurs. Au contraire, il arrive que le gouvernement lui-même adopte comme employeur la même logique de réductions des coûts pour obtenir des services plutôt que de créer des emplois salariés, avec de bonnes conditions de travail, qui soient structurants pour les communautés. De plus, il utilise son pouvoir de légiférer pour empêcher les travailleuses d'améliorer leurs conditions de travail en trouvant une façon de les empêcher d'exercer un droit fondamental. Alors, comment pouvons-nous espérer créer les conditions nécessaires pour lutter contre la discrimination des femmes ou des personnes de minorité visible sur le marché du travail ?

Le travail d'éducatrice en garderie constitue par ailleurs un cas intéressant et important, puisqu'il est passé de la 20e à la 7e place entre 1991 et 2001, en termes d'importance, à cause notamment de la mise en place du système des services de garde au Québec. Le chiffre de 1991 était sans doute sous-évalué, puisque que beaucoup de femmes travaillaient au noir pour garder des enfants. La mise en place du système a permis de sortir beaucoup de femmes du travail au noir pour occuper des emplois plus stables, mieux encadrés, des emplois où leurs qualifications sont reconnues et mieux rémunérées qu'avant. Mais nous assistons également à une lutte pour l'amélioration de ces conditions de travail entre les éducatrices et le gouvernement et nous sommes témoins des actions entreprises par ce dernier pour empêcher certaines travailleuses, les éducatrices en milieu familial, de se syndiquer en les déclarant des travailleuses autonomes. Ce sont de fausses travailleuses autonomes, mais le gouvernement-employeur a utilisé son pouvoir de législateur pour les empêcher de bénéficier des luttes pour la pleine reconnaissance de leur travail par le biais de l'application de la *Loi sur l'équité salariale*. Elles ne peuvent pas bénéficier des protections de la *Loi sur les normes du travail*, bien qu'il y ait des travailleuses qui disent gagner moins que le salaire minimum, et elles ne peuvent pas bénéficier des avantages sociaux associés au statut de salarié ni de la plupart des régimes de protection. La majorité des nouvelles places de garde seront en milieu familial, une façon pour le gouvernement de mettre fin au mouvement pour structurer les emplois de garde et d'éducation à la petite enfance qui avait été amorcé avec la mise en place du système de service de garde, un secteur presque entièrement féminin.

Conclusion

Traiter de la question des femmes et de la discrimination en emploi seulement en termes de réglementation et d'application des lois, c'est passer à côté de questions plus fondamentales. Les femmes continuent de se retrouver massivement dans des emplois et des secteurs d'emploi mal rémunérés et très précaires, où la possibilité d'améliorer leurs conditions de travail est limitée ou non existante. Les préjugés à l'égard de ces emplois sont tenaces et ont toujours des conséquences considérables sur la rémunération des travailleuses. De plus, les préjugés et stéréotypes à l'égard des femmes qui exercent des métiers non traditionnels résistent eux aussi aux efforts déployés pour faire évoluer les mentalités.

Par ailleurs, la réalité des milieux de travail demeure complexe et mouvante, et la structure réglementaire actuelle est particulièrement mal adaptée pour aider les femmes qui occupent des emplois au bas de l'échelle salariale, c'est-à-dire une tranche importante de la main-d'œuvre féminine. Le cadre législatif des lois antidiscriminatoires a son importance, mais il s'avère limité dans ses effets. Ce qui nous ramène à la nécessité d'une volonté politique de promouvoir un développement économique durable, basé sur des emplois de qualité. Le gouvernement a plus que jamais le devoir d'agir comme employeur modèle qui offre des emplois avec des conditions de travail décentes à ses employé(e)s et qui soient structurants pour les communautés. C'est au gouvernement comme employeur et comme législateur qu'il revient de démontrer ce à quoi il faut s'attendre en termes de traitement des travailleuses et des travailleurs au Québec.

Bibliographie

BEEMAN, Jennifer (2005), *L'équité salariale au Québec : un droit inconnu chez les travailleuses non syndiquées*, Montréal : Conseil d'intervention pour l'accès des femmes au travail.

COMITÉ AVISEUR FEMMES (2005), *Les femmes et le marché de l'emploi : la situation économique et professionnelle des québécoises*, Montréal : Comité aviseur femmes en développement de la main-d'œuvre.

GUAY, Danielle (2005), *Surmonter les préjugés et les stéréotypes : un défi pour les travailleuses des secteurs d'emplois non traditionnels*, Montréal : Femmes regroupées en option non traditionnelle.

JACKSON, Andrew (2003), *Le travail en vaut-il la peine pour les femmes ?*, Rapport de recherche n° 22, Congrès du travail du Canada.

PINARD, Rolande (2006), *L'érosion des droits liés au travail : une étude exploratoire sur le « sous-emploi » des femmes*, Montréal : Comité aviseur femmes en développement de la main-d'œuvre et Conseil d'intervention pour l'accès des femmes au travail.

STATISTIQUE CANADA (2006), *Femmes au Canada : Rapport statistique fondé sur le sexe*, Ottawa : Ministre de l'Industrie.

Le passé est-il garant de l'avenir ?

Denis BRADET

Avant d'en être accusé, j'admettrai d'emblée avoir un point de vue pessimiste quant à l'objectif d'éliminer la discrimination en emploi dans un avenir rapproché et être particulièrement critique quant aux efforts déployés pour l'enrayer. C'est le résultat sans doute de mon expérience, principalement dans les secteurs public et parapublic.

Plus particulièrement, je représente des organisations syndicales qui, depuis maintenant deux décennies, tentent de se prévaloir des garanties énoncées aux articles 10 et 19 de la *Charte des droits et libertés de la personne*. À l'instar d'autres organisations syndicales, certaines d'entre elles ont d'abord procédé en respectant le processus alors prévu à la Charte, soit le dépôt, en 1986, de plusieurs centaines de plaintes de discrimination salariale, pour ensuite participer activement au processus d'enquête de la Commission des droits de la personne et des droits de la jeunesse (CDPDJ). Après des dizaines de rencontres, des centaines de pièces produites et d'analyses, après des recours à la Cour supérieure pour forcer la CDPDJ à procéder alors qu'elle alléguait l'absence de fonds en provenance du Conseil du trésor, également intimé dans lesdites plaintes, après le rapport détaillé d'au moins deux enquêteurs externes de la Commission, ces plaintes sont toujours, en 2006, pendantes !

Puis intervint la *Loi sur l'équité salariale* dont la ministre responsable à l'époque, madame Louise Harel, promettait l'efficacité, le caractère proactif, l'application générale, l'imposition d'une obligation de résultat et, même, l'exemplarité par le supposé assujettissement des secteurs public et parapublic : les femmes et les organisations syndicales ont alors cru à une percée importante et significative. Mais voilà, une décennie après l'adoption de cette Loi, la subsistance de la discrimination salariale est à ce point évidente que le présent congrès est, par sa question thème, fondé sur cette prémisse.

Les secteurs public et parapublic sont en trame de fond de ce constat général. Non seulement parce que l'exercice que requiert la réalisation de l'équité salariale y est particulièrement laborieux et visible, mais surtout parce que le plus grand employeur du Québec, le gouvernement du Québec, et les grandes entreprises de 100 employés et plus devaient inspirer l'ensemble des autres entreprises et agir comme « chefs de file » dans l'implantation de l'équité salariale aux dires de monsieur Bernard Landry, alors ministre. Or, le gouvernement du Québec n'a toujours pas réalisé l'équité salariale et a multiplié les actions retardant, c'est le moins que l'on puisse dire, la réalisation de l'équité salariale, allant même jusqu'à jeter un doute sérieux sur la crédibilité des programmes en cours.

La première action gouvernementale malheureuse fut sa tentative de s'exclure, de même que 161 grandes entreprises, de l'application complète de la *Loi sur l'équité salariale*, par l'adoption d'une loi dont l'un des chapitres était contraire aux chartes. En effet, il n'est pas possible d'aborder les questions de cette table ronde sans rappeler l'important jugement de l'honorable Carole Julien dans l'affaire *Syndicat de la fonction publique* c. *Procureur général*[1]. Dans cette affaire, la Cour en est, entre autres, arrivée aux conclusions suivantes :

> [1522] Le Tribunal est convaincu, par preuve prépondérante[2], que la Loi, en créant le régime d'exception du chapitre IX, *a pour résultat le maintien de l'écart salarial* entre les hommes en emploi et les femmes en emploi du chapitre IX.

> [1524] Ce faisant, il omet de tenir compte de l'état de vulnérabilité des femmes en emploi. Cette vulnérabilité est démontrée suite à sa propre analyse de la situation défavorisée dans laquelle elles se trouvent déjà dans la société canadienne et québécoise en raison de la féminisation de leurs emplois. Cette féminisation découle évidemment du sexe de leurs titulaires. Il s'agit d'une caractéristique personnelle qui appauvrit les personnes occupant ces emplois, en raison des préjugés et stéréotypes dévalorisant les femmes en emploi.

> [1526] *Le législateur crée, par le chapitre IX, un régime qui perpétue, au moins en partie, ces préjugés.* La dignité des femmes en emploi ne fait plus le poids face aux conséquences économiques imposées à des employeurs. Pourtant, ces conséquences devraient être inexistantes si le résultat voulu par le législateur a été atteint réellement par ces programmes.

> [1531] Par le chapitre IX, le législateur envoie le message que l'équité salariale est une valeur de deuxième ordre…

> [1551] *Cette dévaluation est indigne des valeurs véhiculées dans la société canadienne et québécoise.* (Nos italiques)

La négociation de l'équité salariale

« L'exemple » gouvernemental n'a pas été beaucoup plus édifiant dans les dernières années. Lors des récentes négociations visant le renouvellement des conventions collectives des secteurs public et parapublic, le gouvernement, dans ce qui a été à toutes fins utiles sa seule proposition monétaire, a expressément cherché à amener l'équité salariale sur le terrain de la négociation collective, confondant ainsi la rémunération avec les correctifs pouvant découler de la réalisation de l'équité salariale. En effet, en fixant à un peu plus de 4 % les sommes maximales réservées à l'équité salariale, cet employeur invitait les syndicats à négocier un cadre financier incluant l'équité salariale. Ce geste sera éventuellement qualifié par les tribunaux, mais d'ores et déjà,

---

[1]   200-05-011263-998, C.S. 9 janvier 2004, DTE 2004T-197.

[2]   Vu la preuve d'expertise et l'analyse des travaux préparatoires.

la Commission de l'équité salariale (CES), par sa présidente madame Rosette Côté, a dénoncé ce *mélange des genres* et a rappelé a maintes reprises que *l'équité salariale ne fait pas partie du champ de négociation parce que c'est un droit fondamental,* qu'elle ne pouvait être *marchandée,* bref, qu'elle ne se négociait pas. Malgré ces rappels, la présidente a dû revenir à la charge dans le dossier bien connu des Centres de la petite enfance (CPE).

La « négociation de l'équité salariale » est et reste un problème majeur. La Loi est pourtant claire : l'article 2 donne préséance à la Loi malgré toute disposition d'une entente, d'un contrat individuel de travail, d'une convention collective, etc. Malgré tout, l'observateur attentif constate que des acteurs semblent bien se livrer à la négociation de certains éléments de l'équité salariale, ce qui, d'une certaine façon, s'explique assez facilement : les acteurs principaux, soit les employeurs et les syndicats, sont à toutes fins utiles toujours en négociation, que ce soit celle de la convention collective, d'ententes particulières, de règlements de griefs, etc. Il apparaît fort difficile à ces acteurs de sortir de ce modèle, même aux fins de l'équité salariale.

Malheureusement, tout comme les préjugés sexistes, cette négociation est souvent subtile et difficile à déceler. En effet, les systèmes d'évaluation des emplois sont si sophistiqués et les parties y mettent tant d'efforts qu'il est difficile d'imaginer qu'ils ne permettront pas de réaliser complètement l'équité. C'est pourquoi cette « tendance » à la négociation se fait plutôt sentir dans l'application des outils d'évaluation par les acteurs des programmes d'équité salariale. En d'autres termes, c'est dans l'exercice moins visible, dans la partie plus subjective, qu'il y a négociation. À titre d'exemple, les parties évitent parfois l'évaluation conjointe des emplois et écartent trop facilement les informations recueillies auprès des personnes visées par le programme : à la place, elles évalueront les emplois, chacune de leur coté, et se transmettront ensuite leurs résultats. Comment ne pas sombrer ensuite dans la négociation de ces résultats, puisque, au-delà de l'équité, d'autres objectifs sont généralement poursuivis par les parties (coûts pour l'employeur, attentes des salariés, etc.). Une autre réalité, pratiquement incontournable cette fois-ci, force presque les parties à la négociation : les relativités salariales.

Bien que la loi prescrive clairement qu'aucune diminution de rémunération ne doit découler de l'atteinte de l'équité salariale (art. 73), les parties n'ignorent évidemment pas qu'après l'équité salariale, il y aura généralement la nécessité de revoir l'équité interne et de refaire les relativités salariales entre tous les emplois, qu'ils soient à prédominance masculine ou féminine ou des catégories mixtes. Le programme d'équité salariale pourrait donc avoir comme impact, au terme de la réalisation de l'équité interne, la diminution de certains salaires. On peut alors penser que dans la réalisation de l'équité salariale, un exercice qui exige une vigilance spécifique et attentive afin d'éliminer les biais sexistes, les parties sont portées à détourner leur attention de cet objectif pour se préoccuper non seulement de l'équité salariale, mais également de la rémunération de toutes les personnes visées par l'accréditation.

Le gouvernement du Québec est allé plus loin en légiférant sur cette question à l'occasion de l'imposition du renouvellement des conventions collectives à l'ensemble des syndicats des secteurs public et parapublic par le biais de la Loi 43 de 2005, mieux connue comme étant la Loi 142 (*Loi concernant les conditions de travail dans le secteur public*, L.R.Q., c. 43).

En effet, bien que cette Loi énonce que, d'une façon générale, elle n'a pas pour effet de restreindre l'application de la *Loi sur l'équité salariale* (art. 48 de la Loi 43), l'article 16 de l'annexe 1 de cette Loi prévoit également qu'au terme de la réalisation d'un programme d'équité salariale, les parties entreprendront des discussions afin de convenir de solutions sur la question des relativités salariales internes et qu'*aux fins d'établir les relativités salariales internes, les parties utilisent la méthodologie ayant servi à l'établissement du programme d'équité salariale*.

Et, plus clairement, le dernier paragraphe de l'article 16 prévoit expressément la possibilité d'ajustements salariaux à la baisse. Cela démontre qu'au gouvernement du Québec, comme dans bien d'autres entreprises, la réalisation de l'équité salariale se fait dans un contexte et avec des pressions tels qu'il faut en craindre les résultats.

En d'autres termes, il nous semble y avoir là une invitation à réaliser en même temps l'équité salariale et l'équité interne, ce qui, selon toute la littérature, risque de nuire à l'objectif de l'équité salariale en déplaçant l'attention des parties vers d'autres enjeux monétaires et salariaux que ceux visés par la *Loi sur l'équité salariale*.

Les limites de la loi

Cela a été dit à maintes reprises, mais je ne saurais exprimer un point de vue complet sans rappeler que la Loi, l'outil de base de la réalisation de l'équité salariale, constitue un instrument qui, à l'usage, s'est avéré déficient sous plusieurs aspects. La Commission de l'équité salariale et certains auteurs ont déjà relevé plusieurs de ces déficiences. Dans ce bref point de vue, nous en rappellerons quatre :

1. Les programmes distincts

Les programmes distincts réalisés dans certaines entreprises, dans le cadre de l'article 11 de la Loi, constituent certainement une première limite significative à la réalisation de l'équité salariale dans l'entreprise. Contrairement à ce que prévoit le deuxième paragraphe de l'article 1 de la Loi, ces programmes ont empêché que les écarts salariaux s'apprécient au sein de la même entreprise, en regard de tous les emplois à prédominance masculine. Ainsi, on pourra trouver, d'un programme à l'autre, dans la même entreprise, des courbes salariales différentes pour les catégories d'emplois à prédominance masculine et, généralement, des corrections d'écarts salariaux distincts. Dans l'entreprise gouvernementale et dans l'état actuel de la Loi, il pourra même arriver, vu la configuration des accréditations et des programmes distincts, que pour une même catégorie d'emplois, les correctifs salariaux, s'il en est, seront différents uniquement en raison de l'existence de programmes distincts.

2. Les outils d'évaluation

Les limites inhérentes aux outils d'évaluation des emplois doivent également figurer au chapitre de l'insuffisance des instruments. Bien qu'il soit indéniable que le Québec a fait de grands pas à cet égard et qu'une expertise se soit développée, il n'en reste pas moins que les outils d'évaluation demeurent des moyens dont les limites sont rapidement atteintes et ne garantissent pas un résultat.

3. La courbe des salaires

L'imprécision de la Loi quant aux comparaisons et à l'établissement de la courbe salariale des emplois de catégories d'emplois à prédominance masculine permet le tracé de courbes parfois à ce point sinueuses qu'il est difficile d'imaginer que l'objectif d'équité est atteint.

4. Le maintien de l'équité

Ce sera sans doute le sujet des prochaines années. La Loi est trop générale sur cette question et les mécanismes mis en place sont nettement insuffisants.

Conclusion

Au-delà de ces considérations plus pointues, il faut revenir à l'essentiel. Malgré la difficile recherche du respect de la *Loi sur l'équité salariale* et à travers les débats juridiques que cela a entraînés dans les dernières années, il ne faut pas perdre de vue ce qui devrait être l'objectif de notre société, c'est-à-dire assurer l'équité salariale aux travailleuses québécoises. La Loi est certes un progrès, mais l'avenir demeure inquiétant. Nous avons vu que l'équité salariale n'aura pas été atteinte dans bien des entreprises, même après la réalisation complète d'un programme d'équité salariale conforme à la Loi et, au-delà de la frontière de l'entreprise, il faut constater que vu, entre autres, l'exemple donné par certains grands employeurs au Québec, les progrès significatifs envisagés il y a 10 ans n'ont pas eu l'ampleur prévisible.

Le point de vue
d'une syndicaliste militante

Annick DESJARDINS

Poser la question « pourquoi la discrimination en emploi subsiste-t-elle ? » constitue déjà un pas en avant par rapport à l'état d'esprit général que l'on constate lorsqu'on œuvre tous les jours dans ce domaine. En effet, poser cette question signifie qu'on reconnaît que la discrimination subsiste. Or, ce constat n'est malheureusement pas fait par tous.

Répondre à cette question de façon exhaustive nécessiterait une analyse que nous ne pourrons faire dans ces quelques pages, mais une table ronde en début de congrès est l'occasion idéale pour lancer quelques observations en vrac afin d'alimenter la réflexion et les discussions des congressistes.

Voilà donc quelques idées issues non pas d'études ou d'analyses scientifiques, mais plutôt d'expériences concrètes, de situations vécues par une militante des droits de la personne, syndicaliste de surcroît.

Des préjugés et des stéréotypes très tenaces

La discrimination a déjà été définie comme étant liée au fait de prêter à tort des caractéristiques à une personne en raison de son appartenance à un groupe donné. Les comportements discriminatoires reposent parfois sur des distinctions établies sur le fondement de caractéristiques personnelles non pertinentes et non vérifiées.

Dans le contexte de l'emploi, la définition suivante a été maintes fois reprise :

L'égalité en matière d'emploi signifie que nul ne doit se voir refuser un débouché pour des raisons qui n'ont rien à voir avec sa compétence. Elle signifie le libre accès sans barrières arbitraires. La discrimination fait qu'un obstacle arbitraire vient souvent s'interposer entre la compétence d'une personne et sa possibilité d'en faire la preuve. Si quiconque désirant se réaliser a véritablement la possibilité d'accéder à l'emploi qui l'intéresse, on atteint alors une certaine égalité, c'est-à-dire le droit à l'égalité sans aucune discrimination.

Dans ce contexte, la <u>discrimination s'entend des pratiques ou des attitudes qui, de par leur conception ou par voie de conséquence, gênent l'accès des particuliers ou des groupes à des possibilités d'emplois, en raison de caractéristiques qui leur sont prêtées à tort.</u>

L'intéressé n'est pas limité par ses capacités, mais par des barrières artificielles qui l'empêchent de mettre à profit son potentiel[1].

En pratique, la lutte contre la discrimination nous amène à faire face quotidiennement à des préjugés et à des stéréotypes encore bien présents, ancrés et profonds. Par stéréotypes, j'entends les idées reçues ou les opinions partagées au sujet de caractéristiques personnelles d'un groupe de personnes, souvent des traits de personnalité, mais aussi des comportements. Par préjugés, j'entends les attitudes visant à évaluer une personne en fonction de son appartenance à un groupe social donné.

Voici quelques anecdotes qui permettent d'illustrer la persistance de préjugés et de stéréotypes dans différents contextes :

- Dans le cadre de l'évaluation des emplois chez un diffuseur de télévision, on a reconnu l'exigence du DEC pour tous les emplois de production, à l'exception de la maquilleuse. Motif : une maquilleuse n'a pas l'ambition de progresser dans l'entreprise.
- Lors d'une campagne électorale pour la présidence d'un syndicat, on s'inquiétait ouvertement du fait que la candidate avait un jeune bébé et qu'elle ne serait pas disponible ; l'autre candidat avait cinq enfants, mais cela n'a pas fait l'objet de commentaires.
- Dans une entreprise qui publie un quotidien, l'employeur insiste pour évaluer les communications du gardien de sécurité à un niveau plus élevé que celles des vendeuses et représentantes en télémarketing.

- Dans un établissement de santé, l'employeur réserve des postes de sociothérapeutes à des hommes pour œuvrer auprès de délinquants sexuels. On s'inquiète pour la sécurité des intervenantes en tenant pour acquis qu'elles ne peuvent pas se défendre en cas d'agression, contrairement aux hommes.
- Lors d'un recrutement dans un emploi dit « non traditionnel » où les femmes allaient se retrouver en situation minoritaire, on demandait aux candidates en entrevue comment elles allaient s'intégrer dans le milieu. La « bonne » réponse attendue : *faut avoir le sens de l'humour et ne pas se prendre au sérieux*. On n'a jamais su si l'employeur posait la même question aux hommes noirs, asiatiques, juifs, musulmans et anglophones qui allaient aussi se trouver en minorité.

Il est étonnant de voir à quel point des préjugés et des stéréotypes subsistent même dans les milieux où les gens sont les plus sensibilisés à la discrimination et les plus désireux de la contrer. Qui parmi nous n'a jamais entendu le célèbre « je ne suis pas raciste, mais… » ? Les préjugés les plus ancrés sont rarement perçus comme des opinions discriminatoires, sexistes ou racistes.

Parfois, les préjugés et les stéréotypes sont partagés par ceux et celles qui en subissent les effets néfastes. Lorsque cette situation se présente, tenter de contredire l'idée reçue est peine perdue. Par exemple, lorsque des femmes autour d'une table sont d'accord avec une idée véhiculée au sujet des femmes en général, la caution morale est puissante : les hommes et les femmes autour de la table se convainquent

---

[1]   *Rapport de la Commission sur l'égalité en matière d'emploi* (1984) (aussi appelé « Rapport Abella »), p. 2.

du seul fait du quasi-consensus du moment, et l'opinion contraire sera simplement écartée comme étant si marginale qu'elle doit être le fait d'une extrémiste.

Les préjugés sont mis en lumière de façon criante dans les démarches d'évaluation des emplois, notamment dans le cadre des programmes d'équité salariale. Cependant, en pratique, ils ne sont pas enrayés, peut-être faute de formation suffisante des membres des comités d'équité salariale (ou des représentants de l'employeur là où la démarche est faite unilatéralement). Malgré que la Commission de l'équité salariale ait développé des outils, ait mis sur pied des formations et soit disponible pour assister les employeurs et les salariées, force est de constater que dans la plupart des entreprises, les programmes d'équité salariale sont établis sans l'apport de personnes véritablement conscientes de la persistance de préjugés. L'évaluation des emplois a alors tendance à refléter plus ou moins le *statu quo* dans la hiérarchie des emplois.

Dans la lutte contre la discrimination, il faut généralement faire voir que certains groupes de personnes sont davantage victimes de ces préjugés et stéréotypes que d'autres, et que cela a pour effet de miner le droit à l'égalité des membres de ces groupes. Il s'agit en fait de faire assimiler une des composantes de la notion de discrimination systémique.

La discrimination systémique : cette incomprise

Lorsqu'on travaille à mettre en œuvre ou à défendre le droit à l'égalité, on constate très rapidement que le concept de discrimination systémique et l'idée même derrière le concept sont très mal compris.

J'entends par discrimination systémique celle dont l'origine est « invisible à l'œil nu », qui découle de politiques, pratiques et comportements (incluant stéréotypes et préjugés) qui font partie des structures de l'organisation et dont l'effet d'ensemble crée ou perpétue une situation d'inégalité de fait.

> *La discrimination systémique n'est ni explicite, ni volontaire, ni même consciente ou intentionnelle, mais relève le plus souvent d'un système de gestion fondé sur un certain nombre de présupposés, le plus souvent implicites, quant aux divers groupes et comprenant un ensemble de pratiques et de coutumes qui perpétuent une situation d'inégalité à l'égard des membres des groupes cibles*[2].

Je distingue ici la discrimination systémique de la discrimination indirecte ou de la discrimination « par effet préjudiciable ». Ces dernières notions ont connu suffisamment d'applications concrètes dans les milieux de travail pour être mieux cernées, mieux comprises et mieux acceptées par les différents acteurs du système de relations de travail. Par exemple, il n'est plus très difficile de faire comprendre à un employeur

---

2   M.-J. LEGAULT (2002), « La situation des groupes cibles sur le marché du travail, au Québec et au Canada », dans *Équité en emploi – équité salariale. Recueil de textes*, sous la dir. de Marie-Josée Legault, Québec : Télé-université, p. 34.

que le fait qu'une femme n'accumule pas d'ancienneté pendant son congé de maternité aura un impact défavorable sur ses conditions de travail et que cela constitue une
forme de discrimination indirecte fondée sur la grossesse. Nous avons maintenant
suffisamment d'illustrations jurisprudentielles pour faire le travail d'éducation, plaider
des dossiers et, à la rigueur, négocier des conventions collectives où ce type de discrimination indirecte sera éliminé.

Par contre, dès qu'il est difficile de cerner ou d'identifier précisément l'obstacle
à l'égalité, c'est-à-dire la clause ou la mesure qui provoque le désavantage discriminatoire, il devient très ardu de convaincre notre interlocuteur de la présence d'une
atteinte à l'égalité. Ainsi, tant qu'on ne reconnaît pas l'existence de la discrimination
systémique, quasi invisible mais tout aussi insidieuse, on n'accepte pas que l'inégalité
de fait ou de résultat doive être corrigée d'une manière ou d'une autre.

Par exemple, la perspective que l'absence de femmes dans un emploi non traditionnel soit due à un ensemble d'obstacles, de préjugés, de stéréotypes et d'idées
préconçues peut à la limite être assez bien comprise. Par contre, à moins de s'adresser
à un auditoire convaincu, l'idée qu'il s'agit là de discrimination qui doive être corrigée,
notamment par des mesures proactives, est très difficile à faire accepter. C'est à ce
moment que les préjugés refont surface et que l'interlocuteur se pose la question de
la compétence des femmes à occuper de tels emplois ou qu'il se soucie de leur manque
d'intérêt. Le phénomène est tout aussi observable lorsqu'il est question des postes de
pouvoir, auquel cas s'ajoute le stéréotype de l'absence de flair politique chez les
femmes.

Le sentiment général veut que la discrimination soit un mal qu'il faut rattacher à
un coupable ou à un responsable. Autrement, il ne s'agit pas de discrimination, mais
plutôt de l'état normal des choses.

Par ailleurs, convaincre une personne de la présence d'un désavantage systémique
est probablement la tâche la plus délicate de la militante, car on l'accuse très rapidement de cette tare immense qu'est le fait de *victimiser* les victimes.

La persistance de la conception formelle de l'égalité dans les syndicats

Dans le même ordre d'idées, si la discrimination systémique est incomprise, force
est de constater que la notion d'égalité formelle a davantage la cote que celle de
l'égalité réelle.

Cela est vrai aussi chez les militants et militantes du monde syndical[3]. Lorsqu'on
revendique des mesures de redressement face à des situations de discrimination systémique ou simplement de discrimination indirecte, on remarque que les membres

---

[3]   Sur ce sujet, les propos du professeur Christian Brunelle sont très éclairants : *Discrimination et
        obligation d'accommodement en milieu de travail syndiqué*, Montréal : Yvon Blais, 2001.

des syndicats opposent une résistance due à leur conception de l'égalité qui est celle de l'égalité formelle et non celle de l'égalité réelle. Lors de débats en assemblée, particulièrement lorsqu'ils portent sur les mesures de redressement proactives, on entend très souvent des interventions voulant que la réparation proposée soit elle-même discriminatoire. Je suis d'avis que la majorité des personnes salariées, peu importe le milieu, considère que l'égalité signifie de traiter les gens également. Ainsi, accorder une mesure de redressement pour corriger une situation de discrimination signifie pour plusieurs d'adopter une mesure discriminatoire à l'endroit du groupe qui n'est pas victime de l'inégalité. Dans les discussions, un désavantage préexistant est très rapidement occulté.

Ce genre de débat a lieu également lorsqu'il est question de déficit de représentation des femmes et des minorités ethniques aux différentes instances des organisations syndicales.

Évidemment, cette même conception de l'égalité formelle persiste aussi chez les représentants des employeurs et on perçoit aisément qu'elle engendre une résistance aux mesures d'accès à l'égalité.

La discrimination « permise » par la Loi

Une autre source de difficulté que j'ai pu constater est la suivante : même en présence de discrimination indirecte, il est quasi impossible de faire la démonstration de la discrimination à un profane si l'atteinte au droit à l'égalité provient d'une disposition législative. L'idée que le législateur ne discrimine pas (ou que ce qui est permis par la Loi est par définition non discriminatoire) est encore très présente.

Voici quelques illustrations :

- Quoique l'obligation d'accommodement soit maintenant de mieux en mieux connue chez les employeurs, elle est en pratique peu respectée en regard des personnes qui demeurent avec des limitations fonctionnelles à la suite d'un accident de travail. Le droit de retour au travail des salariés victimes d'une lésion professionnelle étant encadré par la *Loi sur les accidents du travail et les maladies professionnelles* (L.R.Q., c. A-3.001 : LATMP), les employeurs se contentent de respecter les dispositions relatives à l'existence d'un « emploi convenable » dans l'entreprise et ne font pas beaucoup d'efforts pour modifier ou adapter des postes pour accommoder les limitations fonctionnelles du salarié. Les employeurs sont souvent convaincus que le fait de respecter la LATMP dispose de leur obligation d'accommodement.

- La *Loi sur l'équité salariale* (L.R.Q., c. E-12.001) encadre maintenant de façon exclusive le droit à un salaire égal pour un travail de valeur équivalente : les employeurs sont tenus de réaliser un programme d'équité salariale dans leur entreprise. La Loi prévoit par ailleurs qu'une association accréditée peut

demander l'établissement d'un programme d'équité salariale distinct pour les
membres qu'elle représente. En pratique, cela a pour résultat de compartimen-
ter les comparaisons entre emplois féminins et masculins en fonction de la
définition de l'unité de négociation. En raison du fait que les unités de négociation reflètent le plus souvent la ségrégation professionnelle, la possibilité
d'établir un programme distinct par unité de négociation peut avoir pour effet
de perpétuer l'inégalité salariale due à la discrimination systémique fondée
sur le sexe. Or, face à ce constat dans leur propre entreprise, la position de
certains employeurs a été de refuser de mettre en place des mesures pour
corriger ce biais discriminatoire, de continuer de verser une rémunération
empreinte de discrimination, le tout, parce que la Loi, selon eux, le permettait.

- Nous avons eu dans une société d'État un problème tout particulier. L'employeur
  offrait des prestations supplémentaires à celles des régimes étatiques en cas
  d'absence liée à la maladie, soit en raison d'une lésion professionnelle ou d'un
  accident de la route. L'employeur offrait aussi une assurance invalidité pour
  le même taux de remplacement de revenu. La seule absence qui n'était pas
  indemnisée de la même manière était le retrait préventif de la femme enceinte.
  Lorsque nous avons souligné que cette différence était sans doute discriminatoire, l'employeur a répondu qu'il respectait la *Loi sur la santé et la sécurité
  au travail* et que cette Loi n'était pas discriminatoire.

Les remèdes à la discrimination indirecte :
la problématique du cas par cas

Je partage l'opinion que certains ont déjà fait valoir au sujet de la méthode d'analyse d'une situation de discrimination donnant lieu à l'obligation d'accommodement
de l'employeur. À cet égard, la Cour suprême notait, dans l'affaire *Meiorin* :

e) La légitimation de la discrimination systémique

*[39]   On a également prétendu que la distinction que l'analyse conventionnelle établit
entre la discrimination directe et la discrimination par suite d'un effet préjudiciable peut,
en pratique, contribuer à légitimer la discrimination systémique ou « la discrimination
qui résulte simplement de l'application des méthodes établies de recrutement, d'embauche
et de promotion, dont ni l'une ni l'autre n'a été nécessairement conçue pour promouvoir
la discrimination [...] »*

*[40]   Selon l'analyse conventionnelle, si une norme est qualifiée de « neutre » à l'étape
préliminaire de l'examen, sa légitimité n'est jamais mise en doute. Il s'agit alors de savoir
si on peut composer avec le demandeur, et la norme formelle elle-même demeure toujours
intacte. L'analyse conventionnelle porte donc non plus sur les principes qui sous-tendent
la norme, mais sur la façon dont des personnes « différentes » peuvent cadrer dans le
« courant dominant » que représente la norme.*

[41]   Même si l'analyse conventionnelle peut permettre concrètement de composer avec les demandeurs et d'atténuer l'effet discriminatoire particulier qu'ils subissent, on ne saurait passer sous silence la portée plus générale de l'analyse. Elle empêche les cours de justice et les tribunaux administratifs d'évaluer la légitimité de la norme elle-même. Au sujet de la distinction que l'analyse conventionnelle établit entre la norme neutre acceptée et l'obligation de composer avec ceux que cette norme lèse, Day et Brodsky, loc. cit., écrivent, à la p. 462 :

> [TRADUCTION] La difficulté que pose ce paradigme est qu'il ne met en question ni l'inégalité du rapport de force ni les discours de domination, comme le racisme, la prétention de la supériorité des personnes non handicapées, le sexisme, qui font qu'une société est bien conçue pour certains mais pas pour d'autres. Il permet à ceux qui se considèrent « normaux » de continuer à établir des institutions et des rapports à leur image, pourvu qu'ils « composent » avec ceux qui en contestent l'établissement.
>
> Sous cet angle, l'accommodement paraît ancré dans le modèle de l'égalité formelle. En tant que formule, le traitement différent réservé à des personnes « différentes » ne constitue que l'inverse du traitement semblable réservé aux personnes semblables. L'accommodement ne touche pas le cœur de la question de l'égalité, le but de la transformation ni l'examen de la façon dont les institutions et les rapports doivent être modifiés pour les rendre disponibles, accessibles, significatifs et gratifiants pour la multitude de groupes qui composent notre société. L'accommodement semble signifier que nous ne modifions ni les procédures ni les services ; nous nous contentons de « composer » avec ceux qui ne cadrent pas tout à fait. Nous faisons certaines concessions à ceux qui sont « différents », plutôt que d'abandonner l'idée de la « normalité » et d'œuvrer à la véritable inclusion.

[...]

Je suis d'accord avec l'essentiel de ces observations. Interpréter les lois sur les droits de la personne principalement en fonction de l'égalité formelle mine la promesse d'égalité réelle qu'elles comportent et empêche l'examen des effets de la discrimination systémique, comme notre Cour l'a reconnu dans Action Travail, précité.

[42]   La présente affaire, où Mme Meiorin cherche à conserver son poste dans un métier à prédominance masculine, est un bon exemple de la manière dont l'analyse conventionnelle met la discrimination systémique à l'abri de tout examen. Cette analyse empêche la Cour d'évaluer rigoureusement une norme qui, en régissant l'accès à un emploi à prédominance masculine, lèse les femmes en tant que groupe. Bien que le gouvernement puisse avoir l'obligation de composer avec un demandeur, l'analyse conventionnelle fait concrètement en sorte que l'ensemble complexe d'obstacles systémiques et apparemment neutres aux emplois traditionnellement à prédominance masculine échappe à la portée directe de la loi. Le droit de ne pas faire l'objet de discrimination est ramené à la question de savoir si le « courant dominant » peut, dans le cadre de sa norme formelle existante, se permettre d'accorder un traitement approprié aux personnes lésées. Dans la négative, l'institution de la discrimination systémique reçoit l'approbation de la loi. Cela n'est pas acceptable.

En réponse à ces observations, la Cour suprême a intégré l'obligation d'accommodement à l'analyse de l'exigence professionnelle justifiée en défense à une allégation de discrimination :

[64]   Les cours de justice et les tribunaux administratifs devraient tenir compte des diverses manières dont il est possible de composer avec les capacités d'un individu. Outre les évaluations individuelles visant à déterminer si la personne a les aptitudes ou les compétences requises pour exécuter le travail, il y a lieu de prendre en considération, lorsque cela est indiqué, la possibilité d'exécuter le travail de différentes manières tout en réalisant l'objet légitime lié à l'emploi que vise l'employeur. Les aptitudes, les capacités et l'apport potentiel du demandeur et de ceux qui sont dans la même situation que lui doivent être respectés autant qu'il est possible de le faire. Les employeurs, les cours de justice et les tribunaux administratifs devraient être innovateurs tout en étant pratiques lorsqu'ils étudient la meilleure façon de le faire dans les circonstances en cause.

[65]   Parmi les questions importantes qui peuvent être posées au cours de l'analyse, il y a les suivantes :

a) L'employeur a-t-il cherché à trouver des méthodes de rechange qui n'ont pas d'effet discriminatoire, comme les évaluations individuelles en fonction d'une norme qui tient davantage compte de l'individu ?

b) Si des normes différentes ont été étudiées et jugées susceptibles de réaliser l'objet visé par l'employeur, pourquoi n'ont-elles pas été appliquées ?

c) Est-il nécessaire que tous les employés satisfassent à la norme unique pour que l'employeur puisse réaliser l'objet légitime qu'il vise, ou est-il possible d'établir des normes qui reflètent les différences et les capacités collectives ou individuelles ?

d) Y a-t-il une manière moins discriminatoire d'effectuer le travail tout en réalisant l'objet légitime de l'employeur ?

e) La norme est-elle bien conçue pour que le niveau de compétence requis soit atteint sans qu'un fardeau excessif ne soit imposé à ceux qui sont visés par la norme ?

f) Les autres parties qui sont tenues d'aider à la recherche de mesures d'accommodement possibles ont-elles joué leur rôle ? Comme le juge Sopinka l'a fait remarquer dans Renaud, précité, aux pp. 992 à 996, la tâche de déterminer la manière de composer avec des différences individuelles peut aussi imposer un fardeau à l'employé et, dans les cas où il existe une convention collective, au syndicat.

[66]   Malgré le chevauchement des deux examens, il peut souvent se révéler utile, en pratique, d'examiner séparément, d'abord, la procédure, s'il en est, qui a été adoptée pour étudier la question de l'accommodement, et, ensuite, la teneur réelle d'une norme plus conciliante qui a été offerte ou, subsidiairement, celle des raisons pour lesquelles l'employeur n'a pas offert une telle norme : voir, de manière générale, Lepofsky, loc. cit.

[67]   Si la norme discriminatoire à première vue n'est pas raisonnablement nécessaire pour que l'employeur en réalise l'objet légitime ou, autrement dit, s'il est possible de composer avec des différences individuelles sans que l'employeur subisse une contrainte

excessive, la norme n'est pas alors une EPJ. L'employeur n'a pas établi l'existence d'un moyen de défense contre l'accusation de discrimination.

En pratique, ces remarques n'ont pas véritablement eu d'impact dans les milieux de travail et ont eu un écho extrêmement timide dans la jurisprudence arbitrale. De façon générale, les employeurs n'ont pas modifié leurs pratiques pour adopter des méthodes et des procédures susceptibles d'entraîner moins d'effets discriminatoires. Les conventions collectives ne sont pas étudiées ni analysées sous le prisme de la discrimination systémique. On demeure entièrement sous le paradigme de l'accommodement au cas par cas. Par ailleurs, les arbitres de griefs au Québec se montrent encore très cléments à l'égard des obligations de l'employeur en matière d'accommodement[4].

Le rôle des syndicats

Du côté syndical, jusqu'où peut-on espérer aller ? Lors des renouvellements de conventions collectives, se placer en demande sur des questions relatives à la discrimination requiert une force de conviction hors du commun de la part des personnes qui négocient pour le syndicat.

Défendre le droit à la non-discrimination revient à défendre les droits de groupes minoritaires. Par conséquent, il est très difficile dans le contexte du fonctionnement démocratique des organisations syndicales de maintenir de telles demandes lorsqu'elles requièrent d'en abandonner d'autres qui touchent soit la majorité des membres soit le groupe au pouvoir.

Il plane autour des enjeux liés aux droits de la personne une conception très répandue voulant qu'il s'agisse de droits individuels qui s'opposeraient à des droits collectifs. Le monde syndical est allergique à cette idée de droits individuels… Malgré que le droit à l'égalité ne soit pas plus individuel que la majorité des droits contenus dans la convention collective, on n'en démord pas : pour la plupart des militantes et militants du monde syndical, les droits contenus dans la convention collective sont des droits collectifs alors que ceux qui sont protégés par la Charte sont des droits individuels. Doit-on comprendre que certains droits sont devenus collectifs parce qu'ils ont été négociés collectivement ?

---

4   Sans prétendre à une analyse rigoureuse de cette question, il semble que la jurisprudence des autres provinces canadiennes soit plus progressiste et impose un fardeau plus lourd aux employeurs. Il serait fort utile d'avoir une mise à jour de l'étude de G. VALLÉE, M. COUTU et M.-C. HÉBERT (2001), « La norme d'égalité en milieu de travail : étude empirique de la mise en œuvre de la norme d'égalité par le Tribunal des droits de la personne et les tribunaux d'arbitrage », *Le droit à l'égalité : les tribunaux d'arbitrage et le Tribunal des droits de la personne*, Montréal : Thémis.

Un enjeu qui suscite beaucoup d'inquiétude est la responsabilité du syndicat pour la discrimination en emploi. Les questions suivantes méritent une réflexion.

- Jusqu'où va le rôle du syndicat dans la lutte pour l'égalité ? Quand doit-on tenir un syndicat responsable pour la discrimination exercée par l'employeur ? Comment savoir « à qui la faute » ?
- Les parties négocient-elles à armes égales ?
- Qui doit être tenu responsable ? L'exécutif syndical, le comité de négociation, l'assemblée générale ou toutes ces réponses ?
- Comment peut-on condamner un syndicat ? Les ressources financières d'un syndicat sont celles de ses membres… s'agit-il alors de faire payer les victimes pour la discrimination qu'elles ont subie ?
- Comment doit-on départager les coûts ? L'employeur doit-il « bénéficier » du partage de la responsabilité avec le syndicat ?

Illustrations jurisprudentielles du problème :
- *Université Laval* c. *Commission des droits de la personne*, C.A. 24-01-2005, [2005] R.J.Q. 347 : discrimination salariale fondée sur le sexe – double structure de salaire
- *Québec (CDPDJ)* c. *Québec (PG)*, [2004] 2 R.C.S. 185 (affaire *Morin* ou *Jeunes enseignants*) : discrimination fondée sur l'âge – gel d'avancement d'échelon
- *City of Regina & CUPE, local 21* c. *Kivela*, 2006 SKCA 38 (CA Sask.) : discrimination sur le handicap – accumulation d'ancienneté et acquisition de la permanence
- *UFCW, local 401* c. *Alberta Human Rights Commission* (affaire Canada Safeway), 2003, 231 DLR 4th, 285 (CA Alb.) : discrimination sur le handicap – programme de départ offert aux salariés actifs seulement

Un commentaire fort intéressant sur cette question est fait par le professeur Christian Brunelle dans « Droits d'ancienneté et droits à l'égalité : l'impossible raccommodement ? », *Développements récents en droit du travail*, 2004, Montréal : Yvon Blais, p. 101.

À mon sens, le droit de ne pas être congédié sans cause juste et suffisante, le droit d'être payé au tarif prévu pour des heures supplémentaires et le droit à quatre semaines de vacances ne sont pas plus collectifs par nature que le droit à l'équité salariale et le droit d'accumuler de l'ancienneté pendant son congé de maternité. L'accommodement d'une personne handicapée relève-t-il davantage d'un droit purement individuel que la réadaptation d'une personne accidentée au travail ? Quoi qu'il en soit, lorsque la source du droit revendiqué n'est pas le fruit d'une négociation ou d'une lutte proprement syndicale, on a tendance à voir dans cette revendication une attaque au monopole de représentation et au pouvoir de définir le « bien commun ».

Mon hypothèse pour expliquer cette perception est le fait que le droit à l'égalité soit revendiqué par des groupes minoritaires ou qui ne sont pas en situation de pouvoir. De plus, les demandes visent bien souvent des mesures de redressement individualisées, comme l'obligation d'accommodement. Des mesures individualisées sont par essence contraires aux revendications traditionnelles des syndicats qui visent à uniformiser les normes pour éliminer toute forme d'arbitraire.

On constate que depuis quelques années, les syndicats connaissent une pression accrue pour la représentation des membres qui se manifeste sous différentes formes : tout d'abord, une évolution jurisprudentielle accordant à l'arbitre de grief une compétence exclusive de plus en plus étendue[5]; ensuite, des problèmes juridiques constamment plus complexes et des membres mieux informés et plus exigeants ; enfin, un élargissement du recours pour manquement au devoir de représentation[6]. Ainsi, même dans un contexte où les représentants syndicaux sont convaincus de la nécessaire lutte pour l'égalité réelle, la lourde tâche de défense des membres au jour le jour monopolise les énergies et les ressources qui sont limitées dans nombre de petites organisations. Pris par ces obligations, les militantes et militants peuvent difficilement se consacrer pleinement à la recherche de solutions proactives.

Par ailleurs, malheureusement, la négociation de la convention collective de façon traditionnelle n'est souvent pas le forum approprié pour ce genre de travail, notamment à cause de la dynamique du *give and take*.

Des défis particuliers pointent à l'horizon

L'un des défis des syndicats dans l'avenir sera de concilier les droits d'ancienneté et le droit à l'égalité. Sur ce sujet, l'analyse du professeur Brunelle[7] est déjà très riche. Dans son article paru en 2004, l'auteur aborde les limites à l'obligation d'accommodement qu'imposent ou n'imposent pas les droits d'ancienneté des autres salariés. Sans doute que les organisations syndicales seront aussi appelées à court terme à redéfinir certains principes d'accumulation d'ancienneté, si ce n'est déjà fait, en cas d'absences liées à l'invalidité ou pendant les congés parentaux, par exemple. On peut même faire un pas de plus : si une caractéristique personnelle protégée par la Charte empêche une personne d'accumuler de l'ancienneté au même rythme que ses compatriotes parce qu'elle ne peut fournir la même prestation de travail, il peut s'agir de discrimination[8].

Les droits d'ancienneté ont évidemment aussi un effet d'exclusion systémique sur les femmes, notamment dans les emplois non traditionnels et sur les autres groupes cibles sur le marché du travail. Mais je ne vois pas le jour où on sera prêt à remettre en question l'application de cette norme pour favoriser le droit à l'égalité. Par exemple, la *Loi sur l'accès à l'égalité en emploi dans les organismes publics* (L.R.Q., c. A-2.01) prévoit spécifiquement qu'un *programme d'accès à l'égalité en emploi ne*

---

5   Voir les affaires *Québec (CDPDJ)* c. *Québec (PG)*, [2004] 2 R.C.S. 185 (les salariés n'ont plus accès à la Commission des droits de la personne lorsque l'essence de leur plainte relève implicitement ou explicitement de l'administration de la convention collective et doivent faire appel à l'arbitrage de griefs) et *Parry Sound district* c. *SEEFPO*, [2003] 2 R.C.S. 157 (l'ensemble des normes d'ordre public relatives à l'emploi sont implicitement intégrées à la convention collective et l'arbitre est le tribunal compétent pour les faire respecter, peu importe l'intention subjective des parties).

6   Articles 47.2 et suivants du *Code du travail* (L.R.Q., c. C-27).

7   C. BRUNELLE (2004), « Droits d'ancienneté et droits à l'égalité : l'impossible raccommodement ? », *Développements récents en droit du travail*, Montréal : Yvon Blais, p. 101.

8   *City of Regina et CUPE, local 21* c. *Kivela*, 2006 SKCA 38 (CA Sask.).

peut obliger un organisme [...] à exclure l'ancienneté comme critère d'embauche, de promotion, de licenciement, de mise à pied, de rappel au travail ou de redéploiement des effectifs (article 14(5)).

Dans un autre ordre d'idées, à plus long terme, les organisations syndicales devraient envisager d'étudier les effets systémiques de la définition des unités de négociation. Dans le cadre de l'application de la *Loi sur l'équité salariale*, il saute aux yeux que les unités de négociation qui reflètent la ségrégation professionnelle limitent les effets réparateurs de la Loi dans la mesure où des programmes d'équité salariale distincts sont réalisés à la demande des associations accréditées.

La Commission de l'équité salariale a elle-même soulevé le problème dans son rapport sur la mise en œuvre de la Loi dans les entreprises de 10 à 49 salariés[9]. Également, dans le dossier ayant mené à l'annulation du chapitre IX de la Loi[10], la Cour supérieure notait ce problème dans le cadre de son analyse du rapport d'expertise produit par les requérants (à l'annexe 4) :

> *[13]   Notons que la ségrégation professionnelle se reflète dans les unités d'accréditation à la base du monopole syndical de représentation. Ces unités reposent sur les caractéristiques essentielles d'une communauté d'intérêts et d'une certaine homogénéité dans les occupations des salariés. Ainsi, les emplois de bureau, unités de femmes, sont rarement inclus avec des emplois de production, unités d'hommes, dans une même unité représentée par une même association accréditée.*

> *[14]   Même à l'intérieur d'entreprises de 100 salariés et plus, entreprises majoritairement syndiquées et fortement orientées vers la recherche de l'équité salariale, les experts ont constaté un écart moyen de 14 % dans 70 % des cas entre les familles d'emplois hors bureau (masculines) et les familles d'emplois de bureau (féminines) (p. 26) :*

>> [...] Ces résultats, malgré les limites inhérentes à toute étude de ce genre, indiquent clairement que les pratiques traditionnelles d'évaluation des emplois, de surcroît par famille d'emplois, ne permettent pas réellement de réduire l'écart salarial.

>> La possibilité d'avoir plusieurs programmes distincts au sein d'une même entreprise a nécessairement des impacts en termes d'atteinte de l'équité salariale : celle-ci ne sera vraisemblablement atteinte qu'à l'intérieur de chaque unité d'accréditation ayant son propre programme et non pour l'ensemble de l'entreprise. Selon l'étude citée plus haut, les écarts salariaux constatés, qui feront l'objet de redressements, seront moindres.

---

9   *L'équité salariale : un poids, une mesure*, Commission de l'équité salariale, novembre 2002.

10   *Syndicat de la fonction publique du Québec et al.* c. *Procureur général du Québec*, 2004T-197 (C.S.).

Le problème lié aux programmes distincts a été soulevé par plusieurs auteurs et spécialistes en équité salariale dans différentes publications[11], ainsi que par la Commission des droits de la personne et le Conseil du statut de la femme lors des consultations sur le projet de loi 35.

On aurait pu penser que les organisations syndicales seraient sensibles au problème et qu'elles éviteraient de scinder les programmes d'équité salariale devant des unités de négociation fortement sexuées. Mais ce n'est pas si évident : plusieurs situations ont donné lieu à des dossiers devant la Commission de l'équité salariale puis devant la Commission des relations de travail : des associations qui ne représentent aucune catégorie d'emplois à prédominance féminine ont demandé l'établissement de programmes distincts, excluant par le fait même un ensemble de catégories masculines de toute comparaison. Un bel exemple de solidarité syndicale... et d'intérêt pour le droit à l'égalité.

Il est à prévoir que cette disposition de la Loi sera *revisitée* d'une façon ou d'une autre. D'ailleurs, la question de l'équité salariale interunités a déjà donné lieu à un long et coûteux litige au niveau fédéral : la Cour suprême a rendu une décision[12] par laquelle elle a reconnu que la position d'Air Canada voulant que la comparaison aux fins de l'équité salariale devait être limitée aux emplois couverts par la même convention collective minait l'objectif même d'une démarche visant à corriger la discrimination :

> *Si l'examen devait être axé sur les différences de modalités qui existent entre les conventions collectives, comme le propose Air Canada, les milieux de travail seraient soustraits aux comparaisons mêmes que la Loi envisageait. Cela reviendrait à assimiler « établissement » à « unité de négociation », ce qui minerait l'objet de la Loi, qui consiste à déterminer si les salaires versés aux femmes témoignent d'une sous-évaluation fondée sur une discrimination systémique entraînant non seulement un cloisonnement professionnel, mais aussi une diminution du pouvoir de négociation et, vraisemblablement, des salaires et des avantages sociaux. Comme la Cour l'a indiqué dans Colombie-Britannique (Public Service Employee Relations Commission) v. BCGSEU, [1999] 3 R.C.S. 3, par. 42, dans le contexte des droits de la personne, une interprétation selon laquelle « l'institution de la discrimination systémique reçoit l'approbation de la loi [...] n'est pas acceptable ».*

> *En définitive, l'interprétation proposée par Air Canada transformerait la négociation collective en outil de renforcement des pratiques discriminatoires.*

---

[11]   M.-T. CHICHA (1997), *L'équité salariale : mise en œuvre et enjeux*, Montréal : Yvon Blais, p. 58 ; L. LAVOIE et M. TRUDEL (2001), *Loi sur l'équité salariale annotée*, Montréal : Yvon Blais ; E. DÉOM et J. MERCIER (2001), « L'équité salariale et les relations de travail : des logiques qui s'affrontent », *Recherches féministes*, vol. 14, n° 1, p. 49-61 ; D. SABOURIN et J. DAVID-MCNEIL (1998), « La Loi sur l'équité salariale : analyse critique et enjeux », *Développements récents en droit du travail*, Montréal : Yvon Blais.

[12]   *Air Canada* c. *Commission canadienne des droits de la personne*, 2006 CSC 1, 26 janvier 2006.

Les contraintes systémiques liées aux unités de négociation qui reflètent la ségrégation professionnelle se répercutent dans d'autres sphères également. À titre d'exemple, l'accès des femmes à des emplois non traditionnels dans la même entreprise peut être limité soit par la priorité donnée aux salariés de l'unité lors de l'affichage, soit par la non-reconnaissance de l'ancienneté acquise hors de l'unité. D'ailleurs, les emplois de bureau traditionnellement féminins sont parmi ceux qui présentent le moins de perspectives de progression dans l'entreprise ; par conséquent, lorsque la définition de l'unité freine la mobilité des salariées, on a un obstacle systémique.

Les unités de négociation ségréguées selon le sexe nous livrent également des « syndicats de gars » et des « syndicats de filles ». On peut facilement imaginer que cette dichotomie conduit à davantage de compétition devant les ressources limitées de l'employeur en restreignant la solidarité et maintient le manque d'intérêt des représentants syndicaux pour les enjeux qui touchent une infime minorité de leurs membres.

Enfin, un autre défi que je vois poindre à l'horizon est celui des statuts précaires, ceux qui font que, dans certains milieux, le seul droit des personnes prévu à la convention collective est celui de payer la cotisation syndicale. Les employeurs demandent sans fin à avoir des personnes à leur disposition *no strings attached*. D'aucuns penseront au CPE français.

Plus de souplesse, plus de flexibilité, moins cher, meilleur rendement. Ce sont les groupes les plus vulnérables qui en font les frais. À mon sens, il s'agit d'un élément de discrimination systémique[13]. D'ailleurs, il s'agissait d'une des revendications de la Marche mondiale des femmes en 2005[14] :

> *Nous réclamons que la Loi sur les normes du travail interdise les disparités de traitement fondées sur le statut d'emploi, afin de garantir aux personnes occupant un emploi atypique les mêmes conditions de travail (incluant le salaire et les avantages sociaux) que celles accordées aux autres personnes salariées qui effectuent un travail équivalent dans une même entreprise. Dans cette perspective, nous réclamons également la reconnaissance du statut de salarié pour les personnes qui reçoivent des prestations de la sécurité du revenu, qui participent à des mesures d'intégration au travail et qui effectuent une vraie prestation de travail.*

Les syndicats seront sans doute interpellés de plus en plus sur ces questions ainsi que sur l'analyse des relations entre les statuts précaires, la conciliation travail-famille et les contours de la discrimination systémique.

---

[13] À ce sujet, voir les données de l'étude du Comité aviseur femmes en développement de la main-d'œuvre : *Les femmes et le marché de l'emploi. La situation économique et professionnelle des québécoises*, mars 2005 : http://www.femmesautravail.qc.ca/?q=node/228.

[14] Coordination du Québec de la Marche mondiale des femmes, *Bilan politique des actions 2005 en regard des revendications québécoises*, 18 novembre 2005 : http://ffq.qc.ca/actions/marche-2005.html.

Conclusion

J'ai livré mes réflexions sur la première question soumise aux membres de la table ronde : « Pourquoi la discrimination en emploi subsiste-t-elle ? ». Je l'ai fait dans la perspective d'une observatrice du mouvement syndical. Maintenant, en quelques mots, en guise de conclusion, je fais part de ma réflexion sur les trois autres questions qui nous étaient proposées : « Les instruments pour l'enrayer sont-ils adéquats ? Est-ce plutôt leur application qui est déficiente ? Faut-il blâmer les acteurs ? ».

Essentiellement, peu importe la qualité des outils législatifs mis à notre disposition pour enrayer la discrimination et peu importe leurs limites, pour enrayer la discrimination, il faudra toujours que les acteurs du système soient convaincus de son existence.

Cela revient, à mon avis, aux conceptions de l'égalité dont j'ai discuté plus haut, à la compréhension du phénomène de la discrimination systémique, à l'acceptation du fait que la majeure partie de nos opinions sur les personnes sont empreintes de préjugés et de stéréotypes et que certains groupes en sont plus victimes que d'autres.

Je fais ainsi le pari que le premier facteur de réussite de toute démarche visant l'atteinte de l'équité en emploi est l'engagement des représentants des employeurs – et des personnes salariées – à corriger les effets de la discrimination. Pour être engagé à corriger une situation, il faut d'abord être convaincu qu'il y en a une à corriger. Comment convaincre ? Certainement par l'éducation et par la formation continue.

L'immigration au cœur du renforcement du capital intellectuel québécois

Moussa Sarr

> *On doit accueillir avec respect les gens qui viennent mettre leur intelligence au service de notre collectivité.*
>
> Gilles Jobin, cité par Daniel Allard (2002[1]).

> *Pour rivaliser avec les nations, nous devons continuer de développer notre capital intellectuel. Dans un pays aussi petit que le Canada, nous ne pouvons simplement pas nous permettre d'ignorer des personnes de talent et intelligentes simplement à cause de différences de sexe, d'origine ethnique ou autres. Dans l'industrie et le commerce, la diversité est un de nos plus grands atouts pour faire croître le capital intellectuel et assurer notre capacité de livrer concurrence.*
>
> Gordon Nixon (2004[2]).

Cette contribution fait suite à ma participation à une table ronde lors du 61e congrès du département des relations industrielles de l'Université Laval. Le sujet qui nous était soumis, *Pourquoi la discrimination en emploi subsiste-t-elle?* semble appeler des réponses pragmatiques. Par cela, on entend ici des réponses qui permettraient, à court terme, de résoudre cet épineux problème social. Nous insistons sur le qualificatif social, car les démarches de règlement connues sont, en général et largement, juridiques et économiques et elles occultent les dimensions sociales de la question. Autrement dit, nous tenterons de remettre celle-ci dans la dynamique socioéconomique actuelle du Québec et nous l'analyserons suivant le même questionnement qui nous a été soumis en insistant sur les aspects sociaux qui concourent à la réalisation effective de cette situation.

---

[1]   http://www.commercemonde.com/028/sommaire/s2.html.

[2]   http://www.rbc.com/nouvelles/20041018nixon.html.

Nous explorerons les raisons qui fondent cette réalité et les leviers sur lesquels les décideurs devraient s'appuyer pour apporter des changements qualitatifs à ce problème stratégique et critique pour le Canada et particulièrement pour le Québec. Plus précisément, nous interrogerons les concepts qui nous semblent être au cœur de cette activité, soit le repli sur soi, la peur de la dissolution du pouvoir des individus, la non-reconnaissance de la valeur du capital intellectuel dans les intrants du développement durable et le manque de confiance.

Tout d'abord, nous appuierons notre démarche sur le champ sémantique dégagé par notre collègue et voisine de table Annick Desjardins qui propose une définition très opératoire du concept en s'appuyant sur le point de vue développé dans le Rapport de la Commission sur l'égalité en matière d'emploi (1984), le Rapport Abella, à la page 2, où il est indiqué que « la discrimination s'entend des pratiques ou des attitudes qui, de par leur conception ou par voie de conséquence, gênent l'accès des particuliers ou des groupes à des possibilités d'emplois, en raison de caractéristiques qui leur sont prêtées à tort. L'intéressé n'est pas limité par ses capacités, mais par des barrières artificielles qui l'empêchent de mettre à profit son potentiel. »

Le choix de cette définition n'est pas fortuit dans la mesure où il ouvre largement sur le point de vue de Gordon Nixon (2004), président et chef de la direction de RBC Groupe Financier, dans un discours prononcé au Cercle canadien des femmes de Montréal où il énonçait un paradigme fondamental et un levier essentiel pour le développement socioéconomique du Canada en général, et du Québec en particulier. Pour lui, la clé de la réussite dans la nouvelle économie mondialisée et cognitive est fondée sur :

> l'utilisation du potentiel humain, [qui] est – ou devrait être – un des premiers objectifs de toute grande civilisation. Et le Canada, qui est une des nations les plus diversifiées sur Terre, a plus à gagner à œuvrer à cet objectif que pratiquement tout autre pays car [...] en libérant la puissance de la diversité, le Canada peut devenir plus compétitif et plus dynamique. En tant que nation, nous rivalisons avec d'autres pays pour attirer des talents et des investissements ainsi que pour la croissance économique – et les enjeux sont très élevés. Dans l'ancienne économie, l'avantage économique provenait des capitaux investis notamment dans les usines, le matériel et les machines. Au XXIe siècle, il proviendra du capital humain, et plus notre pays sera diversifié, plus nous aurons de capital intellectuel dans lequel puiser[3].

Contrairement à ce point de vue, nos observations sur le terrain au Québec (trois sites) ne semblent pas corroborer les arguments de Nixon. En effet, malgré le besoin réel, à court terme, de main-d'œuvre, les menaces qui en découlent et les signaux de détresse émis par les décideurs du Québec, surtout ceux de la capitale nationale (Audet, 2004), il n'en demeure pas moins que les attitudes vis-à-vis des immigrants sont beaucoup plus répulsives qu'invitantes. Ce qui nous amène à considérer davantage les variables psychosociales énoncées plus haut, pour répondre à la sous-question

---

3   http://www.rbc.com/nouvelles/20041018nixon.html.

« Les instruments pour l'enrayer sont-ils adéquats ? », que les variables juridiques (charte des droits, loi sur l'équité, loi relative à l'embauche des minorités dans la fonction publique, etc.) qui semblent être des outils plus passifs qu'actifs (Déom, 2006).

Les premiers destinataires de notre argumentation seront les décideurs en matière de gestion des ressources humaines, car il nous semble que c'est de leur compréhension des enjeux sur la rétention des talents d'ailleurs, ou de la gestion de la diversité, que se joue l'efficacité économique de la province.

La fonction gestion des ressources humaines, tel que le soutient Serge Vallemont (2005), se transforme, comme l'environnement organisationnel dans lequel elle est inscrite, puisqu'elle passe de la gestion de l'intendance au développement stratégique. Elle ne doit plus veiller à l'administration du personnel, aux traitements des dossiers, au suivi des obligations légales, à la gestion de la paye et autres problèmes découlant des relations de travail, mais elle doit, assurément, s'inscrire dans la réorganisation des anciens modes de production et dans l'introduction de nouveaux modes de développement organisationnels, notamment la gestion du capital intellectuel dans une perspective d'augmentation de la productivité. C'est en ce sens qu'il nous semble adéquat, avant de passer aux observations sur le terrain, de définir le contexte entourant ce que nous espérons de tout cœur, soit la transformation des modalités de gestion des ressources humaines et l'émergence de la puissance du capital intellectuel dans l'augmentation de la productivité.

Le constat

L'insertion, le maintien et la rémunération équitable des individus et des groupes minoritaires dans le champ du travail au Québec sont des problèmes qui affectent de plus en plus la performance des organisations. Ces facteurs et leurs effets sur la dynamique économique, en particulier sur le marché du travail, maintiennent toujours davantage les minorités à l'écart et les transforment en ressources contre-productives et, souvent, en groupes ou individus sociaux assistés. Pourtant, la valeur du capital intellectuel détenu par ces groupes n'est plus à démontrer. En effet, des observations récentes de Statistique Canada révèlent que les immigrants récents ont des niveaux d'études plus élevés que leurs congénères ou voisins nés au Canada. Cependant, à y voir de plus près, ces citoyens ou résidents permanents sont plus nombreux à occuper des emplois en deçà de leur niveau d'éducation et de leurs expériences professionnelles cumulées et ils ont des salaires plus bas que les autres citoyens canadiens. Ce qui, de fait, renforce leur taux de chômage qui se trouve être aux antipodes du potentiel économique qu'ils représentent.

Comme le suggère Nixon : « Si le capital humain est aujourd'hui l'actif le plus important dans le commerce et l'industrie, cela représente assurément une belle occasion ratée. » Cela devient une évidence si on se réfère à la théorie du

« knowledge-based » (Jackson, Hitt et DeNisi, 2003 ; Jacob et Harvey, 2005) qui appuie totalement cette démarche théorique en ce sens qu'il est soutenu que l'actif d'une organisation, voire d'un pays, est fondé sur des valeurs intangibles, notamment le capital intellectuel. En effet, si on analyse la composition de l'avoir des immigrants, on se rend facilement compte que les nouveaux arrivants détiennent plusieurs capitaux de niveau supérieur. Ils sont plus éduqués que la moyenne québécoise, détiennent un capital culturel plus élargi et un capital humain d'intérêt particulier pour la vitalité sociale et économique.

Cette réalité est soutenue par Daniel Allard qui, épousant la thèse de Cox et Blake (1991) sur les avantages compétitifs de la main-d'œuvre immigrante, reconnaît l'avantage compétitif de cette main-d'œuvre pour l'économie québécoise, particulièrement celle de la région de Québec. Il souligne qu'« elle est reconnue comme une valeur ajoutée pour les organisations qui savent l'utiliser à son plein potentiel ». Les chercheurs Cox et Blake (1991) soutiennent de plus qu'une gestion efficace de la diversité culturelle peut être un apport précieux en entreprise dans pas moins de six domaines : les coûts ; l'acquisition de ressources ; le marketing ; la créativité ; la résolution de problèmes ; la flexibilité organisationnelle. Malgré cette reconnaissance théorique, la situation du revenu des immigrants n'est pas heureuse. Le tableau qui suit démontre le traitement défavorable que reçoit ce potentiel économique. La remarque principale est la suivante : les variations du revenu de ce groupe sont à l'inverse de la prise de valeur qui est entrain de s'opérer grâce à l'impact du capital intellectuel dans la productivité des organisations et des nations. Cette dégradation s'amplifie et explique en grande part la défection des immigrants dont la première destination était le Québec.

	Sans revenu	1 $ à 9 999 $	10 000 $ à 29 999 $	30 000 $ à 49 999 $	50 000 $ et plus	Total	Revenu moyen
Femmes							
Nées au Canada	6 %	26 %	42 %	19 %	7 %	100 %	20 870 $
Immigrantes	8 %	30 %	39 %	14 %	8 %	100 %	19 850 $
Admises avant 1986	4 %	26 %	39 %	16 %	14 %	100 %	23 940 $
Admises 1986-1995	13 %	30 %	42 %	11 %	4 %	100 %	16 740 $
Admises 1996-1999	10 %	39 %	36 %	12 %	1 %	100 %	13 680 $

Hommes							
Nés au Canada	4 %	18 %	31 %	28 %	20 %	100 %	32 860 $
Immigrants	4 %	19 %	34 %	23 %	21 %	100 %	32 530 $
Admis avant 1986	1 %	15 %	34 %	23 %	28 %	100 %	38 530 $
Admis 1986-1995	7 %	22 %	33 %	23 %	14 %	100 %	26 280 $
Admis 1996-1999	6 %	29 %	35 %	21 %	9 %	100 %	22 960 $
Total							
Nés au Canada	5 %	22 %	37 %	23 %	13 %	100 %	26 580 $
Immigrants	6 %	24 %	36 %	19 %	15 %	100 %	26 570 $
Admis avant 1986	2 %	20 %	36 %	20 %	22 %	100 %	31 990 $
Admis 1986-1995	10 %	26 %	38 %	17 %	9 %	100 %	21 690 $
Admis 1996-1999	8 %	34 %	36 %	16 %	5 %	100 %	18 140 $

Source : Statistique Canada, Les immigrants récents des régions métropolitaines : Québec – un profil comparatif d'après le recensement de 2001, http://www.cic.gc.ca/francais/recherche-stats/rapports/recensement2001/quebec/partiea.html.

Les facteurs sociaux qui sont à la source de la tendance discriminatoire

Le repli sur soi

L'immigrant qui est sur le marché du travail, souvent lorsqu'il œuvre dans une manufacture, a un rapport social très discriminatoire du fait de son identification à la catégorie « voleur de job ». Lors d'une recherche menée pendant 10 semaines dans le parc industriel de Saint-Augustin-de-Desmaures, nous nous sommes rendu compte que le problème essentiel que rencontre l'immigrant lors de son insertion dans un groupe, c'est le préjugé xénophobe. L'autre n'est pas dangereux parce qu'il est compétitif et qu'il risque de se positionner mieux que le Québécois dit de souche. Le danger provient plutôt de son appartenance à une culture différente qui, nécessairement, déteint sur ses aptitudes au travail et relationnelles. Le groupe d'immigrants que nous étions à ce moment-là était formé d'étudiants-chercheurs de l'Université Laval possédant soit une maîtrise, soit un doctorat (deux docteurs et trois étudiants à la maîtrise). Pourtant, le traitement que nous recevions des gestionnaires était celui qu'ils réservaient à tout le monde. Mais lors de la résolution de problèmes, le groupe démontrait des compétences de haut niveau, fortement appréciées de ces derniers.

L'autre facette de notre relation se trouve dans le rapport que nous avions avec nos collègues de la chaîne de production. Ceux-ci faisaient tout pour nous démontrer que nous étions en situation d'infériorité, car nous n'étions pas des Québécois de souche. En fait, il était impossible que les membres de notre groupe puissent avoir un avantage sur eux, puisque les préjugés – qui caractérisent socialement ces individus – sont centrés sur autre chose que sur l'éducation. Le problème n'était donc pas lié à des considérations professionnelles mais bel et bien à la peur de l'autre, construit socialement comme le danger sur qui repose la perte de l'identité québécoise et le dérangement du consensus social.

La peur de la dissolution du pouvoir des individus

Étant donné que l'autre-immigrant arrive sur le lieu de travail avec un niveau d'éducation supérieur, les éléments de la hiérarchie de l'organisation réceptrice tentent évidemment et fréquemment de le faire tomber de son piédestal. Ce qui occasionne des conflits qui sont souvent mis sur le dos de l'adaptation culturelle. Un immigrant doit, normalement, toujours dire oui et exécuter la tâche. Mais dans l'économie du savoir, la collaboration et les échanges d'idées font en sorte que le supérieur se trouve généralement face à un individu plus connaissant que lui. Cela entraîne des attitudes de rejet ou de remise en place des individus lorsque le supérieur en question ne peut pas récupérer les connaissances émises par ceux-ci.

Autrement dit, la chaîne de valeurs qui entourent le commandement du système de production, que nous qualifions de fordiste et que nous retrouvons dans la majorité des entreprises manufacturières du Québec, génère des rapports de travail qui consolident les rapports discriminatoires. L'immigrant ne peut et ne doit pas accéder à des postes d'où il pourrait commander et, surtout, modifier profondément la culture, les orientations et les décisions qui influent sur la marche de l'organisation ou de la nation.

Cette dimension est fondamentale dans la mutation en cours, puisque la rétention des immigrants dans les régions non ouvertes comme celle de l'agglomération de la ville de Québec influence considérablement leur niveau de défection. Le lieu de destination devient un calvaire économique, car tous les champs d'expression, sauf les tâches à exécuter, se ferment. L'immigrant n'a qu'un choix : repartir vers des cieux où il pourra avoir au moins un salaire compétitif et qui saura combler le déficit social qu'il vit.

La non-reconnaissance de la valeur du capital intellectuel dans les intrants du développement socioéconomique

Étant donné que la plupart des intervenants du secteur économique ne sont pas conscientisés à la dynamique mutationnelle en cours (transformation des modes de production en modes de développement (Vercellone, 2004 ; Castells, 1998), le rapport établi avec les ressources humaines reste un rapport structuré par le modèle fordiste (rapport vertical). L'ultime apport d'un travailleur est la force de travail qu'il met dans le processus de production. Ce qui semble juste, puisque relevant d'une tradition de production qui a longtemps sous-tendu et sous-tend toujours une grande partie de l'économie nationale. Cependant, faire fi des intrants que constituent les éléments du capital intellectuel, c'est minimiser la valeur de la nouvelle énergie du développement socioéconomique et de l'innovation qui est devenue son principal corollaire ; c'est surtout s'appuyer invariablement sur une pensée unique qui, d'ailleurs, est tributaire d'une vision étriquée du management organisationnel.

Les immigrants récents (2001), de plus en plus instruits, ne sont pas des individus qui quittent leurs espaces pour accepter moins que ce qu'ils pouvaient espérer en étant dans leur pays d'origine. Se retrouver dans une organisation pour gérer l'alimentaire n'est pas un objectif accepté par ces groupes. Comme le souligne le sénateur Don Olivier, en parlant de l'économiste Richard Florida, du Carnegie-Mellon Institute, qui postule que les gens intelligents et créateurs veulent vivre dans des pays et travailler pour des organisations avancés sur le plan technologique :

> ils veulent aussi pouvoir apprendre de collègues compétents et instruits. Mais ces personnes créatrices cherchent par-dessus tout la tolérance. Il leur importe beaucoup de se sentir acceptées. Elles cherchent des organisations – et des pays – où règnent la diversité et l'ouverture à l'intégration. (Et non pas à remplir des sacs de cacahuètes tout en se faisant traiter comme des bons à rien par des sujets racistes ou xénophobes.)

Il faut reconsidérer la manière dont ces gens sont reçus et traités, car ils représentent la vitalité future du collectif. L'image qu'on donne de nous dans les rapports sociaux qui nous lient est d'un intérêt particulier, car elle participe à notre positionnement socioéconomique. On ne peut nier la valeur et le poids de leur présence pour la vitalité collective.

Le manque de confiance qui guette les immigrants insérés dans des relations de pouvoir

Cette dimension et sa fonction sont au cœur de l'économie cognitive, puisque la participation à l'émergence d'une intelligence collective, qui est le principal du projet des nations tournées vers ce type d'économie, commande l'instauration d'une confiance pleine entre les divers intervenants de la chaîne de production (niveau transversal et hiérarchique).

En effet, la clé, pour une organisation qui se développe dans cette économie est la collaboration, l'apprentissage et le partage d'idées. Cependant, si la confiance n'est pas présente entre les partenaires, c'est le capital intellectuel de l'entreprise, réceptacle de toutes les productions idéelles, qui sera affecté.

Cette valeur fondamentale que représente la confiance est visitée d'une manière heuristique par Jean-Yves Prax (2004) qui démontre comment elle influence la formation du capital d'intelligence collective des humains et des organisations socio-économiques actuelles. Avant d'entrer dans le détail de la participation de la confiance dans l'économie cognitive, voyons quel en est le processus de création au sein des groupes. Selon Prax, la confiance se structure autour d'une composante affective qui regroupe trois éléments, à savoir l'image de soi (valorisation de notre personne), l'investissement affectif dans l'action (plaisir de ce que l'on fait) et l'engagement (motivation).

Nous argumenterons cette composante affective en la rapportant à notre dernier terrain où nous avons vécu en plongée réelle pendant 18 mois. En règle générale, malgré les diplômes que nous détenions et le stage postdoctoral que nous venions de boucler, nous étions restés dans la même fonction, pour un contrat à durée déterminée avec le même salaire, malgré le besoin affirmé de l'organisation pour les compétences que nous détenions. La seule image qu'on nous renvoyait était celle du subalterne et de l'étudiant. Pourtant, nous étions conscients du capital intellectuel que nous investissions dans l'organisation. Les seuls éléments de valorisation que nous recevions étaient ceux du décideur principal. Malheureusement, les interactions quotidiennes étaient établies avec un supérieur immédiat qui, lui, tenait vaille que vaille à nous renvoyer l'image d'un incompétent pour des raisons qui lui appartenaient. Ce qui est sûr, c'est que nous étions académiquement et techniquement plus compétents que cet individu. Nos résultats de fin d'année l'ont d'ailleurs démontré. En fait, si nous avions accepté l'idée que ce supérieur hiérarchique nous donnait à avoir de nous-mêmes, nous serions déjà partis de l'organisation. Notre chance et notre leitmotiv étaient que notre activité était inscrite dans une mission de recherche et de compréhension des dynamiques sociales de notre espace de réception (notre espace de vie).

Ces difficultés ont influé négativement sur notre engagement, puisque la prise de conscience que nous avons faite des desseins du supérieur immédiat nous a obligés à réorienter nos actions en fonction de la valorisation de notre pratique pour mieux l'offrir à d'autres partenaires. Mais la question ne se situait pas seulement sur la prise de plaisir pendant le déroulement des activités, elle s'appuyait sur une lutte quotidienne pour garder notre dignité devant nos pairs chercheurs qui recevaient le triple de ce que nous gagnions. Nous étions simplement considérés comme des serviteurs dans le domaine du courtage de la connaissance lorsque nous devions être nous-mêmes des producteurs de connaissances scientifiques. De ce point de vue, le déplaisir a été fatal dans notre relation avec l'organisation malgré l'existence d'éléments sociaux d'un intérêt particulier. Un désengagement total s'en est suivi en dépit des résultats probants que nous avons fournis à nos partenaires directs.

Le premier élément suggère donc jusqu'à quel point la confiance « est influencée par l'environnement social immédiat : un jugement positif ou négatif agira directement sur l'image de soi et aura pour effet de renforcer ou casser la motivation (voir l'effet Pygmalion) ».

La composante sociale, le deuxième élément du point de vue de Prax sur ce concept de confiance

représente la reconnaissance par l'environnement immédiat de la pratique de l'individu ou du groupe et aussi l'image que ces derniers se font de cette reconnaissance ; ce dernier point indique que la composante sociale comporte également le choix que l'acteur fera de « ce qui est montrable ». La stratégie du *connaisseur* n'est pas tant de *connaître* mais de *faire savoir* qu'il connaît. On s'aperçoit par exemple que les mécanismes de réputation et de prescription jouent un rôle important dans la création des réseaux sociaux.

Dans cette veine et malgré nos performances, il devenait difficile pour nous de sortir de notre habit d'immigrant culturellement déviant, puisque certains de nos collègues en ont profité pour consolider la réputation que le supérieur nous taillait sans nous donner l'occasion de nous défendre. Des conversations avec des partenaires empathiques nous ont permis de comprendre que cette réputation était presque consolidée, dans le mauvais sens, puisque le supérieur ne voulait voir en nous qu'un élément à remettre à sa place (hiérarchique).

Malheureusement pour cet individu, l'économie cognitive ne reconnaît que la participation effective et non l'image construite autour des intervenants.

Conclusion

Finalement, la leçon que nous retenons de ce terrain réside dans le fait que les décideurs du Québec doivent se mettre au diapason de l'économie cognitive et reconsidérer les modes de développement des organisations. Ce qui demande une posture inhabituelle : sortir du carcan du management de l'économie fordiste et se tourner résolument vers le management transversal malgré les difficultés que cela représente et la perte de pouvoir qui s'y rapporte. Les gains escomptés valent l'investissement. C'est de notre point de vue la seule manière de tirer profit de la diversité et de s'appuyer sur l'indéniable capital intellectuel des immigrants afin que l'image du Québec ne soit pas ternie et que les immigrants, qui se promènent de plus en plus dans ce grand marché des produits gris (cerveau et connaissances), soient tentés par la « Belle Province » qui, pourtant, détient toutes les conditions gagnantes pour s'assurer la meilleure et la plus profitable possible des immigrations.

Bibliographie

ALLARD, Daniel (2002), *L'immigration mobilise de plus en plus l'attention à Québec*, http://www.commercemonde.com/028/sommaire/s2.html, page consultée le 19 mai 2006.

AUDET, Michel (2004), La dimension ressources humaines dans la prestation électronique de services gouvernementaux », CEFRIO (recherche et études de cas).

AUDET, Michel, Jérôme FRADETTE et Aziz RAMZI (2002), *L'intégration des immigrants au marché du travail dans la région de la capitale nationale : Bilan et pratiques d'entreprise*, http://ccquebec.ca/images/upload/Memoire_Immigrant.pdf, page consultée le 19 mai 2006.

CASTELLS, Manuel (1998), *La société en réseaux*, Paris, Fayard.

COX, T. et S. BLAKE (1991), « Managing Cultural Diversity : Implications for Organizational Competitiveness », *Academy of Management Executive*, vol. 5, n° 3, p. 30-45.

DÉOM, Esther (2006), *La discrimination en emploi. Quels moyens faut-il prendre ?* Discours introductif du 61ᵉ congrès du Département des relations industrielles de l'Université Laval.

DESJARDINS, Annick (2006), *Pourquoi la discrimination en emploi subsiste-t-elle ? Point de vue d'une syndicaliste militante pour les droits de la personne*, présenté à une table ronde lors du 61ᵉ congrès du Département des relations industrielles de l'Université Laval.

JACKSON, Susan, Michael E. HITT et Angelo DENISI (dir.) (2003), *Managing knowledge for sustained competitive advantage : Designing strategies for effective human resource management*, San Francisco : Jossey Bass.

JACOB, Réal et Sébastien HARVEY (2005), *La gestion des connaissances et le transfert intergénérationnel : une étude de cas au sein de la fonction publique québécoise*, Revue *Télescope-ENAP*, vol. 12, n° 2, p. 16-30.

NIXON, Gordon (2004), *Libérer la puissance de la diversité*, Président et chef de la direction de RBC Groupe Financier, discours prononcé le 18 octobre 2004 au Cercle canadien des femmes de Montréal.

OLIVIER, Don, *Réflexions sur le renforcement de notre milieu de travail*, http://sen.parl.gc.ca/doliver/speeches.php?ID=111&Lang=Fr, page consultée le 19 mai 2006.

PRAX, Jean-Yves (2004), *Le rôle de la confiance dans la performance collective*, publication en ligne, http://www.usabilis.com/articles/2004/confiance.htm#para1#para1, page consultée le 19 mai 2006.

RECHERCHE ET STATISTIQUES STRATÉGIQUES en collaboration avec INFORMETRICA LIMITED (2005), *Les immigrants récents des régions métropolitaines : Québec – un profil comparatif d'après le recensement de 2001*, STATISTIQUE CANADA, http://www.cic.gc.ca/francais/recherche-stats/rapports/recensement2001/quebec/partiea.html, page consultée le 19 mai 2006.

VALLEMONT, Serge (2005), *Le nouveau rôle des directions des ressources humaines : de l'intendance au stratégique*, *Revue Télescope-ENAP*, vol. 12, n° 2, p. 41-52.

VERCELLONE, Carlo (2004), *Sens et enjeux de la transition vers le capitalisme cognitif : une mise en perspective historique*, communication présentée lors du séminaire « Transformations du travail et crise de l'économie politique », tenu à l'Université de Paris 1, Panthéon-Sorbonne, le 12 octobre 2004, http://multitudes.samizdat.net/Sens-et-enjeux-de-la-transition.html, page consultée le 19 mai 2006.

EXPÉRIENCES D'ICI ET D'AILLEURS

2^e
Partie

Le programme d'accès à l'égalité à la Ville de Québec

3

Jean GAGNON
François JUTRAS
Jean LACHANCE

C'est au début des années 1990 que la Ville de Québec a amorcé l'implantation d'un programme d'accès à l'égalité pour les femmes. Ce programme couvrait les catégories d'emplois suivantes : pompiers, pompières, policiers, policières, professionnels, professionnelles, personnel technique et de bureau, manuel, manuelles et cadres, lesquelles représentaient environ 2 100 employés et employées.

Nous tracerons un bref historique de l'implantation du programme tout en soulignant les moyens que la Ville a mis en place pour s'assurer de sa réussite et plus particulièrement pour augmenter le nombre de femmes dans les emplois non traditionnels.

Origine des programmes d'accès à l'égalité (1982)

L'Assemblée nationale a adopté en décembre 1982 un projet de loi qui avait pour but de modifier la *Charte des droits et libertés de la personne* afin d'y inclure une troisième partie traitant de la mise en place de programmes d'accès à l'égalité dans les organisations. Cette loi est entrée en vigueur le 26 juin 1985.

Cette troisième partie définit le programme d'accès à l'égalité. Il « a pour objet de corriger la situation des personnes faisant partie de groupes victimes de discrimination dans l'emploi, ainsi que dans les secteurs de l'éducation ou de la santé et dans tout autre service ordinairement offert au public. Un tel programme est réputé non discriminatoire s'il est établi conformément à la Charte ».

Ses débuts à la Ville (1987)

Afin d'ajuster les politiques d'embauche et de gestion des ressources humaines et en vue de s'assurer de l'égalité des hommes et des femmes au sein de l'administration municipale, un comité sur la situation des femmes à la Ville a été mis sur pied en avril 1987. Ce comité, coordonné par la Direction générale, était composé de femmes issues de différents milieux de travail. Il avait comme mandat d'effectuer deux études concernant :

- les perceptions, les attentes et les aspirations des femmes à l'emploi de la Ville ;

- l'évolution de la force de travail des femmes dans l'effectif global de la Ville (étude statistique).

Un rapport, déposé à la Direction générale en septembre suivant, élaborait un certain nombre de recommandations dont les principales étaient :

- d'adopter le principe d'un programme d'accès à l'égalité ;

- d'embaucher une chargée de projet qui serait affectée à plein temps à la définition du contenu du programme.

Protocole d'entente Ville – Ministère des affaires municipales (1989)

Quelques mois plus tard, soit en décembre 1987, la Ville présentait sa candidature au ministère des Affaires municipales du Québec en vue d'implanter un programme d'accès à l'égalité. En février 1989, un protocole d'entente était signé par les parties. Une subvention de 30 000 $ était alors accordée à la Ville afin de permettre l'embauche d'une chargée de projet pour l'élaboration d'un programme d'accès à l'égalité pour les femmes de la Ville de Québec.

Durant la même période et pour donner suite à une des recommandations du premier comité, la Ville a travaillé sur le dossier d'implantation d'une garderie qui servirait d'abord aux enfants du personnel de la Ville et par la suite à ceux des résidentes et résidents du quartier. La garderie « Les Petits Murmures » a ouvert ses portes en avril 1989, sur la rue Couillard, dans un édifice appartenant à la Ville.

Élaboration du plan d'action (1989-1993)

Durant cette période, une professionnelle du Service des ressources humaines a été affectée à temps plein au programme d'accès à l'égalité (PAE).

La première étape dans ce dossier a consisté en l'analyse :

- d'**effectifs** selon le sexe afin d'obtenir un tableau complet de la situation comparée des femmes et des hommes : le nombre d'employées et employés, les titres et les fonctions, les catégories d'emploi, les années de service, les salaires, les promotions et la formation ;

- de la disponibilité de la main-d'œuvre qui a permis de connaître le pourcentage des femmes qui, à l'intérieur ou à l'extérieur de la Ville, avaient les compétences voulues pour occuper tel ou tel poste ou qui pouvaient les acquérir dans un délai raisonnable.

Cette étape, effectuée en collaboration avec la Commission des droits et libertés de la personne, a permis d'obtenir le taux de disponibilité des femmes dans chacun des emplois que nous retrouvions à la Ville. Pour respecter les règles de la Commission, les emplois ont été classés par groupes d'emplois.

Cet exercice a permis à la Ville et à la Commission d'obtenir le calcul de la sous-utilisation des femmes dans certains groupes d'emploi. Ces données ont servi de base pour déterminer les mesures de redressement. Elles ont dû être revues en 1998 dans le cadre de l'analyse de la *Loi sur l'équité salariale*.

- du **système d'emploi** à la Ville afin de déceler les obstacles à l'intégration des femmes et à leur avancement à l'intérieur de la fonction publique municipale. Il pouvait s'agir de traitements inégaux inscrits dans les politiques d'embauche ou de promotion ou même de pratiques qui, bien que neutres en apparence, avaient un effet discriminatoire.

Il fallait donc identifier les éléments qui pouvaient être discriminatoires à l'égard des femmes et suggérer les correctifs souhaités, et ce, dans le but de mettre en place des mesures incitatives en vue d'augmenter la représentativité des femmes dans les corps d'emploi de la Ville où une sous-utilisation avait été constatée.

Par la suite, un rapport diagnostique et un plan d'action pour chacune des catégories d'emplois à la Ville, soit les pompiers, pompières, policiers, policières, manuels, manuelles, personnel technique et de bureau, cadres, professionnels, professionnelles et contremaîtres/surintendants ou surintendantes, ont été élaborés. Les plans d'action présentent les mesures d'égalité, de redressement et de soutien (accès à l'égalité et équité en emploi) devant être mises en place pour éliminer la sous-utilisation des femmes dans certains groupes d'emploi. Voici leur définition :

- Les **mesures d'égalité des chances** sont permanentes et font en sorte d'arrimer les politiques et les pratiques de gestion des ressources humaines afin d'éliminer les effets d'exclusion et les obstacles à l'égalité. Les offres d'emploi sont formulées à nouveau, s'il y a lieu, afin que toutes et tous aient un accès égal à l'emploi.

À titre d'exemple, une des mesures d'égalité des chances consiste à enrichir la banque de noms de femmes pouvant faire partie d'un jury de sélection et pouvant réaliser un projet de formation devant s'adresser aux femmes.

- Les **mesures de redressement** permettent d'accorder temporairement des avantages aux femmes afin d'accroître plus rapidement leur représentation dans le but de corriger un déséquilibre.

À titre d'exemple dans cette catégorie, une mesure stipule qu'à l'embauche ou lors de promotion, la priorité est accordée aux candidatures féminines lorsque les résultats des qualifications démontrent qu'il y a une compétence équivalente entre une femme et un homme. Il y a une compétence équivalente lorsque l'écart du résultat total est de cinq pour cent ou moins.

• Les **mesures de soutien** s'adressent à tout le personnel et permettent de faciliter l'exercice d'un emploi : horaire variable, service d'information, garderie, etc.

Les rapports diagnostiques et les plans d'action ont été déposés au Conseil de ville aux dates suivantes :

1991 : Dépôt au Conseil du rapport diagnostique et du plan d'action pour les pompières et pompiers.

1992 : Dépôt au Conseil du rapport diagnostique et du plan d'action pour les policières et policiers.

1993 : Dépôt au Conseil des rapports diagnostiques et des plans d'action de la catégorie d'emplois fonctionnaires, professionnels, cadres, de surintendance et de contre-maîtrise et de la catégorie des emplois manuels.

Dépôt du plan de suivi et d'évaluation du programme d'accès à l'égalité

Les plans d'action contiennent, entre autres, les éléments suivants :

• des objectifs exprimés en nombre et en pourcentage pour chaque catégorie d'emplois, secteur ou service afin d'améliorer la représentation des femmes ;

• des mesures visant à corriger les effets de la situation de discrimination ;

• un échéancier de réalisation, des objectifs et des mesures appropriées.

La Ville a aussi mis en place un mécanisme de contrôle permettant d'évaluer les progrès réalisés, les difficultés rencontrées et les ajustements à apporter dans l'application du programme d'accès à l'égalité. Elle a créé le Comité d'évaluation et de suivi du programme d'accès à l'égalité.

Comité d'évaluation et de suivi (1989-1997)

Au cours de la démarche, un comité a accompagné la responsable affectée au programme. Composé d'employées de la Ville, de représentants et représentantes des associations et syndicats, il était coordonné par la Direction générale. Une élue membre du Comité exécutif avait aussi été nommée pour participer au processus.

Le Comité avait comme mandat d'assurer le suivi du dossier et d'informer le Comité exécutif de l'évolution du dossier, plus précisément :

- de prendre connaissance des résultats des trois analyses précitées et de formuler des commentaires;
- d'approuver le rapport diagnostique préparé par la chargée de dossier;
- de collaborer à l'élaboration d'un programme d'accès à l'égalité visant à corriger les problèmes identifiés lors de l'analyse diagnostique;
- d'assurer la mise en application du programme d'accès à l'égalité.

Certaines des mesures de redressement ont alimenté plus que d'autres les discussions entre les hommes et les femmes ainsi qu'au Comité d'évaluation et de suivi du programme d'accès à l'égalité dont celles concernant :

- l'embauche ou la promotion en priorité d'une femme lorsque le jury considère que les candidats possèdent une compétence équivalente, c'est-à-dire lorsque l'écart des résultats est inférieur à cinq pour cent;
- l'embauche en alternance d'un homme et d'une femme pour le personnel manuel sur appel.

Autres projets facilitateurs

Parallèlement à la rédaction des rapports diagnostiques et des plans d'action, d'autres projets ont été mis en avant afin d'améliorer la condition féminine à la Ville et d'influencer la culture organisationnelle pour assurer une meilleure chance de succès au programme d'accès à l'égalité.

En 1990, la Ville a souligné pour la première fois la journée internationale des femmes en organisant diverses activités à l'intention du personnel de la Ville. Cette manifestation a aussi servi à montrer aux femmes que le programme était vivant. Un bilan des actions a été présenté aux personnes qui assistaient aux différentes activités dans le cadre de cette journée.

De plus, la Ville a adopté la politique de féminisation des textes et son guide de rédaction rédigé par le Service des communications et des relations extérieures. Dans chacun des services, des personnes-ressources ont été formées afin d'aider le personnel à féminiser les textes lorsque des difficultés se présentaient. En vertu de cette politique, les écrits officiels de même que les conventions collectives devaient être féminisés.

En 1991, il y a eu l'adoption de la politique relative au harcèlement sexuel et sexiste dont les objectifs sont :

- d'assurer l'intégrité physique et psychologique des personnes ainsi que la sauvegarde de leur dignité;

- de contribuer à la sensibilisation, à l'information et à la formation du milieu pour prévenir les comportements de harcèlement sexuel ou sexistes ;

- de fournir au personnel le soutien nécessaire en établissant des mécanismes d'aide et de recours en matière de harcèlement sexuel ou sexiste.

Cette même politique prévoyait la mise sur pied d'un service-conseil composé de trois employés de différentes unités administratives et catégories d'employés, à majorité féminine. Il avait comme objectif d'offrir un service d'aide et de régler les plaintes par la voie de la conciliation. Si ce dernier processus devait échouer, le service-conseil référerait le dossier à la direction du Service des ressources humaines.

Les réseaux d'échange (1989-...)

Un réseau informel des municipalités qui avaient décidé d'implanter un programme d'accès à l'égalité (Montréal, Société de transport de la Communauté urbaine de Québec, LaSalle, Alma, Trois-Rivières, Rimouski, Baie-Comeau, Communauté urbaine de Montréal et Sherbrooke) dans le cadre du programme mis sur pied par le ministère des Affaires municipales est alors créé.

Parrainé par une personne de ce ministère, le réseau permet aux membres d'échanger avec les autres organisations sur les difficultés rencontrées dans l'élaboration du programme et des approches utilisées.

Les membres du « réseau d'échanges stratégiques », représentants des organismes municipaux et gouvernementaux, des compagnies privées et des banques, se rencontrent régulièrement pour discuter du dossier de la condition féminine.

La Ville établit aussi des contacts avec Centre-Étape qui a comme mission d'aider les femmes à obtenir des emplois dans les secteurs non traditionnels. De plus, des liens sont maintenus entre la Ville et la Commission des droits de la personne. Des rencontres entre ces deux institutions se tiennent à intervalles réguliers pour connaître les activités à succès mises en avant et les embûches rencontrées par d'autres organismes. D'autres réseaux existent (universités, entre autres) et des échanges ponctuels ont lieu avec les chargées du dossier dans ces institutions.

La diffusion du programme

La diffusion du programme d'accès à l'égalité s'est faite pendant le cours de son élaboration, soit entre 1991 et 1993. Des ateliers de sensibilisation et d'information ont été donnés par madame Claire Bonenfant auprès d'une partie du personnel de toutes les catégories d'emploi.

Des ateliers sur la politique de harcèlement sexuel et sexiste ont aussi été offerts au personnel des services de police, de protection contre les incendies et du personnel cadre manuel.

Quant à la catégorie d'emplois de fonctionnaire, 75 % de ses membres ont suivi un tel atelier (520 personnes sur 696), la catégorie d'emplois de professionnel, 43 % (60 personnes sur 139) et la catégorie d'emplois de cadre, 64 % (40 personnes sur 63).

De plus, l'adoption de cette politique a permis d'enrayer tout affichage à caractère érotique dans les locaux de la Ville.

TANDEM, dont le premier numéro a paru en décembre 1990, constituait alors le bulletin officiel sur la condition féminine et sur le programme d'accès à l'égalité. Il a par la suite été intégré à l'*Esquif*, journal des employés et employées de la Ville.

Réflexion sur le rôle du Comité d'évaluation et de suivi (1996-1997)

Au cours de l'année 1996, les membres du Comité d'évaluation et de suivi se sont questionnés sur le rôle de leur comité, sur ses orientations et actions futures. Un sous-comité a été mis sur pied pour faire des recommandations. Il a décidé d'aller chercher le pouls des femmes travaillant à la Ville pour l'aider dans sa réflexion.

Un sondage téléphonique auprès des femmes à l'emploi de la Ville a été réalisé par la firme Léger & Léger en janvier et février 1997. Le taux de réponse a été significatif (226 femmes y ont répondu) et il a donné aux membres du comité le portrait des attentes des employées face au PAE.

Ce qui est ressorti de ce sondage est que les femmes souhaitaient :

- que les gens responsables du PAE continuent dans la même veine le travail commencé afin que l'équité entre les hommes et les femmes puisse un jour être atteinte ;

- que les femmes reçoivent plus d'informations à l'égard du PAE, étant donné leur méconnaissance de son contenu ;

- que plus d'efforts soient consacrés pour faire connaître le programme aux hommes et les sensibiliser à l'importance de son existence à la Ville.

La dernière réunion du Comité d'évaluation et de suivi du programme d'accès à l'égalité s'est tenue en juin 1997. Lors de cette rencontre, le Comité a élaboré la nouvelle orientation que devait prendre le dossier de la condition féminine à la Ville.

Comité d'action de la condition féminine (1997-…)

Il y a donc eu une modification du mandat et de la composition du Comité en juillet 1997 afin de donner suite aux recommandations du sous-comité et aux résultats du sondage.

Le « Comité d'action de la condition féminine » était axé davantage sur la sensibilisation des hommes à la condition féminine. Les membres de la direction qui y siégeaient représentaient les services où la perception des hommes face au programme était la plus négative, et ce, d'après le sondage. Des représentantes et représentants des associations et syndicats en faisaient aussi partie. Il était coordonné par la Direction générale, une conseillère municipale et un membre du Comité exécutif.

Même si le mandat du Comité était modifié, le travail du Service des ressources humaines, qui consistait à assurer le suivi des mesures du programme, se poursuivait. Il devait faire rapport annuellement au nouveau Comité sur l'état de l'avancement des mesures.

Un plan de communication a aussi été élaboré afin de donner suite à une des recommandations des femmes voulant être mieux informées sur le programme. Les moyens privilégiés pour la diffusion de l'information étaient été le courrier électronique et le bulletin *TANDEM*, lesquels avaient le plus d'impact auprès des femmes travaillant à la Ville.

En conclusion, nous pouvons affirmer que les mesures de redressement ont permis d'augmenter le nombre de femmes travaillant à la Ville de Québec. En 1992, leur proportion sur les listes de rappel pour des emplois manuels était de 2 % et elle est passée à 42 % en 2000. Parmi le personnel policier, elle s'est accrue de 4,6 % à 11,28 %. En 1992, la Ville ne comptait aucune femme parmi son personnel pompier et en 2000, il y en avait 9, soit 3,5 %. Au cours de cette même période, la proportion des femmes parmi le personnel cadre et professionnel a augmenté de 13 % à 20 %.

En plus de permettre d'augmenter la présence des femmes parmi l'effectif de la Ville, le programme d'accès à l'égalité a aussi nécessité plusieurs activités de communication et de sensibilisation. Les activités de sensibilisation du personnel à l'augmentation de la présence des femmes à la Ville ont également été un gage de succès du programme. En terminant, nous souhaitons mentionner que le programme d'accès à l'égalité en emploi pour les femmes a pu cheminer positivement grâce à la participation des gestionnaires et des représentants syndicaux à son élaboration et à son suivi.

Le programme d'équité salariale : changements positifs pour les ressources humaines

4

Hélène Bourcier

Depuis maintenant dix ans, la *Loi sur l'équité salariale* est en application. Les travaux entamés dans les organisations, en 1997, ont contribué à modifier les façons de faire en gestion de la rémunération, en organisation du travail ainsi qu'en relations du travail. Cet article vise à présenter les bienfaits de l'application d'un programme d'équité salariale dans plusieurs sphères des ressources humaines.

Adoptée en 1997, la *Loi sur l'équité salariale* avait pour objectif de corriger les écarts salariaux causés par la discrimination systémique dans les emplois à prédominance féminine. Lors de son adoption, les résistances étaient grandes, tant de la part des organisations que des différents intervenants des secteurs de la rémunération. Il s'agissait, pour plusieurs d'entre eux, de la perte de leur droit de gérance dans un contexte de mondialisation de plus en plus compétitif.

Les principaux irritants de l'application de la Loi

Notre expérience nous a démontré au fil du temps que les parties en cause présentent initialement des réticences face à l'application de la Loi, à ses dispositions et aux conséquences qu'elle apporte dans chaque organisation. Les inquiétudes des parties sont principalement :

- la divulgation d'information confidentielle ;
- le travail conjoint du comité en présence de la culture organisationnelle des relations de travail basées sur un rapport de force ;
- le partage de la responsabilité dans l'évaluation et l'appréciation de la rémunération ;
- les effets dans la structure organisationnelle du travail ;
- les exigences du maintien de l'équité salariale.

L'expérience vécue dans les divers mandats réalisés par notre organisation depuis les six dernières années nous permet de mieux illustrer l'impact de l'application de la *Loi sur l'équité salariale*. Notre expertise s'est développée dans des organisations de diverses tailles et secteurs d'activités. Pour présenter les principaux changements apportés par la mise en application de la Loi, nous en décrirons certaines particularités ainsi que leurs répercussions sur les pratiques et les intervenants. Pour ce faire, nous illustrerons ces changements par des cas pratiques.

- ### La formation d'un comité conjoint

La Loi oblige la formation de comité conjoint dans les entreprises de 100 salariés et plus.

Cette particularité permet à ces entreprises de partager la responsabilité de l'évaluation des emplois et de l'estimation de la rémunération dans un contexte de concertation. De plus, elle a pour résultat de préparer le terrain pour les négociations qui s'ensuivent dans les organisations où il y a une association accréditée.

À cet effet, l'expérience chez le groupe des ambulanciers, réalisée en 2000, illustre bien les retombées d'une telle démarche. Pour former le comité, nous avons demandé à chacune des 12 accréditations de désigner un représentant auxquels se sont ajoutés un représentant des employés non syndiqués et trois représentants de l'employeur. Le comité comptait donc 16 membres.

Au début des travaux, les parties n'avaient aucun intérêt à travailler conjointement. Une méfiance découlant d'une culture d'affrontement bien ancrée se faisait sentir de part et d'autre et la résistance à l'ouverture était grande. Cependant, au fil des rencontres, les discussions sont devenues plus ouvertes et la confiance s'est installée. Cela a permis des échanges plus harmonieux sur différents sujets amenant les parties à des consensus et à l'adoption unanime de décisions pour chacune des étapes de l'exercice. Dans l'évolution des travaux et malgré les décisions difficiles à prendre, les consensus étaient plus rapidement atteints.

Un autre cas intéressant de formation d'un comité conjoint est celui d'une petite organisation située à Thetford Mines. Elle comptait alors 35 personnes salariées, non syndiquées, spécialisées dans la réparation et le placage de petits moteurs.

Un comité de trois personnes a été mis en place : deux femmes représentant les salariés et un propriétaire représentant l'employeur en faisaient partie. Cette entreprise n'avait jamais partagé auparavant la responsabilité de la gestion avec ses salariés. Elle craignait la divulgation d'information confidentielle, notamment sur les salaires, et l'incapacité des parties à s'entendre sur les méthodes et le calcul des écarts.

Lors de la mise en application de la Loi, le partage de la responsabilité a permis à l'employeur de donner une image d'ouverture quant aux salariés et d'acquérir une meilleure connaissance des emplois. De plus, sa crainte de la divulgation de l'information s'est vite dissipée par l'intérêt des représentantes des salariés de réaliser un travail rigoureux afin d'assurer la crédibilité de l'exercice.

Cette organisation a par la suite prolongé le mandat du comité conjoint pour assurer le maintien, par la mise en place d'une structure de rémunération, d'un plan de retraite ainsi que d'un guide de l'employé. Elle a aussi révisé l'organisation du travail et élaboré des descriptions d'emplois. Aujourd'hui, l'employeur exerce une gestion participative et apprécie l'amélioration des relations avec ses salariés.

Cette modification de la structure du travail axée sur un travail conjoint employeur-salariés est primordiale afin d'assurer l'adhésion des parties à l'exercice et la solidarité des décisions. Il est tout aussi important d'envoyer un message clair dans l'organisation. Il ne s'agit pas d'un exercice patronal ou syndical, mais bien de l'application de la *Loi sur l'équité salariale*.

Dans la majorité des dossiers que nous avons traités, nous avons toujours privilégié la formation d'un comité conjoint quelle que soit la dimension de l'organisation, qu'il y ait ou non une accréditation syndicale. L'application d'un exercice conjoint est plus exigeante, mais elles facilite beaucoup l'adhésion des salariés aux résultats. De plus, elle s'est avérée profitable dans l'ensemble des dossiers que nous avons traités.

• *La catégorisation*

Cet article de la Loi amène les organisations à revoir la conception de leur organisation du travail et leur vision des postes.

Dans un organisme paragouvernemental, à la lecture des questionnaires complétés par les salariés assignés à une classification donnée, le comité a constaté que l'ensemble des tâches effectuées par ces derniers était bien différentes de leur classification. En fait, le comité y a identifié trois catégories distinctes d'emplois : secrétaire, préposé aux renseignements et préposé au Web. Par la suite, le comité a procédé à leur évaluation. L'exercice a démontré que les catégories de secrétaire et de préposé au Web nécessitaient un ajustement tandis que celle de préposé aux renseignements n'en nécessitait aucun.

Ces résultats inquiétaient les parties. Elles appréhendaient la réaction des salariés de cette classe lorsqu'ils en seraient informés. Malgré les craintes, le comité a maintenu la nouvelle catégorisation. Comme les salariés qui occupaient ces fonctions n'avaient pas toutes les informations nécessaires pour comprendre les décisions et adhérer à l'exercice, le comité a rencontré ceux qui en ont fait la demande. À la suite de ces rencontres, les salariés titulaires de ces postes ont pris conscience de la différence entre les catégories d'emplois de secrétaire et de préposé au Web ainsi que de la nécessité d'une rémunération autre.

Pour l'employeur, cette modification a simplifié la dotation et les mouvements de main-d'œuvre dans la catégorie d'emplois de préposé aux renseignements. Même si au départ il ne désirait pas y voir de changement pour des raisons de rémunération, il considère maintenant avantageux de traiter cette catégorie d'emplois comme les autres catégories de l'organisation.

• **L'évaluation des emplois**

Cette étape de l'application de la Loi permet de définir la valeur des catégories d'emplois. Les parties constatent des différences importantes entre la structure en place et la nouvelle structure, différences découlant principalement des modifications dans la hiérarchie des postes.

Dans une fromagerie comptant plus de 100 personnes salariées, l'évaluation de l'ensemble des emplois a identifié, entre autres, que le taux de salaire rattaché à l'un des emplois à prédominance masculine était trop élevé en fonction du travail effectué. À la suite d'une vérification auprès du salarié, le comité a maintenu le résultat de son évaluation. Ultérieurement, des discussions avec la direction ont démontré que l'absence de structure salariale et l'octroi d'augmentations de salaire basées sur la revendication de chaque salarié étaient les principales causes de telles incohérences.

Par conséquent, l'employeur a mis en place une structure de rémunération qui lui permet de maintenir l'équité salariale. De plus, il estime que l'établissement de cette structure l'a libéré des demandes sporadiques des salariés.

Un autre cas intéressant est celui d'une usine de fabrication de roulottes comptant plus de 100 personnes salariées. L'association accréditée qui représentait les employés de production avait demandé un programme distinct. La structure de rémunération pour ce groupe de salariés consistait en un taux unique pour l'ensemble des salariés, peu importe le poste occupé. À la suite de l'évaluation des emplois, l'employeur, qui faisait face à des difficultés de recrutement pour des postes donnés, a constaté un écart important de pointage entre ces postes pour lesquels il attribuait le même salaire. Il n'avait aucun mal à combler les postes de journalier et de préposé. Cependant, les emplois de soudeur et autres spécialisations étaient plus difficiles à doter. L'association qui préconisait cette structure a fait le même constat. Lors du renouvellement de la convention collective, l'employeur a été en mesure de revoir sa rémunération conjointement avec l'association accréditée et de modifier la culture de rémunération de l'organisation.

• **L'affichage**

La majorité des organisations et des membres de comités appréhende cette étape. Il est évident que les changements que génère l'application de la Loi causent des bouleversements. Cependant, l'étape de l'affichage est primordiale à la réception des informations supplémentaires pouvant amener les comités à revoir certaines décisions.

Dans un autre secteur d'activité, l'association accréditée avait demandé un programme distinct et le comité conjoint avait évalué 75 catégories d'emplois. À la suite du deuxième affichage, les salariés qui occupaient un poste de soutien aux usagers se questionnaient sur leur positionnement dans la nouvelle hiérarchie des taux de salaire. Le comité les a rencontrés afin de s'assurer qu'ils possédaient toutes les explications nécessaires. À cette occasion, il a constaté que l'évaluation était inexacte parce que les salariés avaient omis de fournir certains renseignements lors de la collecte de l'information. L'évaluation de ce poste a donc été modifiée et l'emploi repositionné dans la structure salariale. Les membres du comité conjoint craignaient que les modifications n'amènent d'autres revendications de la part des salariés. Cependant, ils étaient conscients de l'importance de démontrer de l'ouverture et de retourner un message clair informant les salariés qu'ils étaient à l'écoute des demandes et que le travail devait être fait de façon consciencieuse.

De plus, il est très important que l'ensemble des membres du comité soit entièrement d'accord avec les décisions prises. Il était donc primordial d'éliminer tout doute concernant le travail effectué par la vérification des demandes des salariés et ainsi s'assurer l'adhésion des membres du comité.

- **Le maintien**

Cette étape vise à assurer le maintien de l'application de la Loi dans l'entreprise lors des changements dans les organisations.

Selon nous, la meilleure façon de ce faire est de mettre en place une structure de rémunération.

J'ai à titre d'exemple une organisation de grande envergure dans le domaine de la construction dont les gestionnaires rémunéraient les employés de façon aléatoire. À la suite de la mise en place du programme d'équité salariale, la direction a décidé d'implanter une structure salariale qui assure l'uniformité dans la gestion de la rémunération de l'ensemble de son personnel. Elle fournit ainsi à ses gestionnaires un outil de travail adéquat leur permettant de justifier les décisions salariales relatives aux employés de leur département respectif.

Conclusion

L'application de la *Loi de l'équité salariale* a permis d'identifier et de corriger les écarts salariaux dans des emplois à prédominance féminine. En plus de ces effets positifs, la mise en place d'un programme d'équité salariale au sein d'une entreprise génère d'autres avantages.

Premièrement, cet exercice permet d'avoir un diagnostic précis de l'organisation. Les indications fournies par les salariés lors de la collecte de l'information permettent non seulement l'évaluation des emplois, mais également :

- de poser un diagnostic sur l'organisation du travail et de procéder à la réorganisation ;

- d'avoir un portrait du climat organisationnel et du niveau de satisfaction des salariés ;

- de constater les problèmes de rémunération.

Deuxièmement, l'application de la Loi dans un cadre de comité conjoint permet aux parties de travailler de concert dans un contexte autre que celui de la négociation de convention collective traditionnelle. Elle leur permet en outre de développer un climat de confiance propice aux relations de travail futures.

Finalement, notre expérience nous a démontré que malgré les réticences soulevées au moment de la mise en application de la Loi, la grande majorité des organisations sont satisfaites des conclusions de l'exercice. Les résultats qui en découlent peuvent entraîner des améliorations au sein de celles qui sont en mesure d'en exploiter au maximum le potentiel.

Les principaux facteurs de réussite d'un programme d'équité salariale

5

Lise SIMARD

La loi proactive en équité salariale : du droit nouveau

L'entrée en vigueur de la *Loi sur l'équité salariale*, le 21 novembre 1997, a marqué une étape importante de la lutte contre la discrimination salariale faite aux travailleuses. Mais, encore aujourd'hui, l'application du principe « À travail équivalent, salaire égal » est loin d'être réalisée.

Au Syndicat canadien de la fonction publique (SCFP), nous avons toujours été à l'avant-garde de cette lutte en proposant, depuis les années 1960, des moyens pour résoudre le problème des écarts salariaux discriminatoires et en exigeant des gouvernements l'adoption de législations appropriées.

Le SCFP compte aujourd'hui dans son équipe de conseillères et conseillers syndicaux sept personnes spécialisées en équité salariale. Il offre à ses membres une formation et des avis spécialisés ainsi qu'un accompagnement au cours des démarches d'équité salariale. Il propose aussi un service de représentation auprès de la Commission de l'équité salariale en cas de plaintes ou de différends. Dans nos rangs, la lutte pour l'obtention de l'équité salariale pour les femmes est quotidienne.

Notre grande expertise en évaluation des emplois nous a permis de nous mettre en mouvement très tôt dans la lutte pour corriger la discrimination salariale présente dans les structures de rémunération.

Un plan d'évaluation des emplois exempt de discrimination basée sur le sexe a été élaboré par le SCFP au même moment où la Loi a été adoptée en 1996. Ce plan largement diffusé est utilisé par de nombreux syndicats et même par plusieurs entreprises du Québec. De plus, il sert d'outil de base dans toutes les formations offertes par le Service d'éducation de la Fédération des travailleurs et travailleuses du Québec (FTQ) en équité salariale.

Durant les premières années de sa mise en œuvre, la *Loi sur l'équité salariale* a fait l'objet de réserve et d'incrédulité de la part des employeurs, de discussions enflammées au sein des organisations syndicales, d'interprétations contradictoires dans les milieux concernés et, enfin, d'une crainte encore présente voulant qu'elle ne puisse être appliquée correctement dans les milieux non syndiqués. Plusieurs mois, voire plusieurs années, ont passé avant que les entreprises se mettent en mouvement, parfois ne se sentant pas du tout concernées. Au SCFP, il a fallu interpeller les employeurs pour qu'ils débutent la démarche d'équité salariale.

En fait, ce droit « nouveau » heurte de plein fouet les traditions et les pratiques bien ancrées des employeurs et aussi des organisations syndicales en ce qui a trait à la détermination et à la négociation de la rémunération. L'établissement et la gestion des systèmes de rémunération prennent un nouveau tournant et cela ne se fait pas sans difficulté.

Si, pour plusieurs, il est difficile de s'afficher ouvertement contre la réalisation de l'équité salariale du fait qu'il s'agit d'une loi, il en va autrement en ce qui concerne l'obligation de maintien de l'équité salariale prévu dans la Loi. Alors là, on a droit à du négativisme. Certains employeurs voient la réalisation de l'équité salariale comme une mauvaise période à passer et ensuite, qu'on en parle plus !

L'équité salariale et son maintien bouleversent considérablement les façons de faire en rémunération et nous savons pertinemment que dans le monde des relations du travail, la rémunération au sens large fait souvent l'objet de nombreux débats et conflits.

Certaines associations syndicales, qui ont souscrit volontairement à un programme d'équité salariale, voient dans l'obligation de maintien une atteinte à leur droit de négociation, tandis que certains employeurs, quant à eux, craignent une diminution de leur droit de gérance en ce qui a trait à la fixation des salaires.

Malgré les sources de résistance à l'égard de l'équité salariale, que ce soit à l'extérieur ou au sein même de notre organisation, le travail quotidien, pour ne pas dire le labeur assidu des spécialistes de l'équité salariale et de la condition féminine ainsi que des membres des comités d'équité salariale, a permis que plusieurs programmes d'équité salariale soient réalisés. Certains sont encore en cours. On a qu'à penser à ceux qui étaient sous le couvert du chapitre IX de la Loi et qui doivent être recommencés à la suite du jugement Julien ou, encore, à ceux qui ont été reportés ou retardés à la suite des fusions et des « défusions » municipales dans certaines grandes villes. Quant au maintien de l'équité salariale, on observe un sérieux retard de mise en application dans beaucoup de cas.

Les facteurs de réussite d'un programme d'équité salariale

Lorsqu'on m'a demandé d'identifier les principaux facteurs de réussite d'un programme d'équité salariale, plusieurs me sont venus spontanément à l'esprit. Par exemple : l'admission de la discrimination salariale comme un fait réel et non comme une vue de l'esprit ; l'ouverture sur le changement ; l'acquisition et l'application de nouvelles connaissances et pratiques ; la concertation des principaux intervenantes et intervenants patronaux et syndicaux et des salariés non syndiqués comme jamais auparavant ; et la Commission de l'équité salariale (CES).

L'admission de la discrimination salariale

C'est à mon avis le principal facteur de réussite. Ces mots, « discrimination salariale », si difficiles à prononcer parfois, certains n'y croient tout simplement pas, ne voient pas cette discrimination à l'égard de la rémunération des emplois féminins. Lorsqu'elle est abordée lors d'un échange, certains sourient et ne prononcent aucun mot, nous laissent sur notre appétit, pendus à leurs babines en attendant la suite et, souvent, il n'y a pas de suite. Même certains employeurs paient des correctifs salariaux (qu'ils intitulent des redressements salariaux) à la suite d'une démarche d'équité salariale et continuent de prétendre qu'il n'y avait pas de discrimination.

Pourtant, cette reconnaissance de la discrimination salariale est essentielle pour réaliser un programme d'équité salariale. Elle marquera l'échec ou le succès de la démarche d'équité salariale.

Une grande ouverture sur le changement

On ne le dira jamais assez, un programme d'équité salariale est le produit de plusieurs personnes ayant des idées, des croyances et des comportements différents qui proviennent de formation différente.

Les personnes représentant la direction de l'entreprise au sein du comité d'équité salariale proviennent généralement de la direction des ressources humaines ou de la direction de la rémunération et, parfois, du service des finances et de la comptabilité. Leurs qualifications, dans leurs domaines respectifs, sont déjà reconnues dans le milieu et supposent qu'elles ont une longueur d'avance sur les autres membres du comité en la matière.

La désignation des personnes salariées et des cadres doit, quant à elle, respecter certaines obligations législatives. Les membres du comité d'équité salariale syndiqués et non syndiqués doivent représenter les principales catégories d'emplois, féminines et masculines, couvertes par le programme et ils doivent nécessairement comprendre une proportion de 50 % de femmes.

Malgré des domaines de compétence différents, les membres du comité d'équité salariale ont un point en commun : en règle générale, aucun n'a encore réalisé une démarche d'équité salariale et, en ce sens, tous sont sur un pied d'égalité. Ils sont en apprentissage tout en étant dans la pratique. Cela demande une bonne dose d'ouverture d'esprit.

Par exemple, la Société des casinos a formé, pour son établissement de Montréal, un comité d'équité salariale de 18 personnes dont la composition comprend, entre autres, une cuisinière, un gérant de la sécurité, une secrétaire, une préposée au vestiaire, un gérant de la restauration et la directrice de la rémunération. Siègent également à ce comité des représentantes de trois associations accréditées différentes. Toutes ces personnes ont l'avantage de bien connaître les emplois dans leur environnement.

Le succès de cette démarche, qui avance à son rythme, repose sur l'approche et l'ouverture de la partie patronale au sein du comité, ce qui contribue grandement à favoriser la collaboration de l'ensemble des personnes, membres du comité. Le respect des personnes est présent et les membres du comité semblent à l'aise de s'exprimer.

Cela est fondamentalement différent de l'approche traditionnelle en relation du travail, où l'on arrive à la table de négociation avec une position déjà arrêtée et un dossier bien préparé. Mais même dans de telles conditions, il arrive parfois que les meilleurs arguments ne peuvent régler l'impasse. En équité salariale, le rôle de chacun est d'évaluer l'ensemble des catégories d'emplois et non de négocier un règlement.

Une formation conjointe

La Loi prévoit l'obligation de l'employeur de fournir au salarié membre d'un comité d'équité salariale qui participe à l'établissement d'un programme la formation requise pour ce faire. Traditionnellement en relation du travail, les parties patronales et syndicales administrent et suivent leur formation distinctement.

Au sein du comité d'équité salariale, plusieurs entreprises et organisations syndicales ont modifié cette tradition en recevant la sensibilisation et la formation au sein même du comité d'équité salariale, et ce, dès la mise en place de celui-ci.

Cette formation provient parfois de la Commission de l'équité salariale qui offre plusieurs volets intéressants, que ce soit sur le contenu de la Loi elle-même, sur l'évaluation des catégories d'emplois comme telles, sur les tâches et caractéristiques féminines souvent oubliées dans l'évaluation des emplois féminins et, enfin, sur la réalisation du programme d'équité salariale étape par étape.

La formation peut également être convenue entre un consultant et un conseiller ou conseillère d'une association accréditée qui participe à la démarche et être donnée en collaboration.

En fait, les chances de succès d'une démarche d'équité salariale s'améliorent grandement lorsque toutes les personnes membres du comité reçoivent une même formation, discutent et échangent au cours de la formation et font part de leur appréhension.

Au début de la démarche, la formation permet aux différentes personnes membres du comité de faire connaissance, de créer des liens, de détendre l'atmosphère et, enfin, de mieux comprendre le rôle de chacune à l'intérieur du comité.

Lorsque le comité reçoit une partie ou l'ensemble de la formation par la Commission de l'équité salariale, outre la Loi et les différentes étapes de la démarche, cela permet de mieux comprendre les services offerts par cette dernière et de démythifier son rôle. On constate alors que les membres des comités utilisent davantage les services de la CES au cours de la démarche. Ainsi, les membres du comité hésitent moins lorsqu'ils ont un point de divergence à recourir au service d'assistance spécialisé, par conférence téléphonique, afin que toutes et tous puissent y prendre part.

Une formation continue

Les démarches d'équité salariale sont souvent longues et il est important, à chacune des étapes du programme, de renouveler l'information et la formation rattachées à l'étape subséquente. Les démarches sont grandement facilitées lorsque les membres du comité n'hésitent pas à prendre un moment d'arrêt pour resituer leur mission et l'objectif visé par le programme.

Il est également important que le comité soit au fait des décisions prises par la CES. Cela peut éviter des pertes de temps à se demander qui a tort ou raison quant à l'interprétation d'un article de loi ou à l'application du programme.

Travail en concertation et non en négociation

On a pu constater que la concertation créée par l'aménagement spatial d'un comité d'équité salariale influait sur ses chances de succès. Plusieurs entreprises ont entrepris des démarches d'équité salariale selon les mêmes règles et comportements que l'on trouve en séance de négociation.

Or, les discussions et les échanges nécessaires pour en venir à un consensus et l'importance des décisions prises, que ce soit au sujet de l'identification et de la détermination de la prédominance des catégories d'emplois ou de l'évaluation des catégories d'emplois, ce qui exige de la rigueur, une masse importante de documents et une prise de notes assez volumineuse se prêtent mal à un environnement de « vis-à-vis ».

Même traditionnellement en évaluation des emplois, les parties travaillaient « vis-à-vis ». Cela pouvait s'expliquer par les mandats respectifs inscrits à la convention collective.

En règle générale, pour la gestion de l'évaluation des emplois, on trouve dans les conventions collectives les mandats suivants : la partie patronale, en vertu de son droit de gérance, élabore les descriptions d'emplois et produit l'évaluation des emplois ; quant à la partie syndicale, elle accepte ou refuse le contenu descriptif ou l'évaluation et, en cas de désaccord, elle inscrit le différend en arbitrage.

En équité salariale, nous sommes loin d'un cadre aussi formel. Chaque membre du comité a, en vertu de la Loi, l'obligation de corriger la discrimination salariale par un processus de comparaison des catégories d'emplois qui rend visible le travail féminin. Les chances de réussite sont tributaires de la capacité des membres du comité d'exprimer librement leurs opinions et de trouver des réponses satisfaisantes à tous et à toutes.

Le Conseil du trésor du Québec, par exemple, utilise encore le cadre formel de vis-à-vis, lequel se prête mal au processus de l'équité salariale.

Rigueur, rigueur et validation en cours de processus

Que ce soit l'identification des catégories d'emplois, l'élaboration des outils, l'évaluation des catégories d'emplois, le mode d'estimation des écarts salariaux, chacune de ces étapes exige des connaissances, de la rigueur et une vérification des résultats au cours de l'exercice.

Nous ne saurions assez dire l'importance que revêt le travail réalisé par le comité. S'il s'agit d'une démarche pour régler la discrimination salariale présente dans la structure de rémunération des catégories féminines d'emplois, nous ne pouvons ignorer l'impact des décisions prises par le comité sur la prédominance des catégories d'emplois et sur l'évaluation des catégories d'emplois, tant féminines que masculines. Il ne s'agit pas de valoriser les emplois féminins au détriment des emplois masculins. Le comité devra donc se donner des moyens de vérification pendant tout le processus et des grilles de validation afin d'examiner le fruit de son travail et de rectifier le tir, s'il y a lieu.

L'information conjointe – la transparence du processus

Bien que l'équité salariale relève du domaine des droits de la personne et doive se réaliser en dehors du champ de la négociation, la dynamique des relations du travail reste bien présente dans le processus. Nous ne pouvons faire fi de la provenance des membres syndiqués au sein des comités d'équité salariale, membres nommés par leur association accréditée. Nous ne pouvons pas non plus réaliser une démarche d'équité salariale sans le concours des associations accréditées qui contribuent au succès de la cueillette de l'information sur les emplois et qui appuient les personnes membres des comités au cours du processus.

Les membres du comité d'équité salariale devront soutenir le fruit de leur travail autant sur les catégories féminines que sur les catégories masculines. C'est pourquoi le succès d'une démarche d'équité salariale dans un contexte syndiqué ne peut être dissocié de la collaboration de l'exécutif syndical en ce qui a trait à l'information livrée aux membres au cours du processus. Aussi, afin d'améliorer la perception des salariés à l'égard de l'uniformité de la démarche d'équité salariale, des informations claires et précises devraient être diffusées régulièrement auprès des personnes salariées couvertes par le programme. Les chances de succès s'améliorent lorsque la transparence du processus est au cœur des intérêts du comité.

Il est également important d'informer les personnes salariées du processus de recours auquel elles ont droit et de leur indiquer comment le comité entend répondre à leurs demandes de renseignements.

Le recours à la Commission de l'équité salariale

Les personnes impliquées dans des dossiers d'équité salariale qui n'hésitent pas à utiliser les différents services de la Commission de l'équité salariale évitent plus souvent qu'autrement des pertes de temps à s'interroger sur qui a tort ou raison dans l'interprétation d'un sujet. On a pu constater au cours des dernières années une grande amélioration des services et de la compétence du personnel de la CES. La promptitude à répondre aux problèmes soulevés dans le cadre des démarches en cours est surprenante. Parfois, il s'agit d'un point d'incompréhension avec l'employeur. Alors, avant de se rendre au différend, on peut trouver une solution par un simple appel au service d'assistance spécialisée ou au service juridique de la CES. Ce service rapide permet souvent de résoudre des problèmes ponctuels et de poursuivre la démarche.

Lorsque les membres d'un comité se voient dans l'obligation de loger un différend, une solution intéressante est offerte par la CES : la conciliation ou la médiation volontaire. Une grande proportion des cas se règle avec ces moyens.

Lorsqu'il n'y a pas de règlement en médiation, et que l'objet du différend le permet, plusieurs comités poursuivent leurs travaux en attendant la décision de la CES. Cela a pour avantage d'assurer une plus grande cohérence une fois rendus à l'étape de l'évaluation des catégories d'emplois. Même à ce chapitre, il faut se rappeler que la décision de suspendre ou de mettre fin à des travaux sur l'équité salariale n'appartient pas à l'employeur seul. C'est le comité qui a ce pouvoir.

Conclusion

J'ai tenté selon mes expériences et celles de mes collègues de travail d'identifier certains facteurs qui facilitent le long processus d'équité salariale. On peut cependant se dire entre nous que les sources de résistance à l'égard de l'équité salariale minent les personnes, tant patronales, syndicales que salariées, qui œuvrent pour sa réalisation.

C'est un long processus qui exige beaucoup de temps, une somme de travail très importante et dont les conséquences sur la rémunération auront des répercussions à très long terme. Certains commentaires de membres patronaux de comités nous indiquent que la direction croit leur avoir confié un court et léger mandat et qu'il est difficile d'aborder le sujet sous un autre angle que celui des coûts. Souvent, ces personnes héritent du mandat de réaliser l'équité salariale en plus de leurs tâches habituelles.

D'autres entreprises abordent le dossier sur le seul angle d'un cadre financier qu'on voudrait pouvoir fixer à l'avance et à l'intérieur duquel les correctifs salariaux en équité salariale devraient se situer. Ces directions manquent d'information sur la Loi et ce n'est souvent qu'après la démarche d'équité salariale qu'elles réalisent le travail colossal qu'il a fallu accomplir et l'impact des résultats de l'équité salariale sur l'ensemble de la gestion de l'entreprise.

On ne saurait trop insister sur l'importance de la sensibilisation et de l'information sur l'objet même de la Loi. Malgré l'état d'avancement des démarches d'équité salariale, la promotion de l'objectif visé par cette Loi devrait faire partie des préoccupations du gouvernement. Comme dans les cas de l'alcool au volant ou de la cigarette, le changement de mentalité de la population s'opère en grande partie par des campagnes de publicité et de sensibilisation.

L'égalité salariale pour les femmes doit être un objectif présent et futur.

Le travail et l'égalité hommes-femmes : l'expérience suédoise

6

Anne-Marie DAUNE-RICHARD

L'originalité de l'expérience suédoise est que, à la différence d'autres pays occidentaux, la question du rapport entre travail et égalité des sexes a été abordée très tôt comme une question de citoyenneté et, donc, comme une question sociale centrale. Dans de nombreux pays, tout à fait équivalents du point de vue de leur développement économique et social, cette question a été abordée comme un « plus », un supplément d'âme à ajouter aux politiques publiques et centré sur les seules femmes : amélioration de la condition féminine, plus de droits pour les femmes, etc. Ainsi, en France, c'est par la création d'un Secrétariat d'État à la condition féminine que cette question entre dans l'action publique en 1974. Dans les années 1980, la terminologie désignant l'institution qui en a la responsabilité oscille entre « condition féminine » et « droits des femmes », selon les alternances gouvernementales entre la droite et la gauche. Et ce n'est qu'au début de 2000 que le terme égalité est ajouté à celui de droits des femmes pour désigner le service – actuellement au sein du ministère des Affaires sociales et de l'emploi – chargé de cette question.

Or, la question de l'égalité entre hommes et femmes et de sa relation au travail est au cœur de la citoyenneté moderne. En effet, la condition d'accès à la citoyenneté définie par les philosophes des Lumières est la pleine individualité. La citoyenneté moderne, démocratique, n'est accessible qu'à des individus. Mais quelles sont les barrières excluant les femmes et certains hommes du statut d'individu ? Qu'est-ce qui définit un individu dans la philosophie des 17e 18e siècles ? C'est la liberté.

Or, la liberté moderne, de Locke (*Essai sur l'entendement humain*) à Kant (*Métaphysique des mœurs*), se définit d'abord comme propriété de sa propre personne, de sa propre vie et, donc, de son propre corps (*habeas corpus*). La propriété de soi fonde un modèle de l'indépendance par opposition au modèle de la dépendance – le modèle holiste décrit par Louis Dumont (1983). Ce modèle de l'indépendance exige de ne pas dépendre pour vivre de la volonté d'autrui. La liberté se définit donc comme la propriété de sa personne et l'autonomie par rapport à un « corps » social qui définirait *a priori* sa condition sociale. Ainsi, dans la France issue de la Révolution de 1789, l'individu est libre parce que dégagé de l'assujettissement aux ordres féodaux. Mais un troisième pilier de cette liberté fonde l'individualité : l'autonomie économique.

Dans les sociétés modernes, c'est le travail et l'appropriation laborieuse de la nature qui, au-delà de sa dimension spirituelle, ancrent la réalité sociale de l'individu[1].

En partant de ces critères, il est facile de voir que, pour les femmes, l'accès au statut d'individu est très difficile : la définition sociale de la femme et du féminin vient en effet en contradiction avec la définition sociale de l'individu. Déclinons :

- la liberté propriété de soi et de son corps : on sait qu'il n'y a pas eu d'*habeas corpus* (ton corps t'appartient) pour les femmes, le corps de la femme étant considéré comme largement soumis à des éléments et des flux naturels, incontrôlables donc. Les femmes sont considérées comme ne se possédant pas totalement, puisqu'elles sont possédées par des forces extrahumaines[2].

- et l'autonomie sociologique ? l'« indépendance civile » chez Kant ? C'est-à-dire cette autonomie qui fait qu'on ne dépend pas de la volonté d'un autre pour conduire son existence. Or, les femmes sont considérées comme dépendantes de l'ordre domestique. Dans cet ordre domestique, patriarcal, les femmes sont dépendantes de la volonté du chef de famille : elles ne sont donc pas « libres ». En France, il a été montré que dans cet espace, c'est le *pater familias* qui est un individu citoyen (Verjus, 2002). Sa femme comme ses enfants… et ses domestiques étant des mineurs, juridiquement « incapables », qu'il gère en tutelle et représente dans l'espace public (cf. Rosanvallon, 1992);

- et l'autonomie économique ? Et bien, dans ces sociétés modernes, marchandes, la notion de travail va désormais définir celui qui se vend et s'achète sur un marché : celui du travail. Dans un même temps, les activités de production de biens et de services qui ne transitent pas par le marché vont être exclues d'une définition en termes de travail : elles n'ont pas de valeur. Ainsi, les activités que les femmes exercent dans le cadre domestique sont exclues d'une définition en termes de travail : elles deviennent des tâches ménagères. Et par extension, ce nouvel ordre social construit l'illégitimité des femmes dans le monde du travail défini comme tel.

Et à quoi sert cette liberté de l'individu ? À passer un contrat. Cette société nouvelle se conçoit en effet comme un ensemble d'individus qui organise le lien social autour du contrat : l'échange économique, bien sûr, le contrat social qui organise le politique (Rousseau), mais aussi la vie privée (mariage, par exemple). Or, le contrat, en théorie tout au moins, est une formalisation des relations qui associent des individus libres (de s'engager) et égaux (principe de l'égalité des parties).

---

[1] Louis Dumont (1983) montre comment dans les religions monothéistes, en particulier le christianisme, l'individu ayant une âme existe dan sa relation avec Dieu, dans une dimension spirituelle.

[2] Sur l'importance de la nature et du naturel dans l'infériorisation des femmes, cf., par ex. : Gardey et Lowy, 2000.

Mais comment se définit l'égalité ? Tout simplement par l'égale liberté : il ne faut pas qu'il y ait de dissymétrie entre les parties sur les trois composantes de la liberté décrites. Où on voit comment 1) l'égalité est seconde par rapport à la liberté et 2) qu'il n'y a pas d'égalité sans liberté : l'égalité ne peut concerner que des individus (donc) libres. Ainsi, dans cette conception du social, les femmes n'étant pas aussi « libres » que les hommes, elles ne peuvent leur être égales.

Dans l'expérience suédoise, c'est bien l'égal accès des hommes et des femmes à l'individualité par l'autonomie qui a été posé dans le débat politique. On présentera d'abord la définition et la mise en œuvre de ce projet politique. Ensuite, on exposera où en est arrivé ce projet en décrivant le dispositif actuel. Enfin, on terminera par les questions que peuvent poser les limites de ce modèle.

Aux fondements du modèle suédois d'égalité homme-femmes : une question de citoyenneté

Le modèle suédois d'égalité entre hommes et femmes, tel qu'il se présente aujourd'hui, se met en place dans les années 1970. Mais on ne peut comprendre sa force sans faire un retour sur un contexte historique qui voit se dessiner très précocement l'intégration des femmes dans la citoyenneté.

Les années 1930-1950 et la naissance de la Suède moderne

L'accès des femmes suédoises à des droits propres, en tant qu'individu-e-s, intervient très tôt en Suède par rapport à beaucoup de pays occidentaux. Elles acquièrent le droit de vote aux élections nationales à peu près en même temps que les hommes, en 1920. Et dans la même période, elles perdent le statut de mineures dans le mariage : la majorité légale est fixée à 21 ans pour les femmes, même mariées, et l'égalité de statut entre époux est prononcée. Elles accèdent à l'éducation en 1842, année où est créée l'« école générale » pour tous et toutes. Et si l'école secondaire ne leur est ouverte qu'en 1927, dès les années 1870, elles peuvent cependant se présenter à l'examen de fin d'études comme élèves libres et avoir accès à l'université, qui ne leur est pas fermée.

Ces ouvertures de l'espace social font boule de neige. D'un côté, celui de l'emploi et dans les années 1850-1860, les femmes entrent dans les métiers de l'enseignement primaire (la première école normale pour les filles est créée en 1860) puis assez rapidement dans d'autres professions, y compris dans la fonction publique. De l'autre, à partir de 1920, les femmes étant désormais intégrées à la vie politique et parlementaire, elles deviennent « intéressantes » pour les partis qui créent, en leur sein, leurs propres fédérations de femmes. Celles-ci deviennent d'importants groupes de pression dans l'arène politique.

Dans ces mêmes années 1920-1930, la Suède, qui traverse de graves crises économiques et sociales depuis la fin du 19ᵉ siècle[3], voit son équilibre politique menacé. Mais résistant aux courants profascistes qui traversent l'Europe de l'époque, elle opte pour un régime démocratique fondé sur l'alliance politique et la négociation entre partenaires sociaux. Dans ce contexte de dynamisme du mouvement social, les femmes occupent une place importante, tant dans le cadre des fédérations féminines des partis que dans celui des syndicats de professions employant massivement des femmes, comme l'enseignement, la santé et le commerce.

Cette période voit s'installer un régime politique qui sera dominé par les sociaux-démocrates pendant plus de quatre décennies[4] et qui, en même temps, jette les bases d'un État providence devant assurer une redistribution des revenus et instaurer une société de « bien-être ». Or, les femmes engagées dans la vie syndicale et politique seront largement concernées par – et impliquées dans – la mise en place de cette « citoyenneté sociale » décrite par T.H. Marshall (1950) comme troisième et dernière composante de la citoyenneté dans les démocraties modernes – après les citoyennetés civique et civile. Ainsi s'ouvre une période qui, des années 1930 aux années 1950, se caractérise par le développement économique et la paix sociale, cela ayant été permis par le fait que la Suède, en optant pour la neutralité, a évité le choc de la guerre. Et c'est dans cette période que prend corps le « modèle suédois » dont les référents sont : négociation, solidarité et égalité.

Dans cette modernisation de la société, les femmes se trouvent placées au cœur des enjeux politiques à plusieurs égards. Tout d'abord, face à la crise de la natalité des années 1930, comme productrices d'enfants. Deux économistes sociaux-démocrates, Alva et Gunnar Myrdal jouent un rôle important pour faire avancer la vision de la place des femmes. Analysant *La crise démographique*[5], ils font des propositions pour y remédier : à leurs yeux, c'est en améliorant les conditions et le niveau de vie des familles en même temps que la condition des femmes qu'on soutiendra la natalité. Ils prônent les maternités volontaires et le droit au travail pour les femmes. Ils rejettent le principe du salaire familial et affirment que c'est à l'ensemble de la société – et pas aux seules familles – de supporter la charge financière que représentent les enfants. Ils préconisent des allocations familiales et des prestations de maternité universelles et financées par la fiscalité générale. De fait, dans les années 1930, un certain nombre de mesures sont prises dans ce sens : gratuité de l'accouchement et du suivi médical, allocations de maternité universelles, libéralisation de la contraception et, enfin, promulgation d'une loi interdisant le licenciement pour cause de mariage ou de grossesse.

Dans les années 1940-1950, la modernisation sociale se poursuit et les femmes occupent une place tout à fait importante : comme consommatrice des nouveaux

---

[3]   Devenant terre d'émigration (Thirriot, 1990).

[4]   Le Parti social-démocrate gouvernera sans discontinuer de 1932 à 1976.

[5]   Traduction du titre de l'ouvrage qu'ils publient en 1934.

services et produits et aussi comme éducatrices des futurs citoyens de cette société nouvelle. Le modèle est celui de la mère et ménagère moderne (*Modern Mother Housewife*) dans un univers où l'« ingénierie sociale » est le référent (Hirdman, 1994b) : des réseaux d'experts sont créés pour dispenser leurs conseils à ces nouvelles éducatrices et gestionnaires. Les politiques sociales poursuivent leur soutien à la modernisation sociale et à l'égalisation des conditions de vie des familles : programmes de construction de logements, allocations généralisées pour tous les enfants de moins de 16 ans (1947). Dans ce contexte, si l'accès au marché du travail n'est plus interdit aux femmes mariées, il n'est pas non plus encouragé.

Les années 1960-1970 : l'égalité hommes-femmes en débat

Au sortir de la guerre, l'appareil productif suédois, resté intact, est fortement sollicité pour la reconstruction de l'Europe. Le pays connaît un *boom* économique et se trouve rapidement face à une insuffisance de main-d'œuvre. Une première réponse a été le recours à l'immigration. Mais cette solution se révélant insuffisante et posant des problèmes liés à l'immigration clandestine, dès les années 1950, le choix se tourne vers les ressources nationales : les femmes. En 1951, une commission rassemble les deux grandes confédérations syndicales – patronale et ouvrière – pour stimuler l'emploi des femmes.

Aux côtés de ces préoccupations autour de la pénurie de main-d'œuvre ressurgissent des préoccupations démographiques. La natalité, qui s'était effondrée dans les années 1920 puis était remontée dans les années 1930 et 1940, connaît un nouvel effondrement dans les années 1960. Ce contexte aurait pu constituer un frein très fort au mouvement des femmes vers le marché du travail et une incitation à leur (re)centrage vers le foyer. Mais c'est l'option « féministe-humaniste » ouverte par Alva et Gunnar Myrdal dans les années 1930, et réinterprétée, qui finit par s'imposer.

Il faut dire que dans un même temps se développe une critique féministe du social, de l'économique et du politique. Au début des années 1960, une jeune libérale, Eva Moberg, analyse la vision développée par Alva Myrdal et Violette Klein des « deux rôles[6] » des femmes : à ses yeux, dans cette approche, celui de mère-épouse est premier et celui de travailleuse, second, l'accès à l'emploi étant soumis au bon exercice du premier. Elle défend l'idée que l'égalité des sexes requiert l'égalité de ces deux rôles. « Nous devons cesser de marteler le concept de "deux rôles de la femme". Femmes comme hommes ont un rôle principal, celui d'être humain. Dans le rôle d'un être humain, il y a [...] l'obligation de bien s'occuper de sa descendance » (Eva Moberg, 1962, citée dans Elgan, 2004-2005 : 49).

Ainsi s'ouvre un large débat qui propose de repenser les droits et les devoirs des hommes et des femmes en tant qu'« êtres humains », dans leur double rôle de parent et de travailleur. Ce qui est débattu, c'est l'accès plein et entier des femmes au monde

---

6   Cf. l'ouvrage de Alva Myrdal et Violette Klein, *Women's Two Roles*, qui paraît en 1954.

du salariat et, en même temps, la « libération » des hommes pour la parentalité. Des propositions sont faites par des femmes et des hommes, militants politiques ou syndicaux, pour définir un programme visant à instaurer une égalité entre les sexes.

En 1966, la Ligue des femmes sociales-démocrates et la Jeunesse sociale-démocrate publient ensemble un document dont le titre pourrait être traduit par *D'égal à égale*. Ce document, pour la première fois, demande que le principe démocratique du plein emploi – un des piliers du « modèle suédois » – s'applique aussi aux femmes, que travailler soit un droit et une obligation pour tous et toutes et que la garde et l'éducation des enfants soit une responsabilité partagée par les deux parents. « Ainsi le terme social-démocrate de *plein-emploi* doit s'appliquer même aux femmes. *Travailler est, pour chacun et chacune, un droit et une obligation.* Un traitement spécial pour les femmes n'est fondé que par la grossesse et la maternité. Les soins aux enfants relèvent de la responsabilité des deux parents » (Karlsson, 1990 : 116. Souligné dans l'original. Cité dans Daune-Richard et Mahon, 2001 : 152).

Ainsi les femmes sont-elles appelées à participer à l'État providence non seulement en tant que citoyennes et mères mais aussi au titre de leur place pleine et entière dans l'emploi. Ce modèle de « contrat entre les sexes » (ou « contrat de genre » ; *gender contract* : Hirdman, 1994a et b) dans lequel femmes et hommes seraient égaux devant l'emploi et les charges parentales est finalement retenu et mis en œuvre dans les années 1970 et 1980. Dès 1969, le Comité sur l'égalité qui réunit le principal syndicat ouvrier (LO) et le patronat (SAF) adoptent la déclaration de principe : « Il y a de bonnes raisons de faire de la famille à double revenu la norme à retenir pour la préparation des changements à long terme de l'assurance sociale » (cité par Hirdman, 1994b : 252). Dans ce contrat sociétal « d'égalité », de nouvelles institutions sont créées, chargées de promouvoir l'égalité entre hommes et femmes, et d'anciennes sont rebaptisées pour remplacer le mot « femme » par « égalité » (Hirdman, 1994b : 258).

Une « Délégation à l'égalité entre les hommes et les femmes », rattachée au service du premier ministre, est créée en 1972 et une première loi sur l'égalité des chances est votée en 1980, mettant en place tout un appareil institutionnel chargé de traiter cette question. Des mesures sont prises pour favoriser l'égalité des engagements des hommes et des femmes dans leurs responsabilités professionnelles et familiales.

Parmi les réformes engagées dans les années 1970, celle de la fiscalité est soulignée comme étant la plus importante et celle qui a suscité le plus de débats. En 1971, l'imposition conjointe entre époux est remplacée par l'imposition séparée, ce qui, compte tenu de la très forte progressivité de l'impôt suédois, constitue une forte incitation à l'emploi des femmes mariées. Enfin, « L'individualisation de l'impôt est une des étapes vers la citoyenneté pleine et entière et, en Suède, son obtention était clairement ressentie comme une victoire des féministes » (Elgan, 2004-2005 : 51). Concernant le marché du travail, une première mesure avait été prise en 1961 pour favoriser l'égalité salariale : la suppression des grilles de salaires séparées pour les hommes et pour les femmes qui instituaient le salaire d'appoint pour elles.

Dans les années 1970 et 1980, les deux leviers principaux dans la mise en œuvre de ce « référentiel » égalitaire sont la croissance de l'offre de garde pour les jeunes enfants et l'accès des femmes à l'autonomie par l'emploi. Le débat autour de la garde des jeunes enfants s'est articulé autour de deux idées force : les charges parentales ne doivent pas constituer un handicap pour les engagements professionnels des mères et des pères ; les modalités de la garde des enfants doivent préserver leur bien-être et l'égalisation de leurs conditions d'éducation (cf. Daune-Richard et Mahon, 2001). Ainsi le développement d'un grand service public de garde a-t-il été conçu comme appui à l'intégration des femmes dans la norme suédoise du plein emploi ; en même temps, au regard des enfants, il s'inscrit dans les principes de solidarité et d'égalité ainsi que de qualité du service public qui s'imposent à l'État providence, garant du bien-être individuel et collectif. Dans ce cadre, un effort considérable est fait pour développer l'équipement en crèches. Seuls 2 % des enfants suédois d'âge préscolaire en bénéficiaient en 1960, moins de 10 % en 1970, 47 % en 1985 (Broberg et Hwang, 1991). Dans un même temps, des congés parentaux rémunérés sont créés, en 1974, accessibles au père comme à la mère. Les droits procurés par ces congés sont progressivement élargis pour atteindre 15 mois en 1988 (12 mois rémunérés à 90 % du salaire antérieur et trois mois à un taux fixe). Enfin, à partir de 1980, les parents bénéficient en outre de 60 jours de congé par an et par enfant malade (Sundström et Stafford, 1992 ; Daune-Richard, 1998a).

Pour faciliter l'accès des mères au salariat, des formes d'emploi à temps partiel sont mises en place. Le salariat n'était pas une tradition chez les mères suédoises et cette transformation des comportements s'est faite dans un contexte favorable à l'emploi : la pénurie chronique de main-d'œuvre qui démarre après la Deuxième Guerre mondiale et qui dure jusqu'à la fin des années 1980. En même temps, le débat social sur l'égalité entre hommes et femmes et son étroite articulation aux référents du modèle suédois – solidarité, égalité et emploi pour tous – donne une assise forte à cette volonté politique de créer une tradition d'activité des femmes, indépendamment de leurs charges familiales. C'est dans cet esprit que se développe le travail à temps partiel, comme forme d'aménagement du temps de travail et non comme forme précaire d'emploi (Daune-Richard, 1998b). Dans ce contexte, il s'agit d'une forme d'emploi réglementée et protégée au même titre que les emplois à temps plein et qui relève le plus souvent de congés avec compensation financière. Le travail à temps partiel concernait 38 % des femmes en emploi en 1970 et environ 45 % dans les années 1980.

À la fin des années 1980, malgré un bouleversement considérable des comportements et des institutions, la réalisation du modèle égalitaire de relations entre hommes et femmes reste cependant incomplète. Si les femmes font un réel chemin vers le rééquilibrage de leurs rôles parental et professionnel, l'évolution s'avère plus limitée chez les hommes : les possibilités de réduction du travail professionnel au profit des engagements parentaux sont relativement peu utilisées par les pères et le travail à temps partiel reste très féminisé. Ainsi, lorsque la décennie 1980 s'achève, le modèle qui visait deux individus égaux dans la famille au regard de l'engagement professionnel et familial n'est pas réalisé. D'un côté, en termes d'apport financier, on peut considérer que la famille suédoise tend à fonctionner sur le modèle d'« un apporteur trois quart ». De l'autre, le temps parental reste inégalement réparti entre pères et mères.

Le dispositif actuel et ses effets

Au début des années 1990, la Suède est touchée par la crise que nombre de pays européens connaissent depuis 10 ans. Le modèle égalitaire de relations entre hommes et femmes est mis en danger par la crise du modèle suédois – crise économique, crise de l'emploi, crise de l'État providence – auquel il est profondément articulé. La réduction des dépenses publiques s'applique aux revenus de remplacement des congés légaux (parentaux, maladie, formation), et aux conditions d'encadrement des enfants (diminution des personnels). Cependant, même dans ces conditions défavorables, on constate une forte résistance du modèle égalitaire de « contrat entre les sexes » et du modèle « public » de garde des jeunes enfants (Bergqvist et Nyberg, 2002 ; Daune-Richard et Nyberg, 2003). Dans les années 1990, les indicateurs objectifs relèvent une évolution, certes ralentie mais continue en ce sens. Du côté de l'activité et de l'emploi, la crise n'a pas affecté les femmes plus que les hommes et les efforts des pouvoirs publics en faveur de la garde des jeunes enfants se sont maintenus en dépit des difficultés budgétaires.

Dès le tournant du millénaire, les indicateurs économiques se redressent, ouvrant la voie à une relance du modèle social suédois, en particulier dans le domaine de l'égalité hommes-femmes. Ce sont les mêmes leviers qui sont sollicités à cet égard : incitations à un engagement plus grand des hommes dans la parentalité et des femmes dans le marché du travail en jouant sur les dispositifs d'aide à l'articulation des temps parentaux et des temps de l'emploi. Parallèlement, le dispositif de contrôle des inégalités entre femmes et hommes sur le marché du travail est renforcé.

L'articulation des temps parentaux et des temps de l'emploi

Comme dans la période de conception et de mise en place du système, le principe est de favoriser l'égale implication des hommes et des femmes dans leurs engagements professionnels et parentaux en leur assurant un accès ouvert, sûr et financièrement bien compensé aux congés parentaux ainsi qu'en développant un grand service public d'accueil de la petite enfance.

Du côté des congés parentaux, les réformes principales sont inspirées par le constat que l'égalité formelle n'a pas conduit les hommes à y avoir largement recours et la volonté d'introduire des incitations, voire des contraintes, en ce sens. Ainsi, en 1995, un mois non transférable à l'autre parent est introduit dans le dispositif, étendu à 2 mois en 2002. Actuellement, le dispositif offre un total de 480 jours de congé

– dont 60 doivent obligatoirement être pris par le père et 60 par la mère, les jours non pris par le parent concerné étant « perdus ». Ce congé peut être pris de façon très souple, de la naissance jusqu'aux 8 ans de l'enfant et il est comptabilisé par jours et même fractions de journée. La compensation financière est de 80 % du salaire antérieur[7] pour les premiers 390 jours et au taux fixe de 60 couronnes suédoises[8] par jour pour les 90 jours restants. Les parents qui ne répondent pas aux critères d'assurance (avoir cotisé 240 jours consécutifs avant la naissance) ont droit à une allocation fixe de 160 couronnes par jour. Le dispositif prévoit en outre un congé de 10 jours pour le père – à prendre pendant les 60 premiers jours de la vie de l'enfant – ainsi que 120 jours de congé par enfant et par an[9], tous rémunérés à 80 % du salaire antérieur. Enfin, un parent a le droit de réduire son temps de travail – sans compensation financière – de 10 heures par semaine jusqu'aux 8 ans de l'enfant. Au total, si ces congés parentaux restent massivement utilisés par les mères, les pères y ont recours de façon grandissante : 7 % des jours de congés parentaux avaient été pris par les pères en 1990, 10 % en 1995 et 17 % en 2003 (SCB, 2004 : 38).

Parallèlement, des réformes importantes ont été introduites dans *l'accueil des jeunes enfants*. En 1985, la loi suédoise a institué un droit d'accueil pour chaque enfant à partir d'un an. Cependant, dans la réalité, ce droit a longtemps été limité aux enfants dont les parents avaient un emploi ou poursuivaient des études et à ceux qui avaient des besoins spécifiques (handicap, par exemple). De plus, la hausse de la fécondité à la fin des années 1980 avait induit une forte pression sur la demande et créé des listes d'attente. Enfin, dans les années 1990, la montée du chômage s'avérait un problème pour les parents dans cette situation qui ne pouvaient obtenir de place pour leurs enfants.

En 1995 est mise en œuvre la loi obligeant les municipalités à offrir une place de garde à chaque enfant (à partir d'un an) dont les parents travaillent ou suivent une formation. Et la même année, une nouvelle loi spécifie que les municipalités doivent répondre aux demandes dans des délais « raisonnables ». En 2001, elles se voient dans l'obligation d'offrir au moins 15 heures par semaine d'accueil et d'activités préscolaires aux enfants de parents au chômage et en janvier 2002, cette obligation est étendue aux enfants dont les parents sont en congé parental avec un autre enfant. Enfin, depuis janvier 2003, elles sont tenues d'offrir 15 heures d'activités préscolaires, gratuites, aux enfants de 4 et 5 ans. La possibilité d'accéder à une classe « préscolaire » destinée aux enfants de 6 ans (l'école primaire commençant à 7 ans) existe depuis 1999.

---

[7]   Avec un plafond, mais qui est élevé : il concerne environ 10 % des pères et 4 % des mères en congé.

[8]   La Suède a rejoint l'Union européenne en 1995, mais pas la zone euro. Une couronne (SEK) = 0,11-12 € environ, ou 0,16 $ CAN environ.

[9]   Jusqu'aux 12 ans de l'enfant. En fait, les parents prennent annuellement moins de 10 jours de ces congés.

Un autre point crucial de l'accessibilité au système d'accueil réside dans la charge financière qu'il représente pour les familles. Au cours de la décennie précédente, la part du coût revenant aux parents n'a cessé d'augmenter. De plus, les variations de prix demandés par les municipalités étaient devenues très importantes, introduisant des inégalités considérables entre parents. Pour rétablir une plus grande équité, un plafonnement des tarifs a été institué en 2002. D'un côté, le prix payé par les parents est limité à 3 % de leurs revenus avant impôt pour le premier enfant, à 2 % pour le deuxième et à 1 % pour le troisième. De l'autre, un plafond est introduit (environ 114 euros pour le premier enfant, dégressif pour les suivants). Pour que ces mesures ne risquent pas d'entraîner une baisse de la qualité du service offert par les municipalités, celles-ci se voient attribuer par l'État des subventions destinées à compenser leur manque à gagner. La contribution des parents aux frais de garde est alors passée de 20 %-25 % avant la réforme à 11 % (OCDE, 2005 : 126 et 134). On constate un accroissement continu du nombre de places offertes : en 2002, parmi les enfants âgés de 1 à 5 ans[10], 75 % étaient accueillis dans un service de garde municipal et 10 % dans un organisme de statut privé[11] (SCB, 2004 : 36).

Au total, l'État suédois consacre une part importante de ses ressources aux services de garde des jeunes enfants : 2 % de son PIB en 2002 (OCDE, 2005 : 125). En fait, la socialisation du jeune enfant est considérée comme une affaire publique. L'enfant suédois est, dès le plus jeune âge, considéré comme un citoyen qui, s'il n'est pas en mesure d'exercer des devoirs, a des droits : droit au bien-être, à être entouré et éduqué, l'État providence étant le garant de ce bien-être comme de celui de tous les citoyens. En développant une prise en charge de l'enfant extérieure à la famille, il le fait dans les principes qui sont les siens : service public, universel, répondant à des normes de qualité exigeantes, visant à égaliser les conditions d'éducation par-delà la diversité des dotations familiales. Dans la lignée de cette conception, la responsabilité politique de la petite enfance ne relève plus des Affaires sociales : depuis 1996, elle est rattachée au ministère de l'Éducation et elle s'inscrit dans la perspective de « l'éducation tout au long de la vie ».

L'égalité hommes-femmes sur le marché du travail : le renforcement du dispositif

Dans les années récentes, le constat est fait que les inégalités entre hommes et femmes sur le marché du travail perdurent. Trois points sont mis en avant à cet égard : les inégalités de salaires, la ségrégation professionnelle ainsi que le sous-emploi lié au travail à temps partiel subi qui s'est développé pendant les années de crise.

---

[10] Avant un an, la quasi-totalité des enfants suédois sont gardés à la maison par un parent en congé parental.

[11] Ce sont les municipalités qui sont en charge de la mise en œuvre et de la gestion du service public d'accueil de l'enfance. Les organisations privées reçoivent des subventions publiques et sont soumises aux mêmes règles de qualité ; environ la moitié d'entre elles sont des coopératives de parents.

Un renforcement du dispositif de lutte contre ces inégalités est programmé et progressivement mis en œuvre[12].

En 2001, l'*Acte sur l'égalité des chances* est repris, introduisant tout d'abord des mesures destinées à améliorer l'observation et l'analyse de ces inégalités. Des directives sont données en ce sens à l'organisme public chargé des statistiques (SCB) et obligation est faite aux entreprises de plus de 10 salariés de publier annuellement un rapport sur les salaires prenant en compte les différences sexuées. Parallèlement, les pouvoirs et les moyens budgétaires de l'Ombudsman à l'égalité des chances pour lutter contre les discriminations salariales sont renforcés. Enfin, ce nouvel acte pour l'égalité des chances introduit le renversement de la charge de la preuve : c'est désormais à l'employeur de prouver qu'il n'y a pas eu de discrimination.

La *ségrégation professionnelle* est traditionnellement forte en Suède : l'activité des femmes – très élevée – se concentre dans des emplois féminisés, en particulier dans le secteur public (Melkas et Anker, 1997 ; Persson et Wadensjö, 2000). En 2003, parmi les femmes de 20 à 64 ans, près de 80 % d'entre elles étaient actives (84 % des hommes) ; 35 % des femmes étaient occupées dans les 30 professions rassemblant le plus de femmes tandis que 58 % des hommes étaient occupés dans les 30 professions regroupant le plus d'hommes (SCB, 2004 : 43 et 57). Entre 1990 et 2000, cette ségrégation horizontale aurait régressé mais pas celle verticale (Sundström et Runeson, 2002 : 14-15).

Traditionnellement, les classifications d'emplois utilisées en Suède ne permettaient pas d'analyser les hiérarchies (Anxo et Daune-Richard, 1991 ; Persson et Wadensjö, 2000). Celles-ci se repéraient plutôt dans les *écarts de salaires*. Or, si le salaire moyen des hommes et celui des femmes se sont rapprochés au cours des années 1960 et 1970, l'écart s'est légèrement réouvert durant la décennie 1980 et il s'est maintenu dans la décennie suivante. Aujourd'hui, le salaire moyen des femmes (temps partiel inclus) représente 83 % de celui des hommes ; avec une décomposition « toutes choses égales par ailleurs », ce pourcentage est ramené à 92 % (SCB, 2004 : 72). Mais ce qui a été récemment montré, c'est que cet écart grandit au fur et à mesure que l'on grimpe dans l'échelle des salaires et qu'il y est maximal en haut, au point que la plus grande part de l'écart moyen trouve son origine dans l'écart situé tout en haut de cette échelle (Albrecht, Björklund et Vroman, 2003 : 146).

Les auteurs font remarquer que l'ampleur de cet écart au sommet de la distribution salariale – nettement supérieur à celui constaté aux États-Unis, par exemple – surprend d'autant plus que le différentiel moyen est, en Suède, inférieur à ce que l'on trouve dans les pays industrialisés. Utilisant des données antérieures, ils montrent que cette particularité n'est apparue que dans les années 1990.

Procédant ensuite à une décomposition des facteurs, ils montrent que les différences dans les emplois occupés et de leur rémunération comptent pour la moitié de

---

[12]   Cette partie est principalement explicitée par le rapport de Sundström et Runeson, 2002.

cet écart. Ils concluent à un effet « plafond de verre » qu'ils définissent comme le fait que les femmes se débrouillent aussi bien que les hommes sur le marché du travail jusqu'à une certaine limite où ces deniers les dépassent.

Comment expliquer ce phénomène ? Les auteurs font l'hypothèse que les politiques de congés parentaux et l'organisation de la garde des jeunes enfants poussent les femmes à être actives, mais qu'elles n'incitent pas les parents (en fait, les mères) à s'impliquer fortement dans leur emploi, ce qui en retour conduit les employeurs à anticiper cette moindre participation de la main-d'œuvre féminine. Il a pourtant été montré que les congés parentaux n'avaient pas d'incidence sur les carrières salariales des femmes (Albrecht *et al.*, 1999). Marianne Sundström et Caroline Runeson (2002) soulignent pour leur part que l'accroissement de la dispersion des salaires pour un niveau donné d'éducation et d'expérience est venu contrecarrer le rapprochement des profils masculins et féminins à cet égard. Cette dispersion accrue est généralement mise en relation avec les changements intervenus dès la fin des années 1980 dans les modes de détermination des salaires au profit d'une plus grande individualisation (Anxo, 2001) : mais, font-elles remarquer, encore faudrait-il comprendre en quoi cette forme de fixation des salaires est défavorable aux femmes.

Un autre front de la lutte pour l'égalité hommes-femmes a été consacré à la réduction du chômage. Si, pendant la décennie de la crise de l'emploi, le taux de chômage des hommes est resté supérieur à celui des femmes (depuis le début des années 2000, il est autour de 6 % pour les premiers et de 5 % pour les secondes), le *sous emploi lié au travail à temps partiel* s'est très fortement développé pour ces dernières : dans les années 1990, il a touché jusqu'à 60 % des femmes occupées à temps partiel contre 30 % des hommes à son maximum. Sundström et Runeson (2002) y voient le probable corollaire d'un double mouvement de l'emploi féminin : hausse du temps complet et baisse du temps partiel. Elles analysent ces changements de comportements des femmes comme une réaction aux difficultés économiques des ménages pendant cette période et aussi, probablement, comme un effet de génération : les plus anciennes quittant le monde du travail sont remplacées par de nouvelles, plus éduquées et plus impliquées dans l'emploi. Parallèlement, les autorités suédoises ont mis en place un programme de subventions pour encourager la création d'emplois à temps plein, tant dans le public que dans le privé (Plan 2001-2004, cf. OCDE, 2004 : 245). Au total, en 2003, 33 % des femmes et 9 % des hommes occupaient un emploi à temps partiel (SCB, 2004 : 51) contre plus de 40 % des premières et 6 % des seconds au début des années 1990 (Sundström et Runeson, 2002 : 14).

On peut ainsi conclure que le modèle de famille à deux apporteurs progresse au détriment du modèle « à un apporteur trois quart », plus répandu dans les années 1980. Les inégalités d'accès à l'emploi régressent, mais les inégalités dans l'emploi, en particulier dans les rémunérations – où les écarts sont pourtant faibles – peinent à être maîtrisées. Cela a conduit le gouvernement suédois à donner des responsabilités (accompagnées de moyens) accrues à l'Ombudsman pour l'égalité des chances. Celui-ci a travaillé au développement de méthodes d'évaluation du travail et des qualifications adaptées pour neutraliser les différences de sexe, méthodes qui sont aujourd'hui mises à la disposition des entreprises et des organisations sous la forme de manuels et aussi d'appuis à la demande. Une réflexion approfondie est menée sur la question de la définition du travail « de valeur égale » tandis que les conventions collectives sont examinées au regard de leur conformité avec la législation sur l'égalité des chances.

Remarquons pour conclure que le cheminement suédois vers l'égalité entre hommes et femmes a connu une inflexion nette ces dernières années. On peut considérer que, dans une première étape, il s'est consacré à mettre en place des conditions égales d'accès au marché du travail en œuvrant dans le sens d'une prise en charge publique de la petite enfance (congés parentaux et service public d'accueil) tout en supprimant dans la réglementation les barrières à l'emploi des femmes et à l'égalité des sexes sur le marché du travail. Tout se passe comme si les Suédois avaient attendu de la mise en place des conditions de développement du modèle sa généralisation *ipso facto*.

Les années 1990 ont fait apparaître que cela n'allait pas de soi et que d'un côté, les hommes peinaient à égaliser leur participation aux charges parentales tandis que de l'autre, les inégalités sur le marché du travail résistaient. C'est une deuxième phase de lutte pour l'égalité entre hommes et femmes qui s'est ainsi dessinée, avec un renforcement des dispositifs de surveillance et d'analyse mais aussi la mise en place de formes réglementaires plus contraignantes sans renoncer aux formes incitatives traditionnelles.

Dans cette deuxième phase, on peut noter les mesures qui viennent d'être décrites mais aussi, et surtout, une réorganisation de l'action publique pour l'égalité hommes-femmes autour du principe de l'approche intégrée (*mainstreaming*) adopté en 1994 et qui fait actuellement l'objet d'un plan d'action spécial (2004-2009). Dans cette architecture nouvelle, chaque échelon de l'action publique (ministères, préfectures, collectivités locales) est chargé de mettre en œuvre l'égalité des chances à son niveau et dans son domaine. Un des ministres reçoit, en plus de ses autres attributions, la responsabilité de coordonner l'action, avec une direction de l'égalité des chances. Dans le cadre de cette approche intégrée, les personnels politiques, les hauts fonctionnaires ainsi que les fonctionnaires des collectivités locales reçoivent des formations à l'égalité des chances. Et un groupe de travail, mis en place par le gouvernement, a élaboré un manuel de méthodologie pour la mise en œuvre de l'approche intégrée de l'égalité des chances (publié en 2001).

Pour conclure, on discutera les limites du modèle suédois d'égalité entre les sexes et les questions qu'on peut se poser à cet égard.

Ce modèle apparaît tout d'abord inachevé. Le référentiel veut que les hommes et les femmes soient égaux devant les charges professionnelles et familiales. Sauf handicap ou difficulté particulière, il est de la responsabilité de chaque citoyen de contribuer à la reproduction sociale par son apport en travail à la richesse nationale et par l'accomplissement de ses devoirs envers autrui, ses enfants en particulier. Le modèle demande donc aux femmes d'être plus présentes dans le travail rémunéré et aux hommes d'être plus actifs dans l'espace familial. Il est évident que depuis les années 1970, qui ont vu la mise en œuvre de ce référentiel dans les politiques publiques[13], les évolutions sont allées clairement – et sans retour – dans ce sens. Mais il est non moins évident que le modèle n'est pas pleinement accompli.

L'expérience suédoise de développement de l'égalité entre les hommes et les femmes s'est construite autour de politiques publiques bénéficiant d'une large adhésion parce que toujours issues de négociations approfondies entre partenaires sociaux menées en amont, comme l'exige le « modèle suédois ». On remarque ainsi que les alternances politiques à la tête du gouvernement n'en ont pas modifié le sens. Ces politiques ont plus visé l'éducation et l'information, misant sur l'accord et la (bonne) volonté de tous les acteurs, individuels et collectifs, et peu visé la sanction ou même l'obligation (d'où la réticence à réserver la moitié du congé parental « obligatoirement » aux hommes). Ainsi, un regard étranger ne peut qu'être étonné par la coopération des employeurs qui assument non seulement la charge financière que représentent leurs contributions à l'assurance parentale, mais aussi les difficultés à gérer l'absentéisme lié aux congés parentaux. Et ce n'est que devant le constat des lenteurs et des limites du cheminement vers l'égalité que des mesures plus contraignantes ont été adoptées.

Trente cinq ans d'investissement continu des politiques publiques et des partenaires sociaux ont donc permis une progression spectaculaire des femmes dans l'emploi, mais la progression des hommes dans la prise en charge des responsabilités parentales apparaît beaucoup plus limitée. Les travaux de Sara Brachet (2004) montrent, par exemple, que la hausse de leur participation aux jours de congés parentaux ne signifie pas une prise en charge proportionnelle des enfants. En effet, ces jours sont souvent[14] pris par les pères pendant des périodes de vacances ou autour des week-end : ce sont alors des moments qu'ils passent « en famille » aux côtés de la mère. Alors que les mères, pendant leurs congés, sont beaucoup plus souvent seules avec le ou les enfants.

Comment rendre compte de cette persistance des modèles parentaux sexués ? C'est l'analyse des représentations sociales et des référentiels qu'elle fonde qui apparaît la plus éclairante. Au milieu de la dernière décennie, le gouvernement suédois a commandé un « livre blanc » sur les inégalités entre les sexes[15]. Une étude menée dans ce cadre par Göran Arhne et Christine Roman (2000) met en évidence l'asymétrie qui continue de régner dans l'organisation des couples suédois, puisque dans la grande majorité d'entre eux, la femme consacre nettement plus de temps que l'homme

---

[13]   « Le référentiel d'une politique est constitué d'un ensemble de normes prescriptives qui donnent un sens à un programme politique en définissant des critères de choix et des modes de désignation des objectifs » (Muller, 1994 : 43).

[14]   Un tiers des pères interrogés par Brachet.

[15]   Le numéro 27 des *Cahiers du genre* (2000) est entièrement consacré à ce livre blanc.

au travail domestique et nettement moins de temps au travail rémunéré. Seule une petite minorité, le plus souvent sans enfant, partage équitablement le travail domestique ; tandis que dans une autre minorité, un peu plus importante que la première, la femme fait tout ou pratiquement tout ce travail. Les auteur-e-s soulignent ainsi la coexistence de normes sociales contradictoires. D'un côté, un principe largement partagé par tous et toutes : celui de l'égalité des hommes et des femmes devant le travail, rémunéré et non rémunéré, et donc l'obligation, pour les femmes, de contribuer au budget familial et, pour les hommes, de contribuer au travail de maison. De l'autre, une pratique qui admet l'asymétrie de la participation de chacun et chacune au « travail total » (Glucksman, 1997) assumé par la famille. Cette asymétrie autorise les femmes à ne pas s'inscrire à temps plein dans le travail rémunéré, alors que le travail à temps partiel doit rester une exception pour les hommes : elles conservent ainsi la responsabilité du travail domestique, les hommes étant tenus d'y « contribuer ».

Étudiant l'assurance parentale, Sara Brachet (2004a) aboutit à des conclusions similaires. Elle montre la contradiction entre, d'un côté, le référentiel des politiques publiques qui affirme l'égalité des parents devant les engagements professionnels et parentaux et, de l'autre, une conception « experte », largement partagée par le sens commun, qui situe différemment les hommes et les femmes au regard de la parentalité. Mettant en effet l'accent sur l'importance de la présence des parents pour le bien-être des enfants avant un an et sur l'importance de l'allaitement pour sa santé[16], les institutions et les experts définissent une norme fortement opératoire, puisque, avant un an, les structures éducatives offrent très peu de places et les enfants sont gardés à la maison par un parent en congé parental, le plus souvent la mère. Pour Brachet, la maternité serait ainsi « incontournable » tandis que la paternité serait « négociable » et aurait plus à voir avec la découverte éducative qu'avec l'astreinte des soins quotidiens.

Parallèlement, on a vu les difficultés rencontrées pour éradiquer les inégalités entre hommes et femmes sur le marché du travail, en particulier dans les rémunérations. Pour une part, ces difficultés semblent liées à la « fermeture » aux femmes des professions les plus prestigieuses. Tout se passe comme si, étant illégitimes dans cet espace du marché du travail, elles y étaient peu nombreuses et mal rémunérées. Pour une autre part, c'est la difficulté à évaluer la « valeur égale » du travail et à mettre en œuvre cette « équité salariale » à laquelle vous, Québécois, avez particulièrement travaillé, qui est soulignée (Jamö, 2005).

Ne touche-t-on pas ici à une limite particulièrement difficile à dépasser dans nos sociétés salariales[17] : celle qui touche au *care* ? Ainsi, en Suède, jusqu'à aujourd'hui, les soins aux autres restent largement une affaire de femmes et, contrairement au référentiel mis en œuvre depuis plusieurs décennies, le travail du *care* demeure

---

[16]   À six mois, 75 % des enfants suédois sont encore allaités.

[17]   On a développé, par ailleurs, une réflexion sur l'intégration des femmes à la société salariale. Cf. Daune-Richard, 2004.

inégalement réparti entre les hommes et les femmes. Dans un même temps, ne serait-ce pas parce que les emplois féminins ont souvent à voir avec le *care*, en particulier mais pas seulement en Suède, que leur (ré)évaluation apparaît si difficile ?

Bibliographie

ALBRECHT, James, Anders BJÖRKLUND et Susan VROMAN (2003), « Is There a Glass Ceiling in Sweden ? », *Journal of Labor Economics*, n° 1, p. 145-177.

ALBRECHT, James, Per-Anders EDIN, Marianne SUNDSTRÖM et Susan VROMAN (1999), « Career Interruptions and Subsequent Earnings : A Reexamination Using Swedish Data », *The Journal of Human Resources*, XXXIV, n° 2, p. 294-311.

ANXO, Dominique (2001), « New Developments in Swedish Industrial Relations », *Employment : The Focus of Collective Bargaining in Europe*, Dossier n° 20, Belgique : Presses universitaires de Louvain.

ANXO, Dominique et Anne-Marie DAUNE-RICHARD (1991), « La place relative des hommes et des femmes sur le marché du travail : une comparaison France-Suède », *Travail et emploi*, n° 47, p. 63-78.

ARHNE, Göran et Christine ROMAN (2000), « Travail domestique et rapports de pouvoir entre les sexes », *Cahiers du genre*, n° 27, p. 133-160.

BERGQVIST, Christina et Anita NYBERG (2002), « Welfare State Restructuring and Child Care in Sweden », dans S. MICHEL et R. MAHON (dir.), *Child Care Policy at the Crossroads. Gender and Welfare State Restructuring*, Londres et New York : Routledge, p. 287-308.

BRACHET, Sara (2004a), *Genre parentalité et congé parental en Suède*, thèse pour le doctorat de démographie, Université de Nanterre.

BRACHET, Sara (2004b), « L'égalité, une vaine quête ? Hommes et femmes en congé parental en Suède », *Terrain*, n° 42, p. 65-80.

BROBERG, Anders et Philip C. HWANG (1991), « Day Care for Young Children in Sweden », dans E.C. MELHUISH et P. MOSS (dir.), *Day Care for Young Children*, Londres et New York : Tavistock/Routledge.

DAUNE-RICHARD, Anne-Marie (1998a), « La garde des jeunes enfants en Suède : un enjeu pour l'égalité entre les hommes et les femmes », *Les Cahiers du GEDISST*, n° 22, p. 43-63.

DAUNE-RICHARD, Anne-Marie (1998b), « How does the "societal effect" shape the use of part time in France, the U.K and Sweden », dans J. O'REILLY et F. FAGAN (dir.), *Part-Time Prospects. International Comparison of Part-Time Work in Europe, North America and the Pacific Rim*, Londres : Routledge, p. 215-231.

DAUNE-RICHARD, Anne-Marie (2004), « Les femmes et la société salariale : France, Royaume-Uni, Suède », *Travail et emploi*, n° 100, p. 69-84.

DAUNE-RICHARD, Anne-Marie et Rianne MAHON (2001), « Sweden : Models in Crisis », dans J. JENSON et M. SINEAU (dir.), *Who Cares ? Women's Work, Childcare and Welfare State Redesign*, Toronto : University of Toronto Press, p. 146-176.

DAUNE-RICHARD, Anne-Marie et Anita NYBERG (2003), « La prise en charge de l'enfance : résistance et limites du modèle suédois », *Revue française des affaires sociales*, n° 4, p. 515-527.

DUMONT, Louis (1983), *Essais sur l'individualisme*, Paris : Seuil.

ELGAN, Elisabeth (2004-2005), « L'égalité des sexes par la seule volonté ? Le succès politique des femmes suédoises », *Nordiques*, n° 6, p. 47-58.

GARDEY, Delphine et Ilana LOWY (dir.) (2000), *L'invention du naturel. Les sciences et la fabrication du féminin et du masculin*, Éd. des archives contemporaines.

GLUCKSMAN, Miriam (1997), « L'organisation sociale globale du travail : une nouvelle approche pour une analyse sexuée du travail », *Les Cahiers du Mage*, n°s 3-4.

HIRDMAN, Yvonne (1994a), *Women : from Possibility to Problem ? Gender Conflict in the Welfare State. The Swedish Model*, Research Report, 3, Arbetlivcentrum, Stockholm.

HIRDMAN, Yvonne (1994b), « Le conflit des genres », dans J.-P. DURAND (dir.), *La fin du modèle suédois*, Paris : Syros.

JÄMO (Ombudsman à l'égalité des chances) (2005), Survey, analysis and action plan for equal pay, Rapport, 40 p.

MARSHALL, Thomas Humphrey (1950), *Citizenship and Social Class*, Cambridge : Cambridge University Press.

MELKAS, Helinä et Richard ANKER (1997), « Ségrégation professionnelle hommes-femmes dans les pays nordiques : une étude empirique », *Revue internationale du travail*, n° 3.

MULLER, Pierre (1994), *Les politiques publiques*, PUF, Que sais-je ?

MYRDAL, Alva et Violette KLEIN (1954), *Women's Two Roles : Home and Work*, Londres : Routledge and Kegan Paul.

MYRDAL, Alva et Gunnar MYRDAL (1934), *Kris i befolkningsfrågan*, Stockholm : Bonniers.

OCDE (2005), *Bébés et employeurs. Comment réconcilier travail et vie de famille*, vol. 4.

PERSSON, Inga et Eskil WADENSJÖ (2000), « À la recherche de l'égalité. Disparité salariale et division sexuelle du travail en Suède », *Cahiers du Genre*, n° 27.

ROSANVALLON, Pierre (1992), *Le sacre du citoyen*, Paris : Gallimard.

SCB, Statistics Sweden (2004), *Women and Men in Sweden. Facts and Figures 2004*.

SUNDSTRÖM, Marianne et Caroline RUNESON (2002), *Follow up of EU's recommendations on equal opportunities*, Rapport 2002, 6, IFAU : Stockholm.

SUNDSTRÖM, Marianne et F.P. STAFFORD (1992), « Female Labour Force Participation, Fertility and Public Policy in Sweden », *European Journal of Population*, n° 8, p. 199-215.

THIRRIOT, Luc (1990), « Le plein emploi en Suède », *Économies et Sociétés, Économie du travail*, n° 16, p. 103-167.

VERJUS, Anne (2002), *Le sens de la famille. Les femmes et le vote, 1789-1848*, Paris : Belin.

Synthèse des interventions

Sylvie MOREL[1]

Les membres du comité de programme du congrès ont jugé utile de débuter cette seconde journée de travaux par une synthèse des interventions de la journée d'hier. L'objectif d'un tel rappel est de mettre en évidence les principaux constats et observations qui peuvent en être dégagés, de telle sorte que nous puissions engager, ce matin, la dernière étape de notre démarche, la réflexion portant sur les moyens à prendre pour contrer la discrimination, à partir d'un canevas d'analyse commun. C'est donc à cet exercice que je vais me livrer maintenant.

D'entrée de jeu, précisons que les échanges d'hier se sont déroulés à plusieurs niveaux. De l'étape descriptive du portrait de la discrimination en emploi au Québec, qui faisait l'objet de la conférence d'ouverture de la journée, aux témoignages portant sur les expériences de terrain et livrés lors des tables rondes, en ajoutant, finalement, le propos synthétique – à la fois philosophique, historique et factuel – présenté en fin de journée sur l'expérience suédoise, force est de constater que les congressistes ont été interpellés de multiples manières. Rappelons également que trois grands types d'interrogations structuraient la démarche de la journée. Ce sont les suivants :

1) Où en sommes-nous aujourd'hui, au Québec, face à la discrimination en emploi ?

2) Quelles sont les raisons qui expliquent que la discrimination revête un caractère si persistant ?

3) Quels sont les facteurs qui expliquent la réussite de certaines initiatives en matière de lutte contre la discrimination, ici et à l'étranger ? Précisons ici que les expériences réussies qui avaient été retenues étaient, d'une part, au Québec, celles ayant trait aux programmes d'accès à l'égalité (PAE) et d'équité salariale (PES) et, d'autre part, à l'étranger, celle d'un pays renommé pour ses avancées spectaculaires en matière d'égalité entre les hommes et les femmes, en l'occurrence la Suède.

---

[1]   Ce travail de synthèse a été réalisé avec l'aide d'Esther Déom, Jacques Mercier et Marie-Pierre Beaumont, membres de l'équipe d'organisation du congrès.

Dans le texte qui suit, nous nous attacherons donc à identifier, pour chacune de ces questions, les principaux éléments de réponse que les interventions ont permis de mettre au jour.

Où en sommes-nous aujourd'hui, au Québec, face à la discrimination en emploi ?

De façon générale, le portrait de la discrimination en emploi au Québec, dressé par notre première conférencière, madame Lucie-France Dagenais, de la Commission des droits de la personne et des droits de la jeunesse du Québec, est venu confirmer le diagnostic général établi par le comité de programme du congrès et présenté, en conférence introductive, par notre collègue Esther Déom. Nous pouvons résumer ce diagnostic comme suit : premièrement, l'intégration en emploi des groupes discriminés constitue, encore aujourd'hui, un problème important ; en d'autres termes, les moyens législatifs dont nous nous sommes dotés n'ont pas produit les gains escomptés en matière de réduction des inégalités en emploi ; deuxièmement, même les lois dites « proactives », qui sont les plus avancées en ce qui a trait aux obligations collectives qu'elles imposent aux employeurs face aux groupes discriminés, ont difficilement trouvé application dans les milieux de travail.

En écho à ce diagnostic, madame Dagenais a donc établi les constats suivants :

- il existe un problème d'accessibilité des données lorsqu'il s'agit de rendre compte du chemin parcouru en matière de lutte contre la discrimination. En outre, les indicateurs utilisés pour mesurer la discrimination ne sont jamais neutres ; derrière ce que la conférencière a appelé la « bataille des chiffres » se profile un enjeu politique ;

- l'écart salarial existant entre les hommes et les femmes (pour les emplois à temps plein) est toujours, selon les données de 2000[2], de 28 % ; cela signifie que s'il y a eu une baisse tendancielle de cet écart depuis les années 1960, on observe une relative stagnation depuis 1990[3] ;

- les ajustements moyens de revenu réalisés, au titre de l'équité salariale, dans les établissements de plus de 200 employés (en ne considérant que les catégories d'emplois qui ont été ajustées) s'établissent à 5,6 %, situation équivalant à ce que la conférencière a qualifié de « progrès relativement minimes » ;

- la ségrégation occupationnelle des femmes – leur concentration dans des ghettos d'emplois – reste très élevée, alors que la représentation féminine dans l'ensemble de l'emploi continue, elle, de progresser ;

---

[2]   Voir le texte de Lucie-France DAGENAIS dans ce rapport.

[3]   Statistique Canada, CANSIM, tableau 202-0102.

- de « nouvelles formes de discrimination » sont aujourd'hui repérables, en particulier pour les femmes des minorités visibles.

La situation de discrimination qui prévaut à l'endroit des membres des minorités dites « visibles » et « ethniques » a été présentée par la conférencière à partir, notamment, des faits suivants :

- il existe un différentiel de revenu élevé entre ces groupes et les personnes nées ici et cet écart est encore plus accusé pour les membres des minorités visibles ;

- la représentation en emploi des groupes cibles dans le secteur public progresse continuellement mais, somme toute, « légèrement » ;

- une déqualification professionnelle est également observable pour ces groupes, reflétant leur difficulté à obtenir des emplois correspondant à leurs compétences ; si on considère les interventions des congressistes durant la période de questions, on peut dire que les études portant sur les délais permettant de résorber ce problème de sous-emploi sont controversées ;

- en résumé, a souligné la conférencière, si légiférer est une chose, appliquer les lois en est une autre ; à l'instar de plusieurs autres personnes, elle a toutefois indiqué que les changements qui sont visés par le cadre législatif portant sur la lutte contre la discrimination sont si fondamentaux que changer les choses dans ce domaine est difficile et demande beaucoup de temps.

Quelles sont les raisons qui expliquent que la discrimination revête un caractère si persistant ?

C'est dans le cadre d'une table ronde que cinq intervenants et intervenantes étaient conviés à débattre de la question des causes de la persistance de la discrimination. Ces derniers étaient Jennifer Beeman, du Conseil d'intervention pour l'accès des femmes au travail, Denis Bradet, du cabinet d'avocat Grondin, Poudrier et Bernier, Annick Desjardins, du Syndicat canadien de la fonction publique et Moussa Sarr, du Centre francophone d'informatisation des organisations.

La responsabilité des entreprises face à la persistance de la discrimination est celle qui doit être soulignée en premier lieu. Il ne faut jamais oublier, en effet, que les décisions concernant l'allocation des emplois (embauche, promotions, etc.) et la rémunération des salariés sont une prérogative des employeurs. À ce chapitre, donc, ont été identifiés comme facteurs concourant au maintien de la discrimination :

- les stratégies de gestion de la main-d'œuvre des entreprises, fortement axées sur la précarisation et la flexibilité des emplois, qui ont pour effet de compromettre l'efficacité des lois antidiscriminatoires ;

- dans la même perspective, l'utilisation de la main-d'œuvre, selon les termes de Jennifer Beeman, « comme amortisseur », dans une stratégie de réduction des coûts de production où les salaires deviennent ainsi la principale « variable d'ajustement » (et les salariés, ceux vers lesquels on reporte les risques) ; par conséquent, selon cette même intervenante, ce sont « les principes et les dynamiques du système capitaliste lui-même » qui sont à mettre en cause ;

- la méconnaissance qu'ont les travailleuses non syndiquées de leurs droits et leur incapacité, quand bien même elles en sont informées, d'exiger des employeurs qu'ils s'y conforment, cela simplement parce qu'elles n'ont pas le rapport de force le leur permettant ;

- les freins à la syndicalisation : « la syndicalisation est la clé de l'amélioration des conditions de travail et la meilleure façon de diminuer les écarts salariaux », a rappelé madame Beeman ; cela est d'autant plus le cas, a-t-elle ajouté, que les lois ne sont pas conçues pour venir en aide aux travailleuses non syndiquées ou, les deux groupes se recoupant, à celles qui œuvrent dans de petites entreprises ;

- le peu d'empressement qu'ont manifesté les employeurs à se conformer aux obligations qui leur incombent dans le cadre de la *Loi sur l'équité salariale*, lequel peut être vérifié par l'important retard d'un grand nombre d'entreprises dans la mise en œuvre de la démarche qui a été prévue par la Loi pour que soit réalisée l'équité salariale ; rappelons ici que les entreprises visées (celles qui comptent 10 salariés et plus) auraient dû, depuis plusieurs années, avoir terminé cet exercice[4].

Le deuxième acteur du domaine des relations industrielles, dont il a été question durant la table ronde, sont les organisations syndicales. Même si les panélistes se sont entendus pour dire que les syndicats sont, à la différence des employeurs, des acteurs clés dans la défense des lois antidiscriminatoires, ayant porté politiquement l'ensemble des dossiers s'y rapportant (accès à l'égalité, équité salariale, universalité et accessibilité des services de garde, hausse du salaire minimum, etc.), ils ont néanmoins pointé du doigt certaines pratiques prévalant en milieu syndical, ou encore les préjugés et les stéréotypes qui y perdurent et qui constituent, selon eux, autant d'entraves à la lutte contre la discrimination. La discrimination se perpétuerait ainsi, notamment, pour les raisons suivantes :

- le faible « degré de conviction des acteurs quant à la persistance de la discrimination (systémique) », selon madame Desjardins ; même les travailleuses

---

[4]   Les entreprises avaient jusqu'au 21 novembre 2001 pour terminer leur démarche d'équité salariale et déterminer les écarts salariaux. Or, en 2004, seulement 62 % des entreprises visées déclaraient avoir terminé leurs travaux. C'est surtout dans les petites entreprises que s'observait le retard le plus important : Commission de l'équité salariale (2005), *Rapport annuel de gestion 2004-2005*, Gouvernement du Québec, p. 7.

concernées ne sont pas toujours convaincues du bien-fondé des interventions conçues à leur endroit, a-t-elle ajouté ;

- en matière d'équité salariale, les programmes distincts réalisés dans certaines entreprises (en vertu de l'article 11 de la Loi), qui, selon monsieur Bradet « constituent certainement une première limite significative à la réalisation de l'équité salariale dans l'entreprise. Contrairement à ce que prévoit le deuxième paragraphe de l'article 1 de la Loi, ces programmes ont empêché que les écarts salariaux s'apprécient au sein de la même entreprise, en regard de tous les emplois à prédominance masculine[5] » ;

- les règles d'ancienneté qui peuvent, en certaines circonstances, avoir des effets discriminatoires ;

- plus généralement, la difficulté à concilier la « logique de l'équité », qui est celle qui devrait prévaloir en matière de lutte contre la discrimination, et la « logique des relations de travail », typique de l'institution des relations indus- trielles, beaucoup plus ancienne et mieux établie, car fortement ancrée dans la coutume. Cela renvoie à la difficulté de s'extirper, pour les employeurs et les syndicats, du registre de la négociation : « (ces derniers) sont à toutes fins utiles toujours en négociation, que ce soit celle de la convention collective, d'ententes particulières, de règlements de griefs, etc. Il apparaît fort difficile à ces acteurs de sortir de ce modèle, même aux fins de l'équité salariale[6] ». À cet égard, rappelons que madame Rosette Côté, présidente de la Commission de l'équité salariale, a dénoncé l'intrusion de la négociation dans le processus d'établissement de l'équité salariale comme étant un « mélange des genres[7] ».

L'État est le troisième grand acteur dont les responsabilités, face à la persistance de la discrimination, ont été mises en exergue lors de la table ronde. À cet égard, on a identifié les facteurs suivants :

- le manque de moyens de la Commission de l'équité salariale dans les premiè- res années de son existence – rappelons que l'objectif de réduction du déficit budgétaire de l'État était prédominant, au Québec, à la période où la *Loi sur l'équité salariale* a vu le jour – et ses ratés de démarrage ; ont également été soulignés, par rapport à la Commission, l'insuffisance de ses pouvoirs d'enquête et de ses outils de vérification, l'inadéquation du mécanisme des plaintes et le fait que les employeurs ont trop peu de comptes à rendre par rapport aux actions qu'ils posent ;

---

5   Voir le texte de Denis BRADET dans ce rapport.

6   *Ibid.*

7   Rapporté dans Denis BRADET dans ce rapport.

- la tentative du gouvernement de se réserver des modalités d'application particulières de la Loi, en matière d'équité salariale, ce qui lui a valu d'être rappelé à l'ordre par la Cour supérieure du Québec ; indiquons cependant que, comparativement aux entreprises privées, en particulier celles qui sont non syndiquées, le gouvernement a déployé beaucoup d'efforts pour appliquer l'équité salariale, ayant déjà procédé à deux vagues successives d'ajustements salariaux ;

- la stratégie du gouvernement québécois lors des récentes négociations dans les secteurs public et parapublic, qui « a expressément cherché à amener l'équité salariale sur le terrain de la négociation collective, confondant ainsi la rémunération avec les correctifs pouvant découler de la réalisation de l'équité salariale[8] » ;

- la législation du gouvernement Charest « pour dire que des salariés n'étaient pas des salariés » et dénoncée par le Bureau international du travail, comme l'a souligné monsieur Bradet ; on pense ici aux responsables des services de garde en milieu familial ou, encore, aux personnes qui hébergent à leur domicile des personnes âgées en perte d'autonomie ou des personnes intellectuellement handicapées.

Au-delà des responsabilités portées par les grands acteurs du monde des relations industrielles, les participants ont largement fait état de la force avec laquelle les préjugés et les stéréotypes à l'endroit des groupes discriminés continuent d'être ancrés dans les têtes, observation qui s'applique à tous les milieux. Par ailleurs, de nombreuses résistances aux interventions en faveur des groupes cibles s'expliquent par le fait que plusieurs personnes croient que la discrimination est un problème réglé. Enfin, monsieur Sarr, de son côté, a insisté sur les problèmes associés à certains traits de la société québécoise. Ainsi, il s'en est pris à la « culture du consensus » qui prévaut au Québec et qui empêche, selon lui, de voir les problèmes en face, au « repli sur soi » qui fait toujours de l'étranger quelqu'un de menaçant et, finalement, au rapport de condescendance qui marque les relations entre les membres du groupe majoritaire et ceux des minorités « ethniques et visibles » et qui constitue un frein à la construction de la confiance (dont il a, par ailleurs, souligné le caractère multidimensionnel).

Quels sont les facteurs qui expliquent la réussite de certaines initiatives en matière de lutte contre la discrimination, ici et à l'étranger ?

Afin de rendre compte d'expériences fructueuses en matière de lutte contre la discrimination, certaines ayant eu cours au Québec et à l'étranger ont été présentées. Pour ce qui est, tout d'abord, du cas québécois, cinq acteurs de terrain sont venus nous

---

[8]   *Ibid.*

entretenir, dans le cadre d'une seconde table ronde, d'une part, de l'expérience de la Ville de Québec en matière de programmes d'accès à l'égalité (PAE) et, d'autre part, des succès observés dans la mise en œuvre de programmes d'équité salariale (PES). Il s'agit de Jean Gagnon, président du Syndicat des fonctionnaires municipaux de Québec, de François Jutras, du Service des ressources humaines de la Ville de Québec, de Jean Lachance, du Syndicat des employés manuels de la Ville de Québec, d'Hélène Bourcier, de AVRH inc., et de Lise Simard, du Syndicat canadien de la fonction publique. Les échanges qui ont eu lieu entre ces intervenants ont permis d'identifier, entre autres, dans l'implantation des PAE et des PES, les facteurs de réussite suivants :

- l'« admission de la discrimination salariale » – ce qui ne va pas de soi, selon les participants – et qui a été qualifiée de « principal facteur de réussite » par madame Simard[9] ;

- la formation conjointe que décide de se donner le comité d'équité salariale ; une démarche commune en matière de formation favorise, en effet, une même lecture des problèmes ainsi qu'une plus grande ouverture d'esprit ;

- l'implication des syndicats dans le processus de mise en œuvre des programmes d'accès à l'égalité et la reconnaissance de l'importance d'expliquer aux membres des syndicats comment les choses seront vécues sur le terrain ;

- le recours au soutien externe lorsque cela est nécessaire dans la démarche d'implantation des PES et, en particulier, à la Commission de l'équité salariale ;

- le maintien d'un même niveau de rigueur durant tout le processus de mise en œuvre des programmes ;

- l'importance accordée au fait de rendre compréhensible à tous les salariés les retombées positives des PAE pour l'ensemble du groupe ;

- l'implication et l'engagement de la haute direction et des gestionnaires, et également la persistance dans l'action, ce qui peut vouloir dire de modifier des pratiques en cours de route, comme ce fut le cas à la Ville de Québec, où la composition du comité d'évaluation et de suivi a été revue afin d'accroître l'efficacité des interventions ; les efforts visant à sensibiliser le personnel aux réalités de la discrimination ont pu ainsi être poursuivis, forçant à réaliser que tout n'est pas résolu simplement parce qu'un PAE a été mis sur pied ;

- la reconnaissance de la complexité du processus de mise en œuvre de l'équité salariale, de telle sorte que soient évitées les réactions d'impatience dues à une méconnaissance de la démarche ;

- une bonne connaissance des emplois ;

---

[9]   Voir le texte de Lise SIMARD dans ce rapport.

- l'utilisation des programmes comme outils de changement de la culture organisationnelle.

Pour ce qui est, en second lieu, des facteurs de réussite examinés à la lumière de l'expérience étrangère, le cas qui a été retenu est celui de la Suède. Dans ce pays, les politiques publiques jouent un rôle majeur dans la lutte contre la discrimination. C'est donc l'enjeu relatif aux interventions « en amont », plus globales et intégrées, par rapport aux instruments plus ciblés de lutte contre la discrimination, que cet exemple permet de faire ressortir. La conférencière, madame Anne-Marie Daune-Richard, du Laboratoire d'économie et de sociologie du travail d'Aix-en-Provence, a présenté l'expérience suédoise sous l'angle des rapports sociaux entre les hommes et les femmes, en montrant comment, dans ce pays, « le rapport entre travail et égalité des sexes a été abordé très tôt comme une question de citoyenneté et, donc, comme une question sociale centrale ». On peut dégager les points suivants de son intervention :

- la réalité suédoise renvoie à la construction politique de ce qui peut être appelé le « contrat entre les sexes » dont le socle est la notion de citoyenneté ;

- conformément à la citoyenneté moderne, la liberté est, pour les femmes, une condition nécessaire à l'atteinte de l'égalité ; aussi, la société suédoise, a, historiquement, et des décennies avant les autres pays développés, procédé à la « construction sociale » de la liberté en fournissant les bases institutionnelles requises à sa consolidation ; il en est résulté un ordre social, qui est considéré comme étant le plus égalitaire au monde ;

- dans les périodes clés de l'histoire de la Suède, les femmes ont été au cœur des enjeux qui se posaient à l'ensemble de la société et les choix qui ont été retenus à ces moments charnières sont allés dans le sens de l'égalité entre les hommes et les femmes ; dans cette perspective, dès les années 1930, le modèle suédois repose sur trois référents : négociation, solidarité et égalité ;

- dès les années 1960, « s'ouvre un large débat qui propose de repenser les droits et les devoirs des hommes et des femmes en tant qu'"êtres humains", dans leur double rôle de parent et de travailleur. Ce qui est débattu, c'est l'accès plein et entier des femmes au monde du salariat et, en même temps, la "libé-ration" des hommes pour la parentalité[10] » ;

- en posant l'enjeu de la prise en charge des hommes dans le travail domestique de façon concomitante à celui de l'entrée des femmes en emploi, on a choisi de poursuivre l'objectif de l'égalité des sexes de façon globale, c'est-à-dire en combattant les inégalités face au partage de l'ensemble du travail dans la société (et pas seulement de l'emploi) ou en s'attelant, autrement dit, à la « division sexuelle du travail » ;

---

[10]   Voir le texte de Anne-Marie DAUNE-RICHARD dans ce rapport.

- un ensemble de mesures qui font système ont été mises en place, orientées à partir de préoccupations s'élaborant en termes d'articulation « des temps parentaux et des temps de l'emploi » ; parmi ces mesures, on compte la fiscalité individuelle, la croissance de l'offre de garde pour les jeunes enfants, l'accès des femmes à l'autonomie par l'emploi, les congés parentaux ou de soins aux jeunes enfants, le développement de l'emploi à temps partiel (non pas comme emploi précaire, mais comme modalité d'aménagement du temps de travail), etc. ;

- le modèle est soutenu par une volonté politique forte et est fondé sur la négociation, cela dans le cadre d'un système de relations professionnelles très centralisé, où la syndicalisation est très étendue et où les syndicats ont un pouvoir important ;

- même si le « référentiel veut que les hommes et les femmes soient égaux devant les charges professionnelles et familiales[11], le modèle qui visait deux individus égaux dans la famille au regard de l'engagement professionnel et familial n'est pas, encore à ce jour, « pleinement établi » ;

- les principales résistances viennent du manque de reconnaissance de la valeur du travail du *care* (ou du « travail centré sur autrui »), pris en charge surtout par les femmes ; par conséquent, eu égard aux ambitions du « modèle suédois », beaucoup reste encore à accomplir pour atteindre l'égalité entre les hommes et les femmes en Suède ;

- la mise en œuvre de l'équité salariale, voie adoptée au Québec, pourrait s'avérer prometteuse pour ce pays, ce qui montre que l'apprentissage réalisé à partir des « bonnes pratiques » pourrait être opéré, entre la Suède et le Québec, de façon réciproque.

En somme, la Suède offre un cas de figure où, à partir de la négociation entre les grands acteurs collectifs que sont les employeurs et les syndicats, l'État a pris l'initiative de développer une approche intégrée de politiques publiques et inscrite dans le long terme. Il en est résulté dans ce pays une action beaucoup plus globale que celle qui a été adoptée au Québec, où l'État, répondant aux pressions des groupes syndicaux ou associatifs, a été plus réactif et a agi à la pièce pour construire finalement un ensemble beaucoup plus fragmenté de mesures « antidiscriminatoires ». Par ailleurs, en Suède, les femmes n'ont pas été posées en « victimes » qu'il fallait secourir en luttant contre la « discrimination en emploi » des « groupes cibles », mais comme des citoyennes à part entière, ayant les mêmes droits et les mêmes devoirs que les hommes en ce qui a trait à la contribution productive attendue de leur part à la société.

* * *

---

[11] *Ibid.*

En 1967, comme l'a rappelé Esther Déom, avait lieu le premier congrès du Département des relations industrielles portant sur le thème de la discrimination des femmes en emploi. Presque quatre décennies plus tard, nous en sommes toujours à nous interroger sur les moyens à prendre pour être plus efficaces dans nos actions futures visant à contrer la discrimination. Puisse cette réflexion sur les moyens, qui fait l'objet des échanges de notre prochaine et dernière table ronde, être suffisamment stimulante et novatrice pour faire en sorte que nous n'ayons pas, de nouveau dans 40 ans, à nous poser les mêmes questions que celles qui retiennent notre attention depuis hier dans ce congrès.

PERSPECTIVES D'AVENIR

3^e
Partie

Table ronde

7

Nouvelles avenues
Les visages multiples de la discrimination

Louise CHABOT

La société québécoise a cherché, au cours du siècle dernier, à définir un projet social et politique fondé sur l'égalité, la solidarité, la justice sociale et une meilleure distribution de la richesse. Dans la foulée de l'adoption par les Nations Unies de la *Déclaration universelle des droits de l'homme* et les pressions constantes du mouvement des femmes au départ, mais par la suite de l'ensemble de la société, la mobilisation n'a eu de cesse que se multiplie les législations de manière à mettre un terme aux multiples discriminations.

En juin 1975, le Québec se dote d'un instrument juridique de la plus haute importance, la *Charte des droits et libertés de la personne* qui stipule à l'article 10 que *toute personne a droit à la reconnaissance et à l'exercice, en pleine égalité, des droits et libertés de la personne, sans distinction, exclusion ou préférence fondées sur le sexe, la race, la couleur, la grossesse, l'orientation sexuelle, l'état civil, l'âge sauf dans la mesure prévue par la loi, la religion, les convictions politiques, la langue, l'origine ethnique ou nationale, la condition sociale, le handicap ou l'utilisation d'un moyen pour pallier ce handicap. Il y a discrimination lorsqu'une telle distinction, exclusion ou préférence a pour effet de détruire ou de compromettre ce droit*[1].

La Charte contient d'autres dispositions essentielles pour la reconnaissance des droits des femmes, notamment l'article 19 qui se lit comme suit : *Tout employeur doit, sans discrimination, accorder un traitement ou un salaire égal aux membres de son personnel qui accomplissent un travail équivalent au même endroit.*

Si les législateurs de l'époque jugent indispensable de doter le Québec d'une Charte, c'est qu'ils reconnaissent que, dans la société québécoise, il y a des inégalités fondées sur un ensemble de critères et, qu'en leur nom, se développent, au sein de la

---

[1] Commission des droits de la personne et des droits de la jeunesse, *Charte des droits et libertés de la personne du Québec*, Québec, octobre 1998.

société, des manifestations de discrimination directe et indirecte (distinction, exclusion ou préférence).

Par la suite, le caractère systémique de la discrimination émerge dans le rapport d'une commission royale d'enquête présidée par la juge Abella qui est la première à tenter de systématiser ce concept et à l'appliquer à l'emploi. Au Québec, la première plainte en discrimination systémique en emploi est déposée par la Centrale des syndicats du Québec. Elle concerne 40 enseignantes employées par la Commission scolaire de l'industrie qui ont subi à des degrés divers l'effet discriminatoire de procédures d'embauche, d'affectation, d'accès au perfectionnement, de composition des groupes d'élèves ou, encore, de la répartition des locaux et des horaires, sans compter celui des mesures administratives et disciplinaires, et ce, en violation flagrante de l'article 16 de la Charte. Après six années de luttes en 1994, elles ont gagné leur cause, qui a fait jurisprudence.

Plus encore, si la Charte prévoit l'instauration de programmes d'accès à l'égalité en emploi (articles 86-92), ceux-ci demeurent volontaires et ne s'adressent pas aux organismes publics. Il faut attendre le 1ᵉʳ avril 2001 pour que la *Loi sur l'accès à l'égalité en emploi dans les organismes publics* entre en vigueur.

De la même manière, si le Canada ratifie en 1972 la *Convention 100* de l'Organisation internationale du travail (OIT) entérinant le concept de salaire égal pour un travail d'égale valeur, ce n'est toutefois que le 21 novembre 1996 que le Québec adopte la *Loi sur l'équité salariale*, qui entre en vigueur le 21 novembre 1997.

Au fil des années, le Canada adhère à d'autres instruments juridiques internationaux, notamment au *Pacte international relatif aux droits économiques, sociaux et culturels* (PIDESC) des Nations Unies, en 1976, et à la *Convention sur l'élimination de toutes les formes de discrimination à l'égard des femmes*, adoptée par les Nations Unies en 1979.

Aujourd'hui, force est de constater que malgré le corpus juridique impressionnant développé au Québec et plusieurs avancées en matière de lutte aux multiples expressions de la discrimination, l'accès à l'égalité réelle reste un objectif à atteindre dans notre société. Notre propos ne permettra pas de mesurer toute l'ampleur du phénomène. Nous nous en tiendrons à certaines difficultés rencontrées sur le marché du travail et aux correctifs qui pourraient être développés ou améliorés.

En résumé, ce que nous souhaitons illustrer, c'est que l'égalité est un principe fondateur de la démocratie moderne et qu'elle porte en elle l'utopie de l'abolition de toutes les divisions et de toutes les hiérarchies. Ce principe est universel, mais comme le signale Éleni Varikas, l'égalité est « une des promesses les plus inachevées de la modernité[2] ». En conséquence, l'atteinte de l'égalité nécessite une direction politique

---

[2]   Éleni VARIKAS, « Égalité », dans Helena HIRATA, Françoise LABORIE, Hélène LE DOARÉ et Danièle SENOTIER, *Dictionnaire critique du féminisme*, Paris : Presses universitaires de France, 2000, p. 54-60.

et une mobilisation sociale constante afin de traduire ce principe dans des règles juridiques, certes, mais aussi dans des politiques spécifiques, car les acquis juridiques ne se traduisent pas toujours par les changements escomptés.

Reconnaître les mécanismes discriminatoires qui sont à l'œuvre dans notre société permet de mettre l'accent sur la responsabilité sociale et non seulement sur la responsabilité individuelle des discriminants ou, encore, sur le choix de la non-inclusion chez les personnes discriminées. Reconnaître l'existence du sexisme, du racisme, de l'homophobie, de la discrimination systémique et de ses multiples manifestations oblige non seulement à favoriser l'exercice des droits, mais aussi une réponse institutionnelle claire et l'assurance de l'exercice des droits. Ce qu'il nous faut débusquer, ce sont les processus qui, malgré les multiples législations, favorisent la constitution et le renouvellement de ces discriminations historiques et systémiques. De l'égalité formelle à l'égalité réelle, en passant par l'égalité des chances, les mesures pour y arriver sont multiples. La plupart sont connues, mais elles n'ont pas toujours été appliquées avec la rigueur nécessaire. Plus encore, il arrive que certains droits, notamment ceux liés à un revenu décent, aux protections sociales et au droit au travail, soient niés dans certaines législations.

Les programmes d'accès à l'égalité

La discrimination systémique reconnaît l'existence de déséquilibres socioéconomiques historiquement constitués. Elle n'est pas le résultat du hasard ; elle résulte de la mise en place d'un ensemble de valeurs, d'institutions, de règles et de procédures et du système à l'œuvre, particulièrement le patriarcat, comme principes organisateurs de la société. En d'autres mots, la discrimination systémique n'est pas seulement le fruit de mentalités ou de valeurs sexistes, hétérosexistes, racistes ou homophobes, mais le résultat de l'interaction de diverses pratiques discriminatoires.

Cette notion a été utilisée pour démontrer les règles d'exclusion à l'œuvre dans l'élaboration de la grille de rémunération chez les employeurs contribuant ainsi à doter le Québec d'une *Loi sur l'équité salariale*. Depuis, le concept de discrimination systémique est essentiel pour évaluer l'effet de politiques sur les groupes cibles au sens de la Charte, démontrer que celles-ci sont loin d'être neutres et pour implanter des programmes spécifiques d'accès à l'égalité pour les groupes cibles.

Au cours de l'année 2005, la Commission des droits de la personne et des droits de la jeunesse rendait public son *Rapport triennal 2001-2004* sur l'application de la *Loi sur l'accès à l'égalité en emploi dans des organismes publics*. Sa lecture attentive nous apprend que les femmes sont très présentes dans les commissions scolaires et les institutions privées d'enseignement aux niveaux primaire et secondaire, qu'elles représentent près de la moitié des effectifs dans les cégeps et les sociétés d'État. À l'inverse, elles se font rares au sein du personnel des petites municipalités québécoises et au sein des effectifs de la Sûreté du Québec. Pour leur part, les minorités visibles sont marginalement représentées dans tous les réseaux et les minorités ethniques, quoique plus présentes dans les établissements d'enseignement privés et dans les organismes de la région de Montréal, sont encore très largement sous-représentées dans tous les réseaux. Si pour les femmes leur sous-représentation se manifeste principalement dans les emplois de gestion et les emplois non traditionnels dans l'ensemble des réseaux, pour les autres groupes visés, c'est dans toutes les catégories d'emploi que leur déficit de représentation s'exprime.

Certes, des circonstances atténuantes peuvent expliquer le retard dans la mise en œuvre de politiques d'embauche efficaces pour contrer la discrimination en emploi dans le réseau public et parapublic. Les fusions des commissions scolaires, celles récentes dans le réseau de la santé et des services sociaux ou, encore, les fusions/défusions des municipalités ont eu pour effet de retarder l'instauration de programmes structurants. Pour leur part, les multiples compressions budgétaires vécues par le réseau de la santé et des services sociaux et celui de l'éducation ont des effets sérieux sur les politiques d'embauche de personnel issu des groupes cibles prévus à la Charte. Quant à l'accès à des postes dans la fonction publique, il est régulièrement freiné par les politiques de gestion de la main-d'œuvre. Malgré l'existence d'un programme spécifique à la fonction publique, les personnes visées par celui-ci se retrouvent confinées dans des postes occasionnels soumis aux aléas des budgets ministériels.

Mais cela n'explique pas tout. Aujourd'hui, en ce qui concerne l'égalité entre les sexes, les pressions sont de plus en plus fortes pour que le Québec s'éloigne de la reconnaissance de l'asymétrie des rapports sociaux entre les hommes et les femmes. Pour plusieurs, l'égalité juridique des femmes et des hommes, la réussite scolaire des filles et des femmes, leur relative autonomie économique, leur présence sur le marché du travail et dans quelques fonctions politiques ainsi que la *Loi sur l'équité salariale* témoignent de l'atteinte de l'égalité dans la société québécoise.

Faisant fi de la dynamique inhérente à l'atteinte de l'égalité, ces personnes figent la réalité en l'enfermant dans une démonstration statistique des progrès réalisés en occultant le reste du chemin à parcourir. Cette manière d'appréhender les rapports sociaux de sexe conduit à « minimiser les effets de la discrimination systémique[3] » et à considérer comme résiduel l'existence des inégalités qui persistent. Suivant cette logique, les mesures d'accès à l'égalité dans la société deviennent caduques.

Au point de vue institutionnel, force est de reconnaître que les employeurs locaux n'ont pas tous pris fait et cause pour la lutte contre la discrimination en emploi. Rares sont les milieux où ont été mis en place de véritables comités d'accès à l'égalité composés de personnes issues des syndicats ou d'associations de salariés et de la partie patronale. Conséquence, l'adhésion des milieux est plus difficile à obtenir.

---

[3]   Francine DESCARRIES, *L'enjeu de l'égalité*, exposé sous forme de diapositives présenté au Conseil régional de l'île de Montréal, 25 mai 2004.

Par ailleurs, en ce qui concerne la présence des minorités visibles et des minorités ethniques, leur sous-représentation, notamment dans les facultés d'éducation, constitue un réel handicap pour l'amélioration de leur représentation en emploi dans l'enseignement. Quant aux personnes ayant des limitations fonctionnelles, le laxisme du gouvernement à forcer les employeurs à se plier à l'obligation de l'accommodement à l'égard de ces individus, combiné à la persistance d'obstacles physiques à l'accès aux services collectifs, notamment le transport en commun et les édifices publics, contribuent à les maintenir à l'extérieur du marché du travail.

De plus, la Commission des droits de la personne et des droits de la jeunesse, chargée de l'appui et de la supervision des programmes d'accès à l'égalité, n'a pas les moyens de jouer pleinement son rôle. Au fil des ans, cette Commission qui devrait être proactive dans la société québécoise s'est institutionnalisée et a été forcée de « rationaliser » son travail. *La Commission et le Tribunal des droits de la personne, les deux institutions spécifiquement créées pour promouvoir et défendre les droits et libertés, ont subi, au cours des récentes années, une érosion de leurs compétences et de leurs capacités d'agir pour contrer la discrimination*[4].

La société québécoise a besoin d'une Commission indépendante des pouvoirs politiques, en vertu du principe sacré de la séparation des pouvoirs, lui permettant d'élaborer des programmes de formation, de coordonner et d'assurer la mise en œuvre des programmes d'accès à l'égalité, de mener des enquêtes sur les plaintes de discrimination, de discuter des projets de loi déposés par les gouvernements ou, encore, de critiquer l'action gouvernementale. Bref, elle doit disposer d'un budget suffisant et distinct des ministères gouvernementaux ainsi que des ressources humaines et techniques essentielles à sa mission.

Les législations du travail et la discrimination[5]

Le Québec s'est doté d'un ensemble de législations qui s'adressent à des questions particulières en emploi. À plusieurs égards, ces législations autorisent des situations discriminatoires. Ainsi, le fait que le salaire minimum du Québec n'ait été majoré que de 0,70 $ l'heure depuis 1998 a comme conséquence de priver 6,9 % des travailleurs québécois, dont 66 % de femmes, d'un revenu décent. Certaines législations, notamment la *Loi sur les normes du travail*, ne s'appliquent pas aux travailleuses et aux travailleurs autonomes, la *Loi sur la santé et la sécurité du travail* ne garantit pas l'application des mesures de prévention des accidents du travail et des maladies professionnelles aux travailleuses et aux travailleurs autonomes et elle est inadaptée au travail à domicile et au télétravail. Cela a comme conséquence pour les personnes que

---

4   Commission des droits de la personne et des droits de la jeunesse, *La Commission des droits de la personne et des droits de la jeunesse propose une mise à jour de la Charte des droits et libertés de la personne*, Communiqué, 22 novembre 2003.

5   Cette section s'inspire largement de la Ligue des droits et libertés, *Rapport social*, 2005, p. 6.

nous représentons à la CSQ, soit les responsables de services de garde en milieu familial, qui sont essentiellement des femmes, d'être privées depuis l'adoption de la *Loi modifiant la loi sur les centres de la petite enfance et autres services de garde à l'enfance* (Loi 8) des protections que leur conféraient ces lois du travail, puisque le gouvernement leur refuse le statut de salarié et le droit à la syndicalisation.

Dans ces cas, les stratégies qui permettraient de mettre fin à ces discriminations seraient l'amélioration du salaire minimum au Québec et l'élaboration de mesures permettant aux travailleuses et aux travailleurs autonomes d'obtenir les protections sociales nécessaires comme celles accessibles à l'ensemble des salariés du Québec. Le rapport Bernier ouvrait la porte à de telles avenues, mais il a été tabletté par le gouvernement actuel. Pour notre part, nous considérons que le recours aux tribunaux pour contester la Loi 8, devient, dans le cadre actuel, le recours indispensable pour la restauration des droits des travailleuses en milieu familial.

Des pistes de réflexion sur l'intégration en emploi des minorités ethniques et des minorités visibles

Le choix stratégique de l'accès au marché du travail permet d'obtenir des revenus, mais aussi de développer des rapports sociaux avec les collègues de travail et d'acquérir une reconnaissance des pairs. À l'inverse, la prévalence du chômage élevé, qui atteint notamment 17,1 % chez les communautés noires, et le cloisonnement des membres des minorités ethniques et des minorités visibles dans le travail précaire constituent un déni de dignité et de sécurité aux personnes qui y sont confinées. En ce qui concerne les femmes, les statistiques dévoilées par le Conseil du statut de la femme illustrent la double discrimination dont elles sont victimes comme femmes et comme minoritaires.

En effet, *dans l'industrie manufacturière, ce sont des femmes des minorités visibles immigrées, notamment les Haïtiennes, les Africaines noires, les Latino-Américaines, les Asiatiques, les Sud-Asiatiques et les Chinoises, qui ont le plus bas revenu annuel médian (RAM), celui-ci s'établissant entre 54 % et 58 % du RAM des femmes nées au pays travaillant avec elles*[6]. En fait, les femmes des minorités visibles immigrées ne gagnent en moyenne que 88 % du revenu total moyen des femmes immigrées et 81 % du revenu des Québécoises[7].

Selon le portrait statistique de la population d'origine africaine développé par le ministère de l'Immigration et des Communautés culturelles, les Africaines et les Africains se retrouvent en tête des universitaires qualifiés sans emploi au Québec. D'ailleurs, une étude indique qu'en 2001, sur les 48 720 personnes d'origine africaine

---

[6]   Conseil du statut de la femme, *Des nouvelles d'elles. Les femmes immigrées au Québec*, 2005, p. 72.

[7]   *Idem*, p. 73.

vivant au Québec, 24 % d'entre elles avaient au moins un diplôme universitaire comparativement à 14 % chez les Québécois, que leur taux de chômage était de 21 % comparativement à 8 % pour l'ensemble de la population québécoise et leur revenu moyen était de 18 500 $ comparativement à 27 000 $ chez les Québécois[8].

Comme le signalait déjà en 1997 le Conseil des relations interculturelles du Québec, *l'existence de ghettos mono-ethniques et multi-ethniques – concentration de la main-d'œuvre à bon marché, non-respect des normes de travail – primauté de l'anglais comme langue de travail, constituent l'un des obstacles majeurs à l'intégration des immigrants. Insérés dans des petites et moyennes entreprises [...] bien des immigrants fonctionnent en marge de la société québécoise, en contradiction avec l'insertion de leurs enfants dans les écoles françaises, sans participation à la vie socio-culturelle et politique du Québec.*

En conséquence, le développement de l'emploi, la diversification des filières d'études accompagnées de mesures de soutien, l'application de la Loi en matière d'accès à l'égalité à l'emploi, particulièrement au sein de la fonction publique québécoise et dans les organismes publics (avec obligation de résultats), contribueraient à contrer la discrimination en emploi.

L'exemple la Ville de Montréal est révélatrice des progrès possibles lorsque la volonté politique est présente et constante. Cette ville a mis sur pied un comité corporatif de concertation stratégique avec des représentants des communautés arabes, noires, latino-américaines et asiatiques afin d'orienter les actions du Service de police de la Ville de Montréal (SPVM) auprès de ces groupes ethniques. Quant à l'embauche, entre le 1er mai 2004 et le 30 avril 2005, le SPVM a comblé 234 postes permanents à la suite de départs à la retraite. Vingt-six des personnes choisies proviennent des minorités visibles, ce qui représente 11,1 % de l'embauche, dépassant ainsi l'objectif de 10 %. Quant au programme Relations avec la communauté, il a permis un accroissement de 3,44 % de la présence des minorités ethniques et des minorités visibles au sein de la fonction publique municipale. Actuellement, 11,36 % de la fonction publique de la Ville de Montréal est composée de représentants des minorités visibles et ethniques.

De la même manière, la stratégie des stages rémunérés en entreprise permettant d'acquérir une expérience professionnelle qualifiante et transférable est une avenue qu'il faut soutenir. À cet égard, le Programme d'aide à l'intégration des immigrants et des minorités visibles en emploi (PRIIME) constitue un moyen intéressant d'appuyer les petites et moyennes entreprises dans leurs politiques d'embauche.

En ce qui concerne les nouveaux immigrants, l'épineuse question de la reconnaissance des compétences acquises à l'étranger et de la valeur de leur diplôme devra

---

8   Ghislaine SATHOUD, *Quand des cultures cohabitent, dialoguent et s'affrontent : la vie trépidante des immigrantes africaines au Québec*, 8 mars 2004, http://cybersolidaires.typepad.com/ameriques/2004/04/quand_des_cultu.html.

trouver une réponse, que ce soit par la mise en place de services plus efficaces, par une meilleure coordination entre les institutions qui ont des règles spécifiques en matière de formation d'appoint ou encore en exigeant que les ordres professionnels réduisent les frais exigés pour acquérir une formation complémentaire ou subir les examens professionnels. Des efforts sont entrepris par les ordres professionnels, certains pays ont même été ciblés. Toutefois, les efforts devront prendre en compte que pour plusieurs personnes immigrantes d'Afrique ou réfugiées, la chasse aux diplômes et aux références est presque impossible à cause de leurs conditions d'immigration.

Cependant, pour que ces mesures puissent donner les résultats escomptés, encore faut-il qu'elles soient constantes et effectives et qu'elles s'appuient sur un engagement politique ferme et non soumis aux aléas des finances publiques. Actuellement, nous constatons que les organismes en employabilité souffrent d'un sous-financement chronique. Pourtant, ils constituent souvent la porte d'entrée, notamment des jeunes et des femmes de toutes les origines dans leur recherche d'emploi.

Par ailleurs, une fraction importante des nouveaux immigrants n'a pas le français comme langue maternelle. Sa maîtrise ne se faisant pas miraculeusement, l'accès aux ressources de francisation, les conditions d'immersion permettant le rapprochement des milieux de vie (famille d'accueil, stages, échanges entre les jeunes, etc.) et le temps d'apprentissage doivent être améliorés, et ce, dans l'ensemble des régions du Québec.

Mais cela ne saurait suffire, la francisation dans les entreprises représente un élément important d'une politique et d'une stratégie d'intégration en emploi. À cet égard, les modifications apportées en 2003 à la *Loi favorisant le développement de la main-d'œuvre* (Loi du 1 %), qui ont exclu les petites entreprises de l'obligation de former leurs employés, ont eu des effets pervers sur les efforts de francisation.

Nous sommes d'autant plus inquiets quant à l'avenir de la francisation en entreprise que le gouvernement semble privilégier des ententes avec des organismes comme les Centres d'auto-apprentissage du français qui offriront des formations courtes, axées sur les besoins des entreprises. De plus, la Banque d'exercices de français en ligne qui permet aux candidats à l'immigration et aux nouveaux arrivants d'évaluer leur connaissance de la langue et de se livrer à des exercices d'apprentissage à leur propre rythme, au moment et à l'endroit de leur choix, nous laisse dubitatif.

Un autre volet de l'intégration en emploi concerne l'aide à l'établissement en région des minorités ethniques. Il faut inscrire la régionalisation de l'immigration dans le cadre d'une politique globale de développement de la société québécoise dans laquelle l'effet de réciprocité doit prévaloir.

Cette réciprocité n'ira pas de soi. Elle nécessitera des mécanismes favorisant le réseautage entre les services d'Emploi-Québec ou de développement économique et les gens d'affaires de toutes les régions du Québec, incluant la région de Montréal, les organisations syndicales, les associations professionnelles, et prévoyant jusqu'à des jumelages entre des personnes occupant la même profession ou le même métier. De plus, il faudra que les personnes qui choisiront de s'installer en région y trouvent des services adaptés à leur besoin d'intégration, que ce soit sur les plans municipal, scolaire, de la santé et des services sociaux, sinon elles quitteront les régions et le coût social n'en sera que plus élevé.

Conclusion

Au fil des années, le pluralisme culturel s'est développé au sein de la société québécoise. Il s'est traduit par la revendication de garanties juridiques spécifiques de droits fondamentaux « particularistes » pour les communautés plurielles constituées d'après leur appartenance religieuse, leur ethnie, leur orientation sexuelle ou leur handicap. La reconnaissance de ce pluralisme provoque une tendance à la fragmentation et suscite des tensions, voire des conflits sociaux.

En fait, ce que nous observons, c'est qu'aux droits civils (ex. : droit de propriété), aux droits politiques (ex. : droit de vote et d'éligibilité) et aux droits sociaux (ex. : droit au travail, à la santé, à l'éducation) s'ajoutent depuis le milieu du 20e siècle des droits culturels. *Des minorités réclament que leurs droits culturels soient officiellement entérinés par l'État et ses diverses instances, judiciaires et autres [...]. La reconnaissance de droits culturels à ces minorités peut paraître ou être effectivement une menace à l'identité culturelle d'un pays, telle que celle-ci a été et continue d'être définie par sa majorité*[9].

Dit autrement, *la reconnaissance de droits culturels à des minorités peut paraître, ou effectivement constituer, une menace à l'existence d'une citoyenneté commune, en entraînant la fragmentation des identités*[10]. On ne doit pas sous-estimer ce phénomène qui traverse aussi le domaine de l'emploi, que ce soit pour des dispenses en matière de pratiques religieuses, le port de signes culturels ou religieux au sein de l'entreprise ou, encore, l'élaboration de menus particuliers dans les cafétérias des entreprises. Le défi qui se posera de plus en plus à notre société, comme à d'autres, c'est celui de l'adaptation des institutions aux minorités tant au point de vue matériel que symbolique.

Nous l'avons constaté au cours de notre expérience comme organisation syndicale, les changements sociaux ne peuvent s'inscrire dans la durée s'ils ne sont pas partagés par la majorité. La reconnaissance des discriminations dont sont victimes des groupes

---

[9]   Guy ROCHER, « Droits fondamentaux, citoyens minoritaires, citoyens majoritaires », dans Michel COUTU, Pierre BOSSET, Caroline GENDREAU et Daniel VILLENEUVE (dir.), *Droits fondamentaux et citoyenneté. Une citoyenneté fragmentée, limitée, illusoire ?*, Montréal : Les Éditions Thémis, 2000, p. 39.

[10]   José WOEHRLING, « Les droits et libertés dans la construction de la citoyenneté, au Canada et au Québec », dans *ibid.*, p. 273.

cibles dans notre société constitue un pas important vers la construction d'une société plus égalitaire. Mais cette reconnaissance n'est pas suffisante si elle ne fait pas l'objet d'une attention constante. Combattre les préjugés, contrer les pratiques discriminatoires et imposer de nouveaux comportements nécessitent une vigilance de tous les instants.

En fait, les orientations et les politiques ministérielles ne réussissent pas toujours à faire émerger des mesures efficaces et durables pour contrer le sexisme, le racisme, l'homophobie et les multiples manifestations de discrimination. Malgré les colloques et les cris d'alarme de la part des différents groupes, l'engagement politique n'est pas toujours au rendez-vous lorsqu'il faut déterminer les priorités de l'action gouvernementale.

Sauf quelques exceptions, les mesures gouvernementales oscillent entre des mesures individuelles d'adaptation et des mesures collectives, voire institutionnelles. Certes, les gouvernements s'engagent financièrement dans des initiatives locales, mais la plupart du temps, il s'agit de soutenir des mesures issues du milieu qui interpellent peu la responsabilité politique des institutions publiques dans la mise en œuvre d'actions concrètes.

L'état des finances publiques n'explique qu'en partie le fait que les orientations gouvernementales et institutionnelles ne comblent pas les attentes des communautés visées. À titre d'exemple, la société québécoise a été lente à prendre la mesure des difficultés d'intégration des minorités, la réciprocité de la société québécoise n'étant pas toujours au rendez-vous, notamment au chapitre de l'emploi. Pourtant, cette notion de réciprocité entre les institutions et les membres d'une communauté minoritaire est un élément clé de la cohésion sociale.

En terminant, qu'il nous soit permis de réitérer que la nécessaire cohésion ne pourra faire fi de l'urgence de l'éducation aux droits dans la société québécoise. Des efforts sont entrepris à cet égard comme le *Mois de l'histoire des Noirs*, la *Journée de lutte contre la discrimination raciale*, le 21 mars, instituée par les Nations Unies, la *Semaine d'actions contre le racisme* ou, encore, la *Journée internationale des femmes*. Ces activités, quoique méritoires, sont ponctuelles et ne trouvent bien souvent plus d'écho le reste de l'année. Aussi croyons-nous qu'il est important de mettre à l'ordre du jour une véritable stratégie de lutte contre toutes les discriminations.

La lutte à la discrimination salariale

Rosette CÔTÉ

Ce texte résume succinctement mon point de vue personnel, et non celui de la Commission de l'équité salariale dont je suis la présidente, sur les causes de la persistance de la discrimination salariale et sur les moyens qui pourraient être envisagés pour lutter contre la discrimination en emploi.

Les causes de la persistance de la discrimination

Mon propos traitera surtout de la discrimination salariale à l'endroit des travailleuses, puisque c'est mon domaine d'expertise, comme celui de la Commission, d'ailleurs. Ce thème fait partie de l'équité en emploi, car ces deux thèmes ont, entre autres, un terreau commun : la ségrégation professionnelle.

À la question : « Quelles sont les causes de la persistance de la discrimination en emploi, de l'inégalité salariale ? », j'avance trois phénomènes : les habitudes, la culture et les traditions en relations du travail ; la contribution insuffisante d'un exercice d'équité salariale dans les entreprises à la diminution de l'écart salarial à l'échelle de la société ; l'invisibilité des effets de la discrimination systémique à l'endroit des femmes. Je vais expliquer chacun de ces phénomènes.

Les habitudes, la culture et les traditions en relations du travail

Les façons de faire, les habitudes et les coutumes en relations du travail ne facilitent pas la lutte à la discrimination. L'antagonisme inhérent aux relations entre les parties patronale et syndicale, entre employeurs et personnes salariées, rend plus difficile l'atteinte de l'équité salariale qui demande plutôt, entre autres choses, de la concertation entre les parties, voire de la coopération.

De plus, les interventions gouvernementales en matière de droit du travail, les mécanismes de détermination des salaires, notamment les lois du marché, ainsi que la négociation collective comme moyen privilégié pour obtenir des augmentations salariales sont tous des éléments qui peuvent entraver momentanément les facteurs de discrimination en limitant ainsi son éradication.

Aussi, la concurrence syndicale au Québec ainsi que la méfiance et la crainte que peut inspirer une Commission de l'équité salariale, devant surveiller ou rappeler le respect de la loi selon des règles autres que celles auxquelles les acteurs étaient traditionnellement habitués, contribuent à ajouter à la résistance, et ce, en freinent la solidarité syndicale et la marge de manœuvre de la Commission. L'adéquation entre la logique des relations de travail et la logique de l'équité salariale, ou de l'égalité en emploi, n'est donc pas naturelle, surtout parce qu'il est question d'un droit fondamental qui ne se marchande pas.

En clair, il y a maintenant une part du salarial qui échappe aux règles traditionnelles de la négociation, donc qui ne se négocie pas, mais qui se prouve par une démarche méthodique, selon de nouvelles règles du jeu en dehors des mécanismes habituels du Code du travail et qui bousculent les coutumes.

Hormis cela, lorsque le Québec s'est doté d'une loi proactive en équité salariale, on reconnaissait l'existence d'une discrimination systémique produisant une sous-évaluation des caractéristiques du travail féminin et, conséquemment, une fixation de salaires inférieure à la valeur réelle de la prestation de travail fournie par les travailleuses. Dès lors, on faisait aussi référence à une concentration des femmes dans un nombre restreint de catégories d'emplois, qu'on appelle ségrégation professionnelle, et à l'organisation des unités syndicales selon une hiérarchisation des emplois. Ces réalités avec lesquelles la loi doit composer contribuent encore à ralentir la correction des effets de situations de discrimination.

Par ailleurs, tout comme les employeurs doivent ajuster leurs outils traditionnels d'évaluation des emplois, la loi les mène à choisir entre la logique pure du marché et la logique des ressources humaines dans l'entreprise. Or, le contexte de concurrence, de rétention et d'attraction de la main-d'œuvre, maintenant, devrait faciliter le choix de la logique des personnes et de la juste mesure de leur travail et, du même souffle, permettre l'atteinte des objectifs de la *Loi sur l'équité salariale*.

Car différents points d'ancrage existent entre les objectifs de rentabilité de l'entreprise et ceux d'équité salariale pour les travailleuses. Par exemple, on a vu qu'il était financièrement rentable pour l'entreprise de débusquer la discrimination sur la base du sexe, entre autres, parce que cela s'inscrit dans la même veine que la valorisation de la main-d'œuvre, la reconnaissance du travail et, surtout, la rétribution équitable du travail, tous des concepts rattachés à la logique des ressources humaines par laquelle les femmes y trouvent leur compte.

Aussi parce que les femmes travaillent majoritairement dans des emplois de services qui échappent à la concurrence interprovinciale, qu'une bonne partie des échanges commerciaux du Québec se fait avec l'Ontario, qui a le même type de loi que la nôtre depuis près de 20 ans, et puisque les entreprises vivent ce même phénomène de concurrence « intérieure », il vaut mieux que ces dernières agissent dans un contexte où la loi les couvre toutes pour éviter la compétition malsaine. Donc, malgré que les traditions en relations du travail puissent sembler freiner l'atteinte de l'équité salariale et, du même coup, la lutte à la discrimination, les logiques de l'équité salariale, des relations du travail et des ressources humaines semblent moins incompatibles qu'il n'y paraît. Une loi comme la *Loi sur l'équité salariale* pourrait facilement être présentée, « vendue », comme un levier économique pour les entreprises tout en visant des objectifs d'équité sociale, dans une société de droits comme la nôtre.

La contribution insuffisante d'un exercice d'équité salariale dans les entreprises à la diminution de l'écart salarial de la société

La loi ne peut à elle seule réduire tout l'écart salarial entre les salaires des hommes et ceux des femmes à l'échelle de la société. Pour le diminuer significativement, il faudrait agir simultanément sur la ségrégation professionnelle, les politiques d'embauche et de rémunération, la concentration des emplois, l'organisation des unités syndicales : ce à quoi la loi réussit à s'attaquer en partie. On le savait déjà. Il a été choisi de cibler d'abord l'autonomie économique des femmes au travail en faisant l'équité salariale dans les entreprises comportant des emplois à prédominance féminine et en la maintenant ensuite. L'indépendance économique des femmes constituera toujours le meilleur levier pour pouvoir faire les bons choix de vie et pour assurer sa propre sécurité. Ainsi, la *Loi sur l'équité salariale* veut s'attaquer concrètement aux pratiques d'évaluation des tâches et de fixation des salaires par une comparaison des emplois féminins aux masculins et une estimation des écarts salariaux. Cela devrait contribuer à nommer et à revaloriser le travail traditionnellement féminin.

De cette façon, cette loi vient atténuer les facteurs de discrimination, mais elle ne règle pas entièrement le problème systémique, ce qui donne l'impression qu'en ne répondant pas aux attentes élevées en matière de diminution de l'écart salarial entre les hommes et les femmes à l'échelle de la société, la loi serait plus ou moins efficace, ternissant ainsi sa portée, l'image du travail de la Commission de l'équité salariale et, du même souffle, celle de la lutte à la discrimination en emploi. Il faut plus qu'une seule loi et de bonnes intentions pour corriger les injustices faites aux femmes et les iniquités salariales, il ne faut pas avoir peur de les reconnaître.

L'invisibilité des effets de la discrimination systémique à l'endroit des femmes

Finalement, le troisième phénomène expliquant la persistance de la discrimination en emploi est, selon moi, la relative invisibilité de ses effets pour les différents acteurs. D'abord, pour pouvoir travailler à enrayer la discrimination, il faut admettre qu'elle existe : ce qui est loin d'être acquis, malgré la loi. En ce sens, parce que la discrimination est systémique, elle est insidieuse. Elle a été historiquement intégrée aux outils traditionnels utilisés dans les milieux de travail pour effectuer l'évaluation des emplois. Dans ces outils, les compétences traditionnellement féminines ont été niées ou sous-évaluées et sous-payées. Cela s'explique ! Les mœurs et les coutumes en milieu de travail sont fortement imprégnées des préjugés sociaux sur les femmes et leurs habiletés, tout cela intégré dans les valeurs collectives. Il est alors très difficile de démasquer la discrimination dans les pratiques organisationnelles, même pour celles qui en sont victimes. De là l'importance d'envisager, parmi les pistes de solutions, des moyens d'action ciblant aussi les valeurs et les mentalités.

Les moyens à prendre pour lutter contre la discrimination

Les solutions à envisager pour contrer efficacement la discrimination en emploi s'articulent, selon moi, autour de trois axes majeurs : le déploiement d'actions concertées visant à informer, former et éduquer les différents acteurs ; la reconnaissance et le renforcement du mandat et des pouvoirs de la Commission de l'équité salariale en matière d'enquête et de vérification ; l'élaboration d'outils s'adressant directement aux milieux de travail dans une perspective de gestion des ressources humaines. Ces moyens, pris ensemble, composent une stratégie locale et sociétale. La coordination d'actions ciblées à différents niveaux permet d'attaquer de front plusieurs dimensions de la discrimination en emploi et d'éviter la multiplication d'efforts qui, non intégrés dans un mouvement cohérent plus large, pourraient être inadaptés, fragmentaires ou inefficaces. Chaque partie de cette stratégie à plusieurs niveaux est détaillée dans les prochains paragraphes.

Le déploiement d'actions concertées visant à informer, former et éduquer les différents acteurs

Dans un premier temps, la lutte à la discrimination doit s'appuyer inexorablement sur un changement des mentalités et des pratiques. Sans cela, non seulement ses effets demeureront-ils invisibles, mais il sera impossible de rallier les différents acteurs autour d'un projet efficace de lutte, soit dans le milieu de travail, soit dans la société. Les acteurs de tous les milieux doivent être sensibles à la discrimination dont sont victimes les individus, notamment les femmes en emploi. Sachant que les valeurs et les attitudes vis-à-vis de la discrimination modifient la façon d'appréhender l'équité en emploi, la concertation et la vigilance s'imposent.

La Commission de l'équité salariale ne peut faire son travail si elle n'agit pas en termes de transformation. En ce sens, la façon dont les outils d'évaluation des emplois sont construits et utilisés varie en fonction des valeurs de ceux qui réalisent l'équité salariale et de leur croyance d'une discrimination inscrite dans les systèmes. En effectuant le bilan des avancées en équité salariale, j'ai constaté que les résultats qualitatifs obtenus sont encore loin de ceux originellement escomptés. La Commission doit obtenir que les milieux de travail se transforment et obliger les acteurs concernés à regarder leurs propres façons de penser et d'agir qui s'illustrent dans des pratiques discriminatoires.

L'analyse des démarches d'équité salariale dans les entreprises nous permet de regarder sur quelles bases l'outil d'évaluation des emplois a été construit, quels en sont les fondements ou critères ayant servi à mettre en évidence les caractéristiques féminines, comment se profilent encore les biais sexistes, etc. En d'autres termes, sans un travail de sensibilisation avant, pendant et après l'exercice d'équité salariale, la société ne peut attendre une diminution plus marquée de l'écart salarial entre hommes et femmes.

D'abord, les différents acteurs doivent plus que comprendre, ils doivent constater les effets de la discrimination : ils doivent reconnaître son existence avant même de penser à s'y attaquer. Ils doivent admettre qu'ils font de la discrimination, même dans leurs façons de concevoir et de gérer les relations du travail. Ensuite, ils doivent s'engager dans le maintien de l'équité salariale, car sans cela risquent d'apparaître de nouveaux écarts sous la poussée des habitudes et des traditions des milieux de travail qui sont, tel qu'affirmé plus haut, le fruit de logiques différentes. S'impose donc de la sensibilisation sociétale pour faciliter l'implantation et le maintien de l'équité salariale dans les entreprises et, à l'échelle de la société, l'équité en emploi. Toutefois, à elle seule, la Commission de l'équité salariale ne peut assumer ce rôle d'agent de changement des valeurs, des attitudes et des mentalités. Il lui faut des alliances avec d'autres groupes ou organismes préoccupés par la discrimination comme l'est la Commission des droits de la personne et des droits de la jeunesse.

La reconnaissance et le renforcement du mandat et des pouvoirs de la Commission de l'équité salariale en matière d'enquête et de vérification

Avant de poser la question du renforcement du mandat et des pouvoirs de la Commission de l'équité salariale comme moyen de lutter plus efficacement contre la discrimination en emploi, il va falloir se positionner contre certaines tentatives d'affaiblir les pouvoirs actuels de la loi et de la Commission. Un phénomène est en émergence : la contestation devant les tribunaux, notamment par des organismes d'État, du mandat d'initiative ou largesse du pouvoir d'enquête de la Commission. Plane aussi une certaine méfiance, tant de la part du gouvernement/employeur que de celle des acteurs syndicaux, qui se traduit par l'hésitation à faire appel à l'expertise de la Commission pour obtenir des orientations ou des décisions, probablement par crainte de mises en garde, de rappels ou de refus d'interprétations de la loi ou d'exercices non conformes.

Avec cette loi, le législateur a voulu se donner des outils, comme la Commission de l'équité salariale, pour protéger la démocratie et s'assurer que le pouvoir ne soit pas monopolisé dans quelques mains au détriment de personnes sans voix ou au pouvoir limité comme le sont les travailleuses non syndiquées et les petits syndicats, notamment. Il a aussi été décidé de lui confier un rôle de formation et de soutien aux entreprises et un rôle décisionnel de surveillance et de respect de la loi. C'est un mandat original qu'aucun autre organisme gouvernemental n'a reçu et qu'il faut protéger : une Commission au-dessus de la mêlée, pour éviter que des intérêts particuliers de groupes ne prennent le pas sur les intérêts de l'équité salariale et qu'on ne prête d'autres fins à la loi.

Cette clarification étant faite, lorsque les pouvoirs actuels de la Commission de l'équité salariale seront confirmés et fortifiés, on pourra penser à l'élargissement de son mandat en matière de discrimination au travail en général dans le but d'intervenir sur les pratiques qui interagissent en amont et en aval de la démarche de l'équité salariale.

Pour illustrer mon propos, voici un exemple. La Commission de l'équité salariale a reçu des plaintes qui, une fois analysées, ont démontré clairement des politiques d'embauche sexistes. Si elle avait eu le mandat nécessaire pour examiner les politiques organisationnelles, elle aurait probablement été en mesure de corriger des éléments liés à l'écart salarial. Il existe aussi des plaintes d'inégalités salariales pour un travail de même valeur. En fait, la Commission, selon ses pouvoirs actuels, ne s'interroge pas sur les déterminants des salaires en tant que tels, même s'ils peuvent être fortement colorés par le sexe. Elle ne s'interroge pas non plus sur les mesures d'action positive à l'embauche et sur ses effets à la hausse ou à la baisse sur les salaires ou les prédominances. Elle n'analyse pas non plus l'évolution des relations du travail et la discrimination dans l'entreprise ou son secteur d'activités. Elle prend le portrait tel qu'il lui apparaît, et est, sans plus.

Donc, si on donnait à la Commission de l'équité salariale la possibilité d'intervenir en amont et en aval, aussi bien sur le plan des mentalités que sur celui des pratiques organisationnelles de l'entreprise, ses chances de s'attaquer plus largement à la discrimination en emploi seraient plus grandes. On sait que les pratiques sont extrêmement bien ancrées et que les principes comme les valeurs sont difficilement transformables. L'objectif des lois d'ordre public n'est pas de faire des lois, mais bien de produire la pérennité : celle de l'organisation, celle de la réduction des écarts salariaux et celle du maintien de l'équité salariale. Une commission de l'équité salariale dotée d'un tel mandat, en plus de celui de faire respecter la *Loi sur l'équité salariale*, deviendrait un pôle important pour combattre le sexisme en entreprise. À cela s'ajouterait, bien sûr, que la lutte à la discrimination autre que celle liée au travail continuerait d'être surveillée par la Commission des droits de la personne et des droits de la jeunesse.

Par ailleurs, il faut se rappeler que la *Loi sur l'équité salariale*, comme la *Charte des droits et libertés de la personne*, œuvre en matière de droit nouveau. On se situe encore à l'ère du balbutiement et de l'expérimentation. Il faut continuer de pratiquer « la politique des petits pas » dans le sens de se donner la chance et le temps nécessaires pour raffiner nos méthodes et nos pratiques, aiguiser nos outils d'intervention et évaluer les irritants et les résultats d'une telle loi.

L'élaboration d'outils s'adressant directement aux milieux de travail dans une perspective de gestion des ressources humaines

Un dernier moyen pour limiter la discrimination en emploi consiste en l'élaboration d'outils aidant les milieux de travail à réaliser et, surtout, à maintenir l'équité salariale pour que ce soit une plus value en gestion des ressources humaines. Lorsqu'on réalise des démarches d'équité salariale, on rétablit une certaine justice pour les travailleuses, une justice historique, en comparant les emplois d'hommes aux emplois de femmes. Pour les employeurs, la réalisation de l'équité salariale s'intègre aux autres mandats liés à la gestion des ressources humaines, telle l'harmonisation d'une politique salariale à l'équité salariale.

Bon nombre d'employeurs veulent se doter d'une structure salariale unique en faisant l'équité interne par l'évaluation et la comparaison de tous les emplois entre eux. Il devient donc nécessaire de réfléchir à comment faire de la relativité salariale tout en intégrant les principes de l'équité salariale. Cet enjeu n'est pas *a priori* un enjeu de discrimination en emploi, mais un enjeu de maintien de l'équité salariale qui affecte l'équité en emploi entre les hommes et les femmes et la parité salariale.

L'équité interne vise aussi la cohérence entre la réalisation de l'équité salariale et les pratiques salariales des entreprises. Par exemple, si un employeur, après la réalisation de l'équité salariale, met en place des pratiques qui vont à contresens et brisent ce que l'équité salariale a corrigé, en plus de contrevenir à la loi, beaucoup d'efforts auront été inutilement investis. Une démarche d'équité salariale doit s'inscrire dans un processus à long terme et doit s'appuyer sur des outils concrets afin d'en favoriser le maintien. L'exercice d'équité salariale n'est ainsi qu'une étape. Le maintien de l'équité salariale constituant maintenant le vrai nouveau défi des milieux de travail. À ce chapitre, le rôle de la Commission de l'équité salariale permettra de concevoir des outils pour faciliter le travail des entreprises et des syndicats.

La *Loi sur l'équité salariale* est une loi simple, mais dont les dispositifs peuvent se complexifier dans les grandes entreprises. On sait aussi qu'ils peuvent même être rébarbatifs pour les milieux de travail. La Commission de l'équité salariale doit user de beaucoup d'imagination pour élaborer des outils conviviaux devant servir de levier à la réalisation puis au maintien de l'équité salariale dans les milieux de travail. Elle doit de plus s'assurer que l'utilisation de ces outils n'engendre que des coûts raisonnables pour les acteurs. En fait, le vrai défi de la Commission est de concevoir des outils assez représentatifs des besoins et des questions posées, mais suffisamment spécialisés pour répondre adéquatement à la réalité propre des entreprises.

Conclusion

Pour terminer, les attentes des partenaires et des médias, notamment, à l'égard de l'équité salariale et de l'éradication de la discrimination dépassent les objectifs que la *Loi sur l'équité salariale* peut atteindre dans les milieux de travail. Tout un pan important de la discrimination reste non réglé. Notre expérience en matière d'équité salariale à la Commission nous amène à faire l'hypothèse que, comme société, nous ne sommes pas encore tout à fait prêts à nous poser la vraie question en matière de discrimination. À quel point chacun des acteurs sociaux est-il prêt à remettre en cause certaines pratiques, coutumes et idées toutes faites, des préjugés quoi !, afin de permettre un espace de liberté suffisant pour que les personnes acquièrent une pleine et entière autonomie économique, et ce, sans discrimination. Cela ne veut pas dire que les gens sont de mauvaise foi, mais quand on parle de discrimination, on ne parle pas d'intention ou de volonté mais bien des effets de l'exclusion et de ses résultats. Pour travailler sur les résultats, il faut que les gens soient consentants et capables de questionner leurs propres choix, de porter une autre paire de lunettes et de regarder les choses autrement. Pour les milieux patronal, syndical et gouvernemental, cela signifie changer de logique de pensée et d'action : ce qui est loin de se faire sans réticences ni résistances.

Des avenues pour contrer la discrimination en emploi au Québec[1]

Marc-André Dowd

Le présent texte entend synthétiser le point de vue de la Commission des droits de la personne et des droits de la jeunesse sur les moyens à poursuivre et sur les nouvelles avenues qui s'offrent à elle pour contrer la discrimination en emploi au Québec. Dans quelles voies doit-on s'engager compte tenu de la mission de la Commission et du principe d'égalité promu par la *Charte des droits et libertés de la personne* ? Quelles avenues peuvent être envisagées étant donné un nouveau contexte d'évolution de la Charte qui balise ses actions ?

La mission de la Commission à poursuivre

Tout d'abord, quelles voies doit-on poursuivre compte tenu du cadre de la mission de la Commission ? Un dispositif réglementaire a été mis en place depuis une trentaine d'années au Québec, tout comme ailleurs en Amérique du Nord, pour favoriser la mise en œuvre du droit à l'égalité. Ce dispositif vise à contrer, voire à enrayer, la discrimination, entre autres dans le domaine de l'emploi, des divers groupes cibles : femmes, minorités visibles et ethniques, autochtones, handicapés. Concernant le marché du travail, ce dispositif de lutte à la discrimination s'articule à deux sphères principales d'intervention.

Premièrement, la reconnaissance du principe d'égalité de rémunération pour un travail équivalent vise à atténuer les inégalités de traitement salarial pour des postes, dits à prédominance féminine, déjà occupés par les femmes. Ce principe s'est traduit dans la *Loi sur l'équité salariale*, placée sous la responsabilité de la Commission de l'équité salariale. Les résultats de l'application de ce dispositif demeurent encore partiels. Son bilan doit être complété à plus long terme de façon à comparer les ajustements salariaux consentis par l'équité salariale avec la rémunération globale.

Deuxièmement, le principe d'égalité d'accès en emploi vise à éliminer les inégalités d'accès aux emplois qui sont peu ou pas accessibles aux membres des groupes

---

[1]   Texte rédigé par Lucie-France DAGENAIS, Direction de la recherche et de la planification, Commission des droits de la personne et des droits de la jeunesse.

cibles : femmes, minorités visibles et ethniques, autochtones et personnes handicapées. Ce principe s'est matérialisé dans le dispositif réglementaire de la *Loi d'accès à l'égalité dans l'emploi dans les organismes publics*, laquelle est entrée en vigueur le 1er avril 2001. Son application incombe à la Commission des droits de la personne et des droits de la jeunesse.

- Les programmes d'accès à l'égalité dans l'emploi et leurs retombées

Les programmes d'accès à l'égalité dans l'emploi (PAE) sont un élément central du dispositif encadré par la Commission. Ils concernent les organismes de plus de 100 employés du réseau public élargi (commissions scolaires ; cégeps ; institutions privées d'enseignement ; institutions d'enseignement supérieur ; petites municipalités ; sociétés de transport ; Sûreté du Québec ; etc.) et visent une plus grande représentation des membres des groupes cibles en son sein.

Un premier état de la situation indique que plus de 600 organismes du secteur public élargi sont touchés par la Loi. Un portrait global de la situation des groupes cibles a été réalisé et rendu public en 2005, pour faire état du travail effectué par la Commission et par les organismes visés par la Loi durant les trois premières années de son application. Ce bilan analyse la présence des groupes cibles dans l'emploi dans une partie du réseau public élargi. Il offre la situation la plus récente disponible dans 185 organismes (pour un effectif total de 191 067 personnes) devant élaborer un programme d'accès à l'égalité.

L'examen final de l'ensemble des organismes visés par la Loi est attendu ultérieurement et touchera 600 000 emplois. Ce rapport devrait offrir une vue encore plus complète de la situation actuelle des groupes cibles visés par le dispositif des programmes d'accès à l'égalité dans l'emploi.

À ce jour, l'impact de l'application de ce dispositif par des initiatives volontaires ou par des mesures obligatoires (programmes d'accès à l'égalité dans l'emploi ; obligation contractuelle ; etc.) mises en place dans le secteur public élargi et dans le secteur privé, commence à se dessiner. Le bilan effectué jusqu'ici permet d'entrevoir tout le chemin qu'il reste à parcourir au cours des prochaines années, tant pour les organismes engagés dans un PAE que pour la Commission, afin de favoriser une meilleure intégration à l'emploi des membres des groupes cibles.

Les PAE ne constituent toutefois qu'un des éléments du dispositif de lutte à la discrimination encadré par la Commission. Différents autres mécanismes sont également prévus dans sa mission. Nous en mentionnons deux : le travail d'enquête, chargé de faire la recherche de la preuve une fois que la discrimination se serait produite ; et le mandat d'éducation et de promotion, chargé de promouvoir et de développer les droits de la personne afin de prévenir les pratiques de discrimination, notamment dans les milieux de travail.

- Le travail d'enquête et son réalignement

Le travail d'enquête est une partie très importante du mandat de lutte à la discrimination de la Commission, particulièrement dans le domaine de l'emploi puisque plus de 70 % des plaintes proviennent de ce secteur. La Charte, à son article 10, précise les motifs de discrimination qui peuvent être invoqués.

L'enquête, qui doit faire la démonstration de la preuve une fois que la discrimination est alléguée, est souvent difficile et semée d'embûches. Menée au cas par cas, elle donne des résultats relatifs à une situation localisée de discrimination. Pour certains motifs de discrimination, comme celle en emploi fondée sur la race, la couleur ou l'origine ethnique, il peut être plus complexe de rassembler, dans certains types de situations, des éléments suffisants de preuve. Pour ce genre de discrimination, des interventions d'ordre systémique s'avèrent parfois très utiles.

- Une enquête systémique ayant donné de bons résultats

Une enquête à caractère systémique peut donner de meilleurs résultats qu'une enquête séparée, effectuée au cas par cas. Par exemple, celle réalisée auprès d'un groupe de travailleurs migrants œuvrant au Centre maraîcher Eugène Guinois a eu des retombées importantes dans ce milieu de travail. Le jugement (14 avril 2005) a ordonné à l'employeur, entre autres, de développer, en collaboration avec la Commission, une politique efficace pour contrer la discrimination et le harcèlement prévalant dans cette entreprise. Ce type d'approche globale, incluant divers éléments d'une solution d'ensemble, devrait pouvoir inspirer le développement d'autres initiatives de nature similaire dans le déroulement des enquêtes en discrimination, particulièrement en emploi.

- La médiation : un nouveau mode de résolution des conflits à introduire

Au fil des ans, le travail d'enquête a subi des modifications d'orientation et de fonctionnement de même que des contraintes sur le plan des ressources. La Commission est actuellement engagée dans une démarche de révision des processus susceptibles de conduire à un certain réalignement. À la faveur de cette révision, une meilleure priorité d'actions pourra être ciblée et certains problèmes aigus de discrimination, identifiés afin d'être mieux traités.

Tout en continuant de se préoccuper du mode d'enquête au cas par cas, il est possible pour la Commission d'optimiser le traitement des plaintes de discrimination en introduisant de nouveaux modes de résolution des conflits. Ainsi, dans un futur rapproché, une pratique d'enquête davantage tournée vers une approche systémique pourra être favorisée. De plus, de nouvelles méthodes de résolution des conflits, telle la médiation, seront introduites dans le règlement des litiges entre deux personnes ou entre un particulier et une entreprise.

- **▪ Le mandat d'éducation et de promotion à déployer**

Enfin, le mandat d'éducation et de promotion également prévu dans le cadre de la Charte s'inscrit dans la mission de la Commission. Il vise à mieux prévenir la discrimination avant qu'elle ne se produise, notamment dans le domaine du travail. Il permet ainsi de promouvoir et de développer les droits de la personne à travers des politiques, mécanismes et outils de sensibilisation, d'information et de formation auprès des différents milieux de travail (entreprise, syndicat, particulier, milieu institutionnel). Ce mandat doit se réaliser en phase avec les réalités contemporaines de la discrimination et du harcèlement discriminatoire dans le domaine de l'emploi.

Les défis à relever pour chacun des groupes cibles dans la mission de lutte à la discrimination en emploi

Les avenues empruntées par la Commission doivent lui permettre de continuer à améliorer et à soutenir la présence en emploi des groupes cibles. Les principaux défis sont les suivants :

Pour les femmes : le défi principal n'incombe pas uniquement à la Commission mais à l'ensemble de la société et des acteurs du monde du travail :

- il réside dans l'atteinte de l'équité salariale avec les hommes dans le domaine du travail ;

- pour y parvenir, les femmes doivent d'abord accéder aux emplois à plus haut niveau de revenu, aux postes de décision et de responsabilité ainsi qu'aux emplois dits non traditionnels, tant du secteur public que privé.

Pour les minorités visibles et les minorités ethniques : elles devront être mieux représentées dans l'ensemble du marché de l'emploi :

- de nouveaux moyens peuvent être envisagés et promus par la Commission. Par exemple, puisque les recruteurs avouent[2] attacher de l'importance aux nom et prénom mentionnés sur le curriculum vitæ (cv), le cv anonyme pourrait sans doute constituer un moyen valable d'ouvrir des portes aux personnes des minorités afin d'obtenir une première entrevue d'embauche ;

- elles doivent également pouvoir accéder aux emplois dans leur champ de compétence et de formation dans la région métropolitaine, là où les minorités sont concentrées, ainsi qu'à travers les autres régions du Québec :

  - on doit faciliter l'intégration des minorités dans les emplois exigeant l'appartenance à un ordre professionnel par des démarches accélérées de reconnaissance de la formation, des compétences et des expériences acquises à l'étranger ;

---

[2]   « 44 % des recruteurs flirtent avec la discrimination », *L'Entreprise.com*, jeudi 16 février 2006.

– on peut également envisager le développement d'un plan d'action au niveau national, afin de promouvoir les qualifications des personnes immigrantes auprès des employeurs du Québec ;

– on doit soutenir en particulier les femmes des minorités pour faciliter leur insertion dans des emplois correspondant mieux à leur niveau de formation et de compétence et pour les prémunir contre les nouvelles formes d'exploitation et de discrimination qui les guettent (par exemple, le recrutement périlleux sur Internet).

Pour les autochtones : on doit s'efforcer de définir le type de mesures à inscrire dans les programmes d'accès à l'égalité en emploi qui tiennent compte de leurs besoins et de leurs préoccupations, afin de leur assurer une meilleure représentation dans le domaine du travail et l'intégration dans la société.

Pour les personnes handicapées : elles sont nouvellement prises en compte dans les objectifs d'accès à l'égalité dans les organismes publics, au terme des dispositions législatives entrées en vigueur en décembre 2005. Elles devraient pouvoir améliorer leur représentation en emploi par ce moyen. Ce sera également l'occasion d'un travail important à développer sur les approches d'accommodement dans les organisations, les entreprises et les divers milieux de travail. On ne peut négliger les efforts importants pour vaincre les obstacles structurels qui limitent encore l'exercice des droits de ces personnes.

Un nouveau contexte : les évolutions de la Charte

Les nouvelles options ou avenues pouvant être envisagées dans la poursuite de la lutte à la discrimination sont liées à la mission centrale de la Commission. Le rôle de l'institution doit donc être ramené à un tout nouveau contexte occasionné tant par les évolutions de la Charte que par les conséquences d'une série de jugements successifs questionnant les règles particulières du régime de réparation de la Charte pour traiter les dossiers d'atteintes aux droits impliquant une lésion professionnelle ou, encore, le forum pertinent pour traiter les cas de discrimination.

Des évolutions prenant en compte la réalité contextuelle

Depuis son adoption il y a plus de trente ans, le régime de protection des droits de la personne du Québec, assuré par la Charte, est en constante évolution. Les divers ajouts et modifications apportés à cet instrument quasi constitutionnel témoignent de son caractère vivant. Depuis 1991, le Tribunal des droits de la personne a le pouvoir d'ordonner la cessation d'une atteinte aux droits. Le droit à l'égalité issu de la Charte a progressé vers une approche prenant en compte la réalité contextuelle dont la discrimination et le harcèlement discriminatoire en milieu de travail.

Plusieurs autres instances décisionnelles sont également chargées « de façon concurrente ou exclusive, d'appliquer les dispositions protégeant le droit à l'égalité prévu par la Charte, et cela, en fonction de principes issus de logiques différentes, appartenant à des sphères différentes utilisant des sources juridiques différentes... instances souvent aux antipodes de l'approche du droit à l'égalité[3] ». Dans ce nouveau contexte, on assiste à la dilution et au morcellement des juridictions.

Cette situation affecte certains éléments de fonctionnement de la Commission qui disposait, depuis sa création en 1975, d'un quasi-monopole dans l'application des principes de la Charte. La participation de la Commission, dans sa mission de lutte à la discrimination, doit en bonne partie être ramenée à ce nouveau contexte et à ses éléments incontournables d'éclatement des juridictions et de perte de monopole dans l'interprétation des dispositions de la Charte.

Une approche soucieuse du régime spécifique de réparation de la Charte

Des jugements successifs questionnent les règles particulières du régime de réparation de la Charte. Ils mettent en lumière les contraintes rattachées à ce droit, en cas de lésion professionnelle, comme droit fondamental reconnu dans la Charte (art. 49). Ils confirment, ce faisant, l'éclatement des juridictions et une certaine dilution de ce droit.

- Dans l'arrêt *Béliveau St-Jacques*, une « conciliation » entre les régimes respectivement prévus par la Charte et par la *Loi sur les accidents du travail et les maladies professionnelles* (*LATMP*) est retenue[4]. S'il y a lésion professionnelle, le recours au Tribunal des droits de la personne est prohibé pour des demandes de compensations en responsabilité civile, même si la compétence d'enquête de la Commission est maintenue. En matière de harcèlement discriminatoire au travail, la compétence du Tribunal des droits de la personne pour ordonner le paiement de dommages exemplaires par l'employeur est limitée par les pouvoirs des arbitres de griefs.

- Dans l'affaire *Genest*, relative à des allégations de harcèlement sexuel au travail, une victime de lésion professionnelle n'a pas le choix du recours et doit s'adresser aux instances de la *LATMP* pour statuer si une situation constitue une lésion professionnelle. Ce qui n'exclut pas l'exercice des autres recours, prévus à la Charte, pour obtenir des mesures de redressement. La Commission a donc la compétence pour faire enquête.

---

[3]   Michel ROBERT (2005), « Conférence inaugurale – Instances juridictionnelles et réparations », *La Charte des droits et libertés de la personne : pour qui et jusqu'où ?*, Tribunal des droits de la personne et Barreau du Québec, Montréal : Les Éditions Yvon Blais, p. 49.

[4]   Sylvie GAGNON (2005), « Quelques observations critiques sur le droit à une réparation selon la Charte des droits et libertés de la personne », *La Charte des droits et libertés de la personne : pour qui et jusqu'où ?*, Tribunal des droits de la personne et Barreau du Québec, Montréal : Les Éditions Yvon Blais, p. 288.

- Dans l'arrêt *Parent et al. c. Rayle*, il y a la reconnaissance de la spécificité des recours en vertu de la Charte pouvant aussi donner lieu à une indemnisation pour lésion professionnelle au sens de la *LATMP*. Là où des dommages moraux sont réclamés, la Commission peut faire enquête et porter le litige devant le Tribunal des droits de la personne.

- Finalement, en vertu de l'affaire *Mueller Canada inc. c. Ouellette*, si la partie plaignante, qui a subi une lésion professionnelle, conserve des limitations fonctionnelles et qu'elle est congédiée, la Commission peut faire enquête afin de rechercher un accommodement raisonnable.

L'analyse de cette jurisprudence a de quoi laisser perplexe devant l'ambiguïté des différents concepts !

De nouveaux vecteurs d'intégration des droits de la personne au travail

À travers ce nouveau contexte d'éclatement des juridictions apparaissent cependant des vecteurs d'intégration des droits de la personne dans le domaine du travail. Nous assistons depuis une quinzaine d'années « à un irrésistible mouvement d'intégration des droits de la personne[5] ». Dans ce nouveau contexte, employeurs, syndicats, arbitres de griefs et juges des tribunaux administratifs sont maintenant investis du mandat d'appliquer les principes de la Charte. Ils constituent des acteurs privilégiés de l'intégration des droits de la personne dans le monde du travail.

Dorénavant, l'arbitrage de griefs doit être considéré comme un moyen de réalisation et d'affirmation des valeurs et des droits énoncés dans la Charte. Ce nouveau paradigme est majeur, puisqu'il a pour effet de rapprocher l'arbitre de grief de l'application des droits de la personne dans le travail. Toutes les personnes œuvrant en milieu de travail syndiqué, incluant les employeurs, les représentants syndicaux et les différents autres intervenants du monde judiciaire, doivent saisir l'ampleur de cette responsabilité et œuvrer à lui donner tout son sens.

Quels sont les moyens qui peuvent être explorés par la Commission compte tenu du nouveau contexte qui balise ses actions ? Ce nouveau contexte devra requérir que des efforts particuliers et soutenus soient consentis aux chapitres de la sensibilisation et de la formation des différentes instances judiciaires et des membres des tribunaux administratifs aux principes et aux cadres d'interprétation de la *Charte québécoise des droits et libertés de la personne*. Il devra également requérir une campagne de prise de conscience large ainsi qu'un renforcement des relations et le développement de meilleurs liens avec les représentants du monde du travail, employeurs, syndicats et autres acteurs institutionnels.

---

[5]   Denis NADEAU (2005), « L'arbitrage de griefs : vecteur d'intégration des droits de la personne dans les rapports collectifs du travail », *La Charte des droits et libertés de la personne : pour qui et jusqu'où ?*, Tribunal des droits de la personne et Barreau du Québec, Montréal : Les Éditions Yvon Blais, p. 172.

Peut-on faire du neuf avec du vieux?

Lucie LAMARCHE

Rappel historique

Qui s'intéresse à la question de l'équité et de la discrimination systémique en emploi se souvient de la décision que la Cour suprême du Canada a rendue en 1987 dans l'affaire *Action Travail des Femmes* c. *Compagnie des chemins de fer nationaux du Canada*[1]. Dans cette affaire, la Cour suprême a conclu que la *Loi canadienne sur les droits de la personne* autorisait le Tribunal des droits de la personne à rendre une ordonnance imposant à l'employeur des contingentements d'embauche de femmes dans certains corps de métiers dits non traditionnels.

Le juge Dickson, alors juge en chef, faisait sienne la définition de la discrimination proposée dans le Rapport Abella (1984) : la discrimination s'entend des pratiques ou des attitudes [...] qui gênent l'accès des particuliers ou des groupes à des possibilités d'emploi, en raison de caractéristiques qui leur sont prêtées à tort[2]. Il proposait ensuite que des ordonnances de la nature de celle émise par le Tribunal canadien des droits de la personne dans l'affaire *Action Travail des Femmes* avaient pour objectif de créer un climat de travail où les attitudes négatives seraient découragées (p. 1139). L'imposition d'objectifs numériques de recrutement, toujours selon le juge en chef d'alors, constituait donc des mesures de réparation « prospectives » conçues pour améliorer la situation d'un groupe victime de discrimination en emploi (p. 1142) et pour rompre le cercle vicieux de la discrimination systémique (p. 1143). C'est dans ce contexte que le juge Dickson évoquait la théorie de la masse critique de membres d'un groupe historiquement victime de discrimination systémique en emploi (p. 1145). La masse critique a des effets importants, disait-il alors. Au-delà de la symbolique de la présence, elle contribue aussi à l'amélioration permanente des chances d'emploi pour les membres du groupe autrefois exclu (p. 1145). Afin d'atteindre de tels résultats, proposait-il enfin, la création d'une telle masse critique doit être encouragée par la détermination d'objectifs numériques à être atteints (p. 1146).

---

[1]   [1987] 1 RCS 1114.

[2]   R.S. ABELLA (1984), *Rapport de la Commission sur l'égalité*, Ottawa : Ministère des Approvisionnements et Services du Canada.

Pour le juge en chef, il était donc clair que le processus de création de masses critiques de travailleurs issus de groupes vulnérables constituait non seulement un « remède » utile et légitime aux manifestations antérieures de discrimination, mais en sus, participait, autant que l'épuration des éléments discriminatoires des systèmes d'emploi, au rétablissement de l'égalité des chances en emploi. Cette même proposition exprime l'objectif de la *Loi sur l'équité en matière d'emploi*[3] dans le cas des entreprises fédérales qui lui sont soumises. Cette Loi impose, entre autres, aux entreprises concernées l'obligation proactive d'implanter des plans d'équité en emploi comportant des objectifs quantitatifs de représentation des groupes cibles.

L'évolution de la jurisprudence de la Cour suprême du Canada, sur le plan des remèdes à la discrimination systémique, est remarquable. Plus récemment, la Cour a été appelée à élargir le concept d'accommodement raisonnable dans le cas d'une pompière qui avait perdu son emploi après avoir échoué un test d'aérobie conçu pour les hommes[4]. Après avoir proposé un test strict qui permettrait à un employeur d'invoquer une exigence professionnelle justifiée afin de maintenir une pratique discriminatoire en emploi, la juge Mc Lachlin (aujourd'hui juge en Chef) énonçait l'ampleur des obligations qu'impose à un employeur la norme d'égalité au Canada :

> *Les employeurs qui conçoivent des normes pour le milieu de travail doivent être conscients des différences entre les personnes et des différences qui caractérisent des groupes de personnes. Ils doivent intégrer des notions d'égalité dans les normes du milieu de travail. En adoptant des lois sur les droits de la personne et en prévoyant leur application au milieu de travail, les législatures ont décidé que les normes régissant l'exécution du travail devraient tenir compte de tous les membres de la société, dans la mesure où il est raisonnablement possible de le faire. Les cours de justice et les tribunaux administratifs doivent avoir cela à l'esprit lorsqu'ils sont saisis d'une demande dans laquelle l'existence de discrimination liée à l'emploi est alléguée. La norme qui fait inutilement abstraction des différences entre les personnes va à l'encontre des interdictions contenues dans les diverses lois sur les droits de la personne et doit être remplacée. La norme elle-même doit permettre de tenir compte de la situation de chacun, lorsqu'il est raisonnablement possible de le faire. Il se peut que la norme qui permet un tel accommodement ne soit que légèrement différente de la norme existante, mais il reste qu'elle constitue une norme différente (paragr. 68).*

Selon la juge en chef, une compréhension de l'obligation de l'employeur d'accommoder en fonction des différences et qui ne mènerait pas à l'aménagement global des procédures en se contentant plutôt de composer avec « ceux qui ne cadrent pas tout à fait » ne ferait que renforcer le paradigme dominant et l'« assimilation ». L'objectif serait alors de tenter de faire cadrer les personnes « différentes » dans les systèmes existants plutôt que de concevoir les systèmes d'emploi en fonction du standard d'une égalité substantive. Cette exigence d'accommodement global en fonction des différences est aussi au cœur de la *Loi sur l'équité en matière d'emploi*.

---

[3]   L.C. 1995, chap. 44.

[4]   *Colombie-Britannique (Public Service Employee Relations Commission)* c. *BCGSEU*, [1999] 3 RCS 3, désignée comme la décision Meorin.

La proposition faite par la Cour suprême dans *Action Travail des Femmes*, tout comme dans la décision *Meorin*, qui veut que l'effet combiné de l'implantation de politiques différenciées en emploi et de la détermination d'objectifs de représentativité des groupes cibles contribue à l'atteinte de l'égalité, constitue un usage exemplaire du droit. En y pensant bien, toutefois, nous sommes tentée d'affirmer que les stratégies de la masse critique et de l'accommodement tiennent un peu de la pensée magique. Notons à cet effet quelques présupposés : 1) il y aura toujours suffisamment d'emplois qui contribuent utilement au partage de la richesse ; 2) la présence d'une masse critique adéquate de membres des groupes désignés mène nécessairement à l'harmonie ; 3) les grandes entreprises sont des entités immuables qui ne procèdent pas à des fusions menant à des mises à pied ; 4) la compétitivité internationale n'a aucun rapport avec le succès de l'équité en emploi ; 5) l'entreprise ne s'adapte pas aux nouvelles réglementations, elle les subit de bon gré ! Et, enfin, le travailleur est une entité qui se définit exclusivement en fonction de son statut de travailleur. Somme toute, peut-on réellement croire que l'équité en emploi est une politique publique qui se suffit à elle-même aux fins de l'éradication de la discrimination en emploi.

État des lieux

Au Canada, depuis maintenant près d'un quart de siècle, des législations successives enjoignent ou proposent aux employeurs de mener le combat de la masse critique dans des environnements divers (secteur privé, fonction publique, organismes publics, obligation contractuelle[5]), et ce, en fonction des caractéristiques personnelles de la main-d'œuvre qui sont susceptibles d'entraîner des discriminations. La désignation des groupes varie et, à cet égard, la proposition la plus tarabiscotée est probablement celle faite par l'article 1 de la *Loi sur l'accès à l'égalité en emploi dans les organismes publics*[6].

Pour mieux comprendre et évaluer ce que vaut ce modèle proactif, il est utile de se tourner vers la Loi fédérale sur l'équité en emploi. Car nous n'avons pas été particulièrement gâtés au Québec à cet égard. L'adoption de la Partie III de la Charte québécoise, relative aux PAE, a été suivie d'une longue période de silence et d'opacité pour lesquels la CQDPDJ doit, nous le croyons, assumer sa part de responsabilité. Les quelques litiges initiés par la Commission s'enlisent dans des méandres procéduraux dignes de *LA Law* (l'affaire Gaz métropolitain, par exemple). Enfin, la mise en œuvre de la *Loi sur l'accès à l'égalité en emploi dans les organismes publics* s'amorce

---

5   Pour une discussion en profondeur au sujet de l'obligation contractuelle, voir Lucie LAMARCHE, avec la collaboration de Aurélie ARNAUD, Rémi BACHAND et Rachel CHAGNON, *Sauvegarder les mesures d'équité en emploi au Canada à l'heure des accords de commerce*, Condition féminine Canada, février 2005. *Infra*, note 8.

6   L.R.Q., c. A-2.01, telle qu'amendée.

lentement[7]. Nous n'entendons pas ici non plus faire le point au sujet des plaintes individuelles de discrimination, qui, si elles peuvent mener à des résultats exemplaires dans certains cas, ne changent pas pour autant le monde du travail contemporain.

Depuis cinq ans, nous avons choisi de réinvestir la recherche en matière d'équité en emploi sur le plan fédéral. Nous avons analysé des chiffres, interviewé des employeurs, administré des questionnaires, analysé les rapports de vérification des entreprises validés par la Commission canadienne des droits de la personne et examiné les pratiques de suivi de la mise en œuvre de la Loi[8]. Quelques constats méritent d'être soulignés :

1. Les employeurs soumis à la Loi ne remettent pas en cause sa pertinence[9]. Tout au plus sont-ils agacés par la fonction de contrôle exercée par la Commission canadienne des droits de la personne qui procède à la validation du plan d'équité en emploi. Ils s'en tirent toutefois assez bien avec la fonction de conseil assumée par DRHCC. Or, l'analyse des données transmises par les entreprises révèle que la seule fonction de conseil ne favorise ni le progrès numérique ni le progrès qualitatif sur le plan des meilleures pratiques d'équité en emploi.

2. Sur le plan des chiffres, on ne peut nier les progrès, parfois lents, parfois fluctuants. Certains groupes désignés s'en tirent toutefois mieux que d'autres (certains groupes de femmes et certaines minorités visibles[10]) et certains secteurs d'emploi tirent de la patte[11] (le transport, par exemple).

---

[7]   Voir CDPDJ, *L'accès à l'égalité en emploi*, Rapport triennal, 2001-2004, 2005.

[8]   Voir Francine TOUGAS et Lucie LAMARCHE (2001), *La Loi canadienne sur l'équité en emploi et la transformation des rapports sociaux : le cas des minorités visibles*, Commission du droit du Canada ; Lucie LAMARCHE, avec la collaboration de Aurélie ARNAUD, Rémi BACHAND et Rachel CHAGNON (2005), *Sauvegarder les mesures d'équité en emploi au Canada à l'heure des accords de commerce*, Condition féminine Canada, versions française et anglaise disponibles en ligne à : http://www.swc-cfc.gc.ca/pubs/pubspr/066238931X/200502_066238931X_1_f.html ; Lucie LAMARCHE (2005), « L'impact des accords de commerce sur les Canadiennes : l'équité en emploi à titre d'étude de cas », *La politique étrangère du Canada* (*Canadian Foreign Policy*), vol. 12, n° 1, p. 89-105 ; Rachel CHAGNON, Lucie LAMARCHE et Francine TOUGAS (2004), « La loi canadienne sur l'équité en matière d'emploi et les femmes : Crier "victoire" ou crier "au loup" ? », *Femmes et Droit*, vol. 16, n° 2, p. 317-342 ; Rachel CHAGNON, Lucie LAMARCHE et Francine TOUGAS (2006), « L'invisible qui blesse : une étude traitant de la gestion des conflits et de l'équité en emploi dans le cas des minorités visibles au Canada », *Analyse de politiques*. Voir aussi Lucie LAMARCHE (1990), *Les Programmes d'accès à l'égalité en emploi*, Montréal : Louise Courteau éditrice.

[9]   COMITÉ PERMANENT DU DÉVELOPPEMENT DES RESSOURCES HUMAINES ET DE LA CONDITION DES PERSONNES HANDICAPÉES (2002), *Promouvoir l'égalité dans les secteurs de compétence fédérale : examen de la Loi sur l'équité en matière d'emploi*. Rapport, Ottawa, http://www.parl.gc.ca/InfoComDoc/37/1/HUMA/Studies/Reports/HUMARP9-f.htm.

[10]   Voir Leslie CHEUNG (2005), *Le statut racial et les résultats sur le marché du travail*, Ottawa : Congrès du travail du Canada.

[11]   Voir, par exemple, COMMISSION CANADIENNE DES DROITS DE LA PERSONNE (2004), Rapport annuel, Équité en emploi.

3. On constate par ailleurs que les catégories initiales désignant les membres des groupes désignés réservent des surprises. Ainsi, les employeurs issus de certaines régions métropolitaines du Canada ont maintenant l'embarras du choix au chapitre de l'embauche des membres des minorités visibles. Toutefois, cette affirmation occulte l'importante discrimination dont souffrent encore les membres des communautés noires du Canada. De même, les femmes issues de ces communautés sont d'office confinées à la catégorie « femmes » alors que cette caractéristique ne constitue pas toujours la principale cause des discriminations en emploi dont elles sont victimes.

4. En ce qui concerne l'emploi des femmes, on constate que certaines formes d'emploi précaires échappent aux statistiques : c'est le cas des « fausses » travailleuses autonomes, des contrats de courte durée et des travailleuses à domicile[12].

5. Les entreprises n'ont pas toutes également pris le virage de l'équité en emploi. On trouve encore bon nombre d'entre elles où la responsable de l'équité, car c'est habituellement une femme, est elle-même affublée d'un poste à temps partiel, histoire de compléter le rapport annuel destiné à DRHCC.

6. L'analyse des rapports annuels déposés par les entreprises soumises à la Loi fédérale révèle aussi que l'approche quantitative est truffée de surprises. Ainsi, certaines entreprises sont devenues expertes dans l'art du camouflage : autant de membres des groupes désignés réembauchés que de personnes ayant quitté leur emploi, et ce, de plus en plus, aux échelons autres que ceux des postes d'entrée. À titre anecdotique, notons que le questionnaire de « sortie », destiné aux employés-ées qui quittent le travail, est souvent identifié parmi les meilleures pratiques de l'équité en emploi !

Néanmoins, reconnaissons qu'avec un peu de bonne volonté (ce qui n'est pas le cas actuellement), on peut corriger ces anomalies et qu'aucune ne permet en elle-même et isolément de remettre en cause le modèle proactif de l'équité en emploi au Canada. Bref, l'équité en emploi tourne assez rondement au Canada. C'est « business as usual » !

Il faut de plus tenir compte de l'important virage des entreprises et des organismes responsables de la Loi vers le développement d'indicateurs qualitatifs d'équité en emploi tout comme de meilleures pratiques. D'un côté, ce virage est annonciateur du dépassement de la théorie de la masse critique. Les travailleurs membres des groupes désignés ne sont pas que des nombres. D'un autre côté, tout porte à croire que la valorisation de meilleures pratiques met à risque le postulat fondateur de l'équité en

---

12 Voir Stephanie BERNSTEIN, Katherine LIPPEL et Lucie LAMARCHE (2001), *Les femmes et le travail à domicile : le cadre législatif canadien*, Ottawa : Condition féminine Canada (disponible en français et en anglais), en ligne à : http://www.swc-cfc.gc.ca/publish/research/010419-0662854500-f.html).

emploi : la discrimination systémique dans ce domaine. Enfin, avec la valorisation de meilleures pratiques semble poindre le désinvestissement des organismes régulateurs responsables du suivi de la Loi au profit de l'autorégulation des entreprises. À titre d'exemple, les plus récents rapports de vérification adoptés par la Commission canadienne des droits de la personne délaissent à l'évidence les exigences relatives à l'énonciation de meilleures pratiques alors que l'indice IBP[13] de DRHCC n'est que le relevé des affirmations faites par les entreprises et n'en évalue en rien la qualité ou la pertinence des pratiques ainsi annoncées dans les rapports annuels soumis par les entreprises.

Fait intéressant, donc, le virage qualitatif de l'équité en emploi s'accompagne d'une vague d'autorégulation des entreprises en la matière. Et avec cette vague se révèle une réelle oblitération des discriminations. Quelques exemples :

Le virage diversité[14] : l'examen de l'ensemble des outils mis à la disposition des employeurs aux fins de la réalisation de l'équité en emploi par DRHCC, et ce depuis 1995, révèle une importante transformation linguistique : on parle dorénavant de diversité et non plus de discrimination. Ainsi, dès lors que l'équité en emploi s'est introduite dans le champ des ressources humaines et a quitté celui de l'égalité, on constate que les entreprises assurent elles-mêmes la promotion du concept de la valeur ajoutée de la diversité en entreprise. Ce phénomène de cooptation par les experts d'un modèle *a priori* antidiscriminatoire n'est pas qu'annonciateur de bonnes nouvelles. Dans un univers de l'emploi où se multiplient les phénotypes et les marqueurs identitaires, personnels et culturels, de la main-d'œuvre, il semble de mauvais aloi de rappeler la discrimination, la xénophobie, le racisme et le sexisme, notamment. Les entreprises ont donc réussi à transformer la nature profonde de leurs obligations proactives et à faire de cette obligation une stratégie de valorisation d'une main-d'œuvre « heureuse parce que valorisée ». Ce phénomène s'accompagne d'un relâchement des contrôles administratifs et d'un désenchantement des victimes de discrimination devant la perspective d'une plainte individuelle de discrimination.

La désexualisation des pratiques de conciliation travail-vie personnelle : les mesures de conciliation *travail-famille* sont les plus souvent citées par les employeurs lorsque vient le temps d'identifier les pratiques positives profitant plus spécifiquement aux femmes. Ces mesures ont comme objectif d'harmoniser vie familiale et carrière professionnelle. La responsabilité de la famille incombant largement aux femmes, il est facile de faire un lien entre leur intégration en emploi et la facilitation d'un équilibre *travail-famille*. Toutefois, cette notion, au départ orienté sur la question des femmes, s'est transformée avec les années vers celle d'équilibre *travail-vie personnelle*. Cette dernière reflète une préoccupation plus neutre et une recherche de mieux être pour l'ensemble des travailleurs.

---

[13]   Indice des bonnes pratiques (IBP).

[14]   Trevor WILSON (2003), *Global Diversity at Work : The Business Case for Equity*, Sec. Ed., New York : John Wiley and Sons.

On constate en outre une iniquité croissante quant à l'accès à ces mesures. Elles le sont plus aux employés syndiqués et à ceux qui ont des liens particuliers avec leurs employeurs. Par exemple, les mesures de conciliation sont plus souvent offertes aux professionnels spécialisés travaillant à temps plein[15]. Elles sont peu accessibles aux employés non syndiqués, moins spécialisés et dont les salaires sont généralement inférieurs[16], bref, à ceux qui en auraient le plus besoin.

On constate aussi que les employeurs semblent davantage disposés à faire preuve de flexibilité dans les horaires. En 1999, 88 % des répondants à une enquête du Conference Board disaient offrir des horaires variables comparativement à 49 % en 1989[17]. Toutefois, il semble que ces données soient surestimées par les employeurs, car cette flexibilité serait offerte de façon sélective et la majorité des travailleurs ne ressentent pas d'amélioration notable en la matière.

En ce qui concerne les femmes, la notion *travail-famille* est perçue comme un obstacle à la carrière et celles qui ont des responsabilités familiales refusent souvent d'augmenter leur charge de travail, donc, elles laissent passer les chances de promotion[18]. Cette perception était relevée dans un rapport d'enquête de 1995 portant sur l'équité en matière d'emploi dans la fonction publique. Les auteurs ont noté que le recours aux mesures *travail-famille* prévues par les conventions collectives est considéré comme suicidaire pour la carrière par les fonctionnaires participant à leur enquête[19].

De plus, la conciliation *travail-vie personnelle* ne fait pas l'objet de pratique uniforme, même à l'intérieur des entreprises syndiquées. Un espace est souvent laissé afin de permettre à la partie patronale de faire usage d'une certaine discrétion. De plus, les problèmes sont souvent résolus au cas par cas et il est difficile de savoir par le recours à quelle pratique. Beaucoup de ces mesures sont liées à l'ancienneté et sont donc moins avantageuses pour les travailleurs plus récemment arrivés dans l'entreprise ou ceux à temps partiel. Enfin, il faut souligner que le travail à statut précaire n'offre pas de réel pouvoir à l'employé de négocier l'obtention de mesures de conciliation *travail-famille*. Les employés à statut précaire sont par ailleurs majoritairement des

---

[15]   Diane-Gabrielle TREMBLAY et Daniel VILLENEUVE (1998), *L'aménagement et la réduction du temps de travail : les enjeux, les approches, les méthodes*, Sainte-Foy : Télé-université.

[16]   Karen L. JOHNSON, Donna S. LERO et Jennifer A. ROONEY (2001), *Recueil travail – Vie personnelle 2001 : 150 statistiques canadiennes sur le travail, la famille et le bien-être*, Guelph : Université de Guelf et Développement social Canada, p. 56.

[17]   *Idem*, p. 60.

[18]   *Idem*.

[19]   Division des langues officielles et de l'équité en matière d'emploi (1995), *Regard sur l'avenir – Surmonter les obstacles en matière de culture et d'attitude rencontrés par les femmes dans la fonction publique*, p. 6.

femmes[20]. Il n'est donc pas certain qu'elles profitent vraiment des mesures que l'on prétend pensées à leur intention.

La négation du conflit : l'accent mis sur l'atteinte d'une masse critique de membres des minorités visibles en entreprise a donné des résultats positifs. Mais doit-on compter à leur chapitre des progrès en termes de changement des mentalités et de la mise en place de moyens facilitant leur acceptation ? Cette question est particulièrement pertinente lorsque les difficultés associées à l'arrivée et à l'intégration d'un nombre important de minorités visibles au moyen de l'équité en emploi sont prises en considération. Les études montrent, en effet, que l'augmentation du nombre de minorités sur le marché du travail n'a pas que des effets positifs. Si cela agit favorablement sur les membres des groupes minoritaires, il en va tout autrement en ce qui a trait à la majorité. Par exemple, il a été démontré que briser l'isolement des minorités visibles par la création d'une masse critique améliore leur bien-être et leur loyauté envers l'entreprise[21]. En revanche, cela peut provoquer chez la majorité des craintes reliées à la perte d'acquis et d'avantages, de la colère et un renforcement des préjugés racistes[22]. Mais est-ce vraiment une question de nombre ? Pour certains, c'est surtout une question de rythme d'introduction des minorités dans un milieu : plus l'augmentation du nombre de minorités visibles est rapide, plus le potentiel de conflits interethniques augmente, même si leur représentation reste limitée[23]. D'autres mettent même en veilleuse la question du nombre en soutenant que la simple mise en contact de personnes de groupes ethniques différents au moyen de plans d'équité peut donner lieu à des tensions interethniques[24]. La diversité en emploi, que les minorités soient en petit ou en grand nombre, est porteuse de tensions : on demande à des gens qui ne connaissent pas la culture et les codes de comportements de l'autre de cohabiter dans un milieu déjà peu propice aux rapports interpersonnels harmonieux en raison du climat de compétition qui y règne. Même dans les meilleures conditions où les travailleurs de la majorité et de la minorité sont bien intentionnés, des conflits peuvent éclater. Par exemple, les bonnes intentions reçues avec méfiance peuvent se transformer en sentiment de rejet et en comportements racistes tant de la part des Blancs que des minorités visibles. Ainsi s'installe un climat de mésententes sur un fond de tensions interethniques.

---

[20]   Charles-Philippe ROCHON (dir.) (2001), *Les dispositions favorisant la conciliation travail-famille dans les conventions collectives au Canada*, Ottawa : Développement des ressources humaines Canada, Programme du travail.

[21]   Ann M. BEATON et Francine TOUGAS (1997) ; M. KANTER (1977), pour n'en citer que quelques-unes.

[22]   Ann M. BEATON, Francine TOUGAS et Stéphane JOLY (1996) ; BLALOCK (1967) ; Sarah HENDERSON-KING (1999) ; Francine TOUGAS, Jean-Claude DESRUISSEAUX, Alain DESROCHERS, Line ST-PIERRE, Andrea PERRINo et Roxanne DE LA SABLONNIÈRE (2004) ; WALKER (2001).

[23]   BLALOCK (1967) ; YODER (1991).

[24]   P.G. DEVINE, S.R. EVETT et K. VASQUEZ-SUSON (1996) ; P.G. DEVINE et K.A. VASQUEZ (1998) ; E.A. PLANT et P.G. DEVINE (2001).

Les plans d'équité ont pour but de corriger les situations d'exclusion et, de ce fait, ils sont mis en œuvre dans des milieux organisationnels jusque-là fermés à la diversité. Dans de telles circonstances peut-on s'attendre à ce que l'introduction de minorités visibles dans le milieu au moyen de stratégies d'équité en emploi se fasse sans tiraillement ? Il est difficile de ne pas répondre par la négative.

Dès lors, on peut se demander si les responsables de l'équité en entreprise ont passé sous silence ou n'ont pas repéré les problèmes humains mis en évidence par les études démontrant que les conflits font partie intégrante des défis de l'équité en emploi. Les conflits entre les membres de groupes majoritaires et minoritaires sont *probablement* à la source de nombreuses cessations d'emploi. Il est donc étonnant, voire contre-productif, que la théorie du conflit échappe au processus de détermination de meilleures pratiques d'équité en emploi. Sans une reconnaissance de la dimension humaine (et non seulement organisationnelle) de la mise en œuvre de l'équité en emploi, nous serons mis en présence d'une histoire sans fin (arrivées et départs des minorités) de l'équité en emploi, laquelle discréditera nécessairement le modèle.

La compétitivité internationale : certains prétendent que le phénomène de la multiplication des accords de commerce et l'institutionnalisation du commerce international, manifestations particulières mais non exclusives de la mondialisation, soumettent les droits de la personne au commerce. Les droits de la personne, donc les droits des femmes et plus particulièrement le droit des femmes à l'égalité, seraient ainsi mis à risque par ces phénomènes. Cette crainte est illustrée par les nombreuses revendications qui exigent la primauté des droits humains sur les accords de commerce. Nos études ont révélé[25] qu'il ne suffit pas d'affirmer que les accords de commerce n'empêchent pas le Canada d'adopter des lois et des programmes destinés à la promotion des « valeurs canadiennes » ou de l'intérêt des Canadiens et des Canadiennes. Les accords de commerce façonnent indirectement les politiques sociales canadiennes plus qu'ils ne les interdisent. Ainsi, dans le cas de l'équité en emploi, nos conclusions sont paradoxales : ce n'est pas moins mais plus de réglementation qu'exigent les accords de commerce. En effet, les obligations de transparence et de prévisibilité des conditions de commerce imposées par ces accords requièrent des pays développés un niveau de raffinement législatif qui met au défi certaines lois, tout comme leur administration, en matière de droits de la personne.

Les accords de commerce que le Canada a ratifiés n'expliquent qu'en partie, et fort indirectement, la « paralysie » du législateur devant une situation qui exigerait bien des redressements, comme c'est le cas en matière d'équité en emploi.

Nous avons acquis la conviction qu'il existe un lien entre l'idéologie du laisser-faire commercial et l'immobilisme du législateur en matière d'équité en emploi. En apparence, les choses sont distinctes l'une de l'autre. Des logiques internes expliqueraient pourquoi la *Loi sur l'équité en matière d'emploi* ne sera pas bonifiée alors que

---

[25]   Voir *supra*, note 5.

cela constituerait la meilleure sauvegarde compte tenu des accords de commerce. En réalité, il semble évident qu'à l'heure de la libéralisation commerciale, le législateur est peu enclin à renforcer des mesures législatives qui assurent la promotion du droit à l'égalité en emploi.

Nos entrevues et nos contacts ont révélé qu'en regard du modèle canadien de l'équité en emploi, la culture des entreprises suscite des réactions variables. Certaines d'entre elles, qui ne sont pas de culture organisationnelle nord-américaine, résistent silencieusement à la mobilité supérieure des femmes en leur sein. *Sotto voce*, on parle de la primauté des droits de mobilité de la main-d'œuvre étrangère sur les exigences de l'équité en emploi.

Ce champ de recherche ne pourra plus longtemps échapper aux études portant sur les droits de la personne, la discrimination et l'égalité en emploi.

Faut-il faire du neuf avec du vieux ?

L'équité en emploi n'a jamais été, au Canada, une exigence violente du point de vue des entreprises. Il s'agit néanmoins d'un mélange de législations et de politiques publiques qui n'a pas encore donné toute sa mesure et qui pourrait faire mieux, au moins à quatre égards : 1) l'élargissement aux plus petites entreprises des exigences posées par la Loi et le programme d'obligation contractuelle. Cette proposition est particulièrement pertinente dans le cas du Québec ; 2) le renforcement du suivi et du contrôle des mesures qualitatives d'équité en emploi ; 3) la révision systématique des impacts de la Loi selon les statuts d'emploi ; 4) l'ouverture d'un débat issu des exigences de l'interdiction de la discrimination (et non du coefficient de bonheur des entreprises) en regard des fonctions « conseil » des organismes chargés de la mise en œuvre législative[26].

Tout plaidoyer en faveur du renforcement des modèles législatifs de pro activité en emploi peut sembler affreusement orthodoxe, voire obsolète, pour certains. Il est facile de jeter le bébé avec l'eau du bain alors que peu de recherches s'intéressent au sujet. Les modèles proactifs d'équité en emploi sont cependant à la croisée des chemins et la tentation est forte de les faire basculer dans le camp des initiatives autorégulées, négociées ou cogérées par les partenaires du travail. Cela accorde peu d'attention au caractère d'ordre public de l'interdiction de la discrimination. Car malgré le discours envoûtant des mérites de la diversité au travail, il s'agit ici de discrimination systémique, en effet.

---

[26]   Voir, par exemple, l'article 93 de la Charte québécoise ou l'article 40 (3.1) de la *Loi canadienne sur les droits de la personne*.

Certes, le travail n'est pas le seul lieu d'accomplissement de l'égalité et l'équité en emploi a des limites : elle ne crée pas d'emplois décents et n'exige pas la transformation du rapport des citoyens et des citoyennes au travail. Elle gère les choses en état. De ce point de vue, elle propose la consécration du *statu quo*.

Néanmoins, le potentiel transformateur de l'équité en emploi reste à exploiter. Et cette exploitation est soumise à la volonté des acteurs, en commençant par l'État. Car l'équité en emploi représente plus qu'une pratique de ressources humaines. C'est une politique publique fondée sur l'interdiction de la discrimination, norme d'ordre public. Traitons-là donc avec égards !

La croissance de la diversité ethnoculturelle et des discriminations en emploi[1]

Patricia Rimok

La diversité ethnoculturelle n'est pas un problème en soi, dès lors qu'elle est considérée comme une richesse pour la société québécoise. Elle résulte notamment de l'immigration sur laquelle compte le Québec, mais aussi le Canada et plusieurs sociétés, afin de ralentir le déclin démographique et atténuer le vieillissement de la population. L'immigration peut être perçue comme un bassin où il est alors possible de puiser des ressources importantes. C'est le cas lorsque les décideurs considèrent que les immigrants, en maintenant le niveau de la population active, vont soutenir la consommation, alléger le fardeau fiscal, permettre d'étaler la dette et maintenir les services (Immigration et métropoles, 1996). L'immigration peut faire l'objet d'un positionnement stratégique pour recruter et retenir les immigrants sur un territoire précis. Des États, des provinces, des régions et des villes peuvent être en concurrence afin d'attirer et conserver une main-d'œuvre spécialisée (Green et Green, 1999), mais aussi des entreprises. Il s'agit donc d'un enjeu de taille qui concerne l'ensemble des sociétés les plus développées (Aydemir, et Robinson, 2006), dans un contexte où la croissance économique demeure un des objectifs principaux que ces sociétés doivent constamment atteindre. Outre les raisons démographiques et économiques qui expliquent pourquoi la diversité constitue une richesse, nous pouvons ajouter que l'apport des immigrants peut aussi être évalué sous l'angle de nouvelles idées et de leur diffusion. Ainsi, nous pouvons retenir la définition suivante de la diversité ethnoculturelle : « A positive construct indicating the richness that exists when people from a variety of backgrounds, cultures and ethnicities bring different talents, skills and experiences to a group » (Baklid, Cowan, MacBride-King et Mallett, 2005).

Toutefois, l'extension de la diversité ethnoculturelle peut être accompagnée de racisme et de discrimination, au Québec comme ailleurs. C'est pourquoi il peut être nécessaire de gérer la diversité ethnoculturelle. De manière générale, nous pouvons définir cette dernière comme une construction sociale qui résulte de rapports sociaux

---

[1] Recherche et rédaction effectuées par Ralph ROUZIER, Conseil des relations interculturelles du Québec.

qui se développent en fonction d'un sentiment d'appartenance (réel ou projeté) à un groupe auquel peuvent s'identifier ou non les immigrants et leurs descendants. Nous pourrions y inclure, plus largement, les minorités visibles et les autochtones. Ces rapports se développent notamment face au groupe qui est considéré comme formant la majorité qui fait aussi partie de la diversité ethnoculturelle. Nous pouvons alors définir sa « gestion » comme un ensemble de principes qui correspondent à la régulation de rapports sociaux identitaires ou au désir de les réguler[2].

Les questions qui se posent alors sont : qui doit participer à cette gestion et de quelle manière, notamment dans le domaine de l'emploi ? Des organisations comme le Conseil canadien des relations industrielles, dont le mandat est de maintenir des relations de travail harmonieuses dans les entreprises de compétence fédérale[3], ou la Commission des relations du travail, qui doit, entre autres, assurer l'application du Code du travail[4], peuvent se pencher sur les questions entourant la gestion de la diversité ethnoculturelle. Il arrive, en effet, qu'elles doivent rendre des décisions sur ces questions étant donné que des plaintes peuvent être déposées en matière de discrimination en emploi. Mais dans leur mission de promouvoir une certaine harmonie dans les relations de travail, tant dans le secteur public que privé, devraient-elles prendre les devants afin de favoriser une prise en compte de la diversité ethnoculturelle dans les organisations en y impliquant tant les employeurs que les syndicats ? Cela ne permettrait-il pas de diminuer le nombre de plaintes, sinon d'en éviter la multiplication étant donné que cette diversité sera plus grande avec les années ? Cela signifierait que des organisations comme le Conseil canadien des relations industrielles ou la Commission des relations du travail devraient, dans leur planification ou leurs pratiques, tenir compte du fait que l'immigration pourrait venir affecter les relations de travail. Il n'y a qu'à penser à l'accommodement raisonnable en matière religieuse pour s'en convaincre. Ce texte propose une réflexion sur ces questions.

La diversité ethnoculturelle en 2001

Au cours des prochaines années, la diversité s'accroîtra au Québec, notamment parce que l'État fait appel, depuis les dernières années, à un plus grand nombre d'immigrants pour régler les problèmes dont nous avons fait état plus haut. En 2006, le gouvernement du Québec envisage accueillir, en moyenne, 47 200 immigrants (MICC, 2005). En 2000, ce nombre était de 32 502 et en 2005, de 45 250 (tableau 1).

---

[2]   Au sujet de la « gestion du social », voir : Louis MAHEU et Jean-Marie TOULOUSE (1993), « Présentation. Gestion du social et social en gestation », *Sociologie et sociétés*, vol. XXV, n° 1 (printemps), p. 7-24.

[3]   http://www.cirb-ccri.gc.ca/about/index_f.asp.

[4]   http://www.crt.gouv.qc.ca.

Le nombre de personnes appartenant aux minorités visibles[5] augmentera. En effet, contrairement aux années 1960 à 1980, les immigrants proviennent maintenant de pays de plus en plus diversifiés auxquels sont identifiées les minorités visibles. Au Canada, 90 % des personnes qui y ont immigré avant 1961 étaient d'origine européenne. En 2001, le recensement indique que durant les années 1990, 58 % des immigrants provenaient d'Asie (incluant le Moyen-Orient), 20 % d'Europe, 11 % des Caraïbes, de l'Amérique centrale et de l'Amérique du Sud, 8 % de l'Afrique et 3 % des États-Unis (Rummens, 2003).

Comme on peut le constater dans le tableau 1, au Québec, les individus appartenant aux minorités visibles représentaient 6,9 % de la population en 2001. La population immigrante comptait 706 965 personnes, sur un total de 7 125 580, correspondant à 9,9 % de la population. Par ailleurs, plus de 631 667 personnes (8,8 %) étaient issues d'au moins un parent immigrant[6].

En 2001 toujours, 46,5 % des immigrants étaient identifiés comme appartenant aux minorités visibles (MRCI, 2004a). Cela représentait 328 739 personnes ou 4,6 % de la population. Le total des minorités visibles nées sur le territoire représentait 2,3 % de la population, soit 162 926 personnes. Les immigrants, incluant les minorités visibles, et les minorités visibles nées au Canada ou au Québec représentaient donc 12,2 % de la population. Si l'on ajoute les autochtones[7], c'est 13,3 % de la population qui est plus à risque de subir des formes de discrimination en raison des origines ethniques. Par ailleurs, dans le recensement de 2001, en ce qui concerne la question portant sur certaines origines ethniques[8], 73 % de la population du Québec déclarait une seule origine. Si les origines canadienne, française, anglaise et québécoise étaient éliminées, c'est 14,8 % de la population qui considérait être d'une origine unique autre, ce qui est un peu plus élevé que l'évaluation précédente (13,3 %).

---

5   « Le concept de "minorités visibles" désigne les personnes identifiées en vertu de la *Loi sur l'équité en matière d'emploi*, selon qu'elles sont ou non de race blanche. Selon cette Loi, les autochtones ne font pas partie des groupes de minorités visibles » (Source : http://www.statcan.ca/francais/concepts/definitions/vis-minorit_f.htm). Statistique Canada retient les catégories suivantes : Chinois, Sud-Asiatique (p. ex., Indien de l'Inde, Pakistanais, Pendjabi, Sri-Lankais), Noir (p. ex., Africain, Haïtien, Jamaïquain, Somalien), Arabe/Asiatique (p. ex., Arménien, Égyptien, Iranien, Libanais, Marocain), Philippin, Asiatique du Sud-Est (p. ex., Cambodgien, Indonésien, Laotien, Vietnamien), Latino-Américain, Japonais et Coréen (Source : http://www.statcan.ca/francais/concepts/definitions/vis-minorit01_f.htm).

6   Statistique Canada, Tableau 97F0009XCB2001006 ; Institut de la statistique du Québec – Population selon le groupe d'âge, régions administratives du Québec, 2001 ; Louis DUCHESNE et Sophie GOULET (2000), « Un enfant sur cinq a un parent né à l'étranger », *Données sociodémographiques*, vol. 4, n° 3. Il s'agit d'une estimation.

7   Les personnes ayant déclaré, en 2001, une identité autochtone, représentaient 1,1 % de la population du Québec. Le Québec abritait 8,1 % de l'ensemble des autochtones au Canada (Statistique Canada, Recensement de 2001 : série « analyses », Peuples autochtones du Canada : un profil démographique, 28 p.).

8   Statistique Canada : Population selon certaines origines ethniques, par provinces et territoires (Recensement de 2001) (Québec).

Si la catégorie « anglaise » est éliminée, bien qu'au Québec les anglophones constituent une minorité, c'est notamment parce que les individus appartenant à cette
dernière catégorie sociale ne vivent pas nécessairement les mêmes problèmes que
les autres catégories reliées à la diversité ethnoculturelle.

TABLEAU 1

Portrait de la diversité ethnoculturelle au Québec en 2001

Population immigrante du Québec	9,9 % de la population (13 % de l'ensemble des immigrants établis au Canada)[a]
Minorités visibles[b]	6,9 % de la population (12,4 % de l'ensemble des minorités visibles du Canada)[c]
Personnes de 15 ans et plus de première génération[d]	12 % des 15 ans et plus[e]
Personnes de 15 ans et plus de deuxième génération[f]	6,4 % des 15 ans et plus[g]
Personnes de 15 ans et plus établies depuis trois générations ou plus[h]	81,5 % des 15 ans et plus[i]
Femmes et hommes immigrés ne connaissant ni le français ni l'anglais	5,5 %
Femmes et hommes immigrés ne connaissant que l'anglais	19 %[j]
Régions de provenance des immigrants du Québec	Europe (40 %), Asie (27 %), Amériques (21 %), Afrique (11 %)

[a]   Statistique Canada, Tableau 97F0010XCB2001003.

[b]   « Le concept de "minorités visibles" désigne les personnes identifiées en vertu de la *Loi sur l'équité en matière d'emploi*, selon qu'elles sont ou non de race blanche. Selon cette Loi, les autochtones ne font pas partie des groupes de minorités visibles », http://www.statcan.ca/francais/concepts/definitions/vis-minorit_f.htm.

[c]   http://www12.statcan.ca/francais/census01/products/standard/prprofile/prprofile.cfm?G=24.

[d]   Personnes nées à l'étranger.

[e]   Statistique Canada, Tableau 97F0009XCB2001006 et Statistique Canada, « Enquête sur la diversité ethnique : portrait d'une société multiculturelle », Ottawa, Ministre de l'Industrie, 2003, 28 p.

[f]   Personnes nées au Canada d'au moins un parent immigrant.

[g]   Statistique Canada, Tableau 97F0009XCB2001006 et Statistique Canada, 2003, *op. cit.*

[h]   Descendants de parents nés au Canada et de grands-parents pouvant être nés au Canada.

[i]   Statistique Canada, Tableau 97F0009XCB2001006 et Statistique Canada 2003, *op. cit.*

[j]   MRCI, « Population immigrée recensée au Québec et dans les régions en 2001 : caractéristiques générales. Recensement de 2001 : données ethnoculturelles », Québec, Ministère des Relations avec les citoyens et de l'Immigration, 2004b, 136 p.

Période d'arrivée des immigrants	Avant 1960 : 14 % 1960 à 1970 : 32 % 1980 : 20 % 1991 à 2001 : 35 % 1996 à 2001 : 19 %[k]
Pays de provenance des immigrants du Québec	Italie (10 %), France (7 %), Haïti (7 %), Liban (4 %), États-Unis (4 %), Chine (3 %), Vietnam (3 %), Portugal (3 %), Grèce (3 %)[l]
Immigrants admis au Québec[m]	2000 : 32 502 2001 : 37 537 2002 : 37 629 2003 : 39 583 2004 : 44 226 2005 : 45 250[n]

[k] MRCI, « Plan stratégique 2001-2004 », Québec, MRCI, Direction de la planification stratégique en collaboration avec la Direction des affaires publiques et des communications, 2001, 31 p.

[l] Statistique Canada, Données du recensement de 2001, Immigration et citoyenneté.

[m] MICC, Tableaux sur l'immigration 2000-2004, 2005, 41 p.

[n] Objectif visé (moyenne) : MRCI, Plan d'immigration pour l'année 2005, 2004, 10 p.

Notons aussi qu'en 2001, c'est environ 26 % de la population qui estimait avoir plus d'une origine ethnique. À titre d'hypothèse, on pourrait estimer à près de 20 % les individus au Québec qui sont susceptibles d'être discriminés en raison de leurs origines, cela même lorsqu'ils sont nés sur le territoire québécois et qu'ils n'appartiennent ni aux minorités visibles, ni aux autochtones, ni aux anglophones. Toutes les questions entourant le racisme et les discriminations risquent de devenir plus complexes avec la diversification. En effet, le racisme et les discriminations ne sont pas uniquement l'apanage d'individus ou de groupes appartenant à la majorité. Ils peuvent aussi être le produit de minorités face à d'autres minorités, voire face à la majorité.

Une diversité ethnoculturelle en croissance

Des projections estiment que le Canada pourrait compter, en 2017, entre 19 % et 23 % de personnes appartenant aux minorités visibles. Ces mêmes projections estiment que les Noirs et les Arabes constitueront les deux premiers groupes ethniques, tout comme en 2001, suivis des Chinois qui passeront du cinquième au troisième rang. Ils seront suivis des Sud-Asiatiques, puis des Latino-Américains qui passeront du troisième au cinquième rang (Bélanger et Caron Malenfant, 2005).

Selon le scénario de référence[9], la population des immigrants pourrait compter 7 686 000 personnes en 2017. Les immigrants représenteraient ainsi 22,2 % de la population du Canada,

[9] Correspondant à la situation observée de 1996 à 2001 en matière de fécondité, de mortalité, de migration interne et d'émigration. Ce scénario est, notamment, accompagné d'un scénario à faible croissance des niveaux d'immigration et de l'indice synthétique de fécondité et d'un autre à forte croissance.

soit l'équivalent du niveau le plus élevé à avoir été observé au vingtième siècle, à savoir 22 % environ entre 1911 et 1931. Les immigrants représentaient environ 18 % de la population du Canada en 2001 (Bélanger et Caron Malenfant, 2005 : iii).

D'autres données sont à considérer. Toujours selon le scénario de référence, la population totale du Canada serait, en 2017, de 34 582 200 personnes, dont un peu moins de 78 % seraient non-immigrantes. Par ailleurs, pour 100 personnes appartenant aux minorités visibles qui quitteront la population active, 142 l'intégreront. Pour ce qui est du reste de la population, ce sera 75 personnes qui l'intégreront pour 100 qui la quitteront. Notons aussi que si le nombre de personnes appartenant aux minorités visibles au Canada est estimé à 4 000 000 en 2001, il pourrait atteindre 7 120 700 en 2017. Il est d'ailleurs à noter que ce nombre est en croissance constante depuis 1981. En 2001, cette catégorie était composée de près de 69 % de personnes nées à l'étranger. Ce pourcentage pourrait être semblable en 2017, cela malgré la croissance du nombre de personnes identifiées aux minorités visibles nées au Canada. Notons aussi qu'en 2001, près de 17 % de la population déclarait une langue maternelle autre que le français ou l'anglais. Ce taux pourrait atteindre 22 % en 2017 (Bélanger et Caron Malenfant, 2005).

La diversité constitue donc un changement très important au sein de la société (Bérubé, 2004), et elle sera encore plus marquée dans un avenir rapproché. La capacité de l'économie d'absorber la main-d'œuvre doit être alors prise en considération, bien que les données puissent nous laisser entendre que cela ne devrait pas poser de problème. En 2011, il est prévu que l'immigration comptera pour 100 % de la croissance de la main-d'œuvre (Jiménez, 2005). Pourtant, certaines données peuvent laisser croire que les problèmes liés au racisme et à la discrimination doivent d'abord être résolus.

Par ailleurs, on peut considérer qu'une société qui ne facilite pas l'intégration socioéconomique par des emplois qui correspondent aux compétences des immigrants est perdante. La sélection d'immigrants en fonction de problèmes démographiques peut nous amener à considérer qu'une société risque d'être doublement perdante si l'immigrant décide de migrer ailleurs, notamment en raison de la difficulté à intégrer le marché du travail. À titre d'exemple, 48 % des gens d'affaires admis au Québec entre 1980 et 1995 résidaient dans une autre province en 1995[10]. Entre 1992 et 2001, toutes catégories confondues, le taux de rétention des femmes et des hommes était, en moyenne, de 77,5 % (Guilbault et Di Dominico, 2005). Entre 1994 et 2003, il était de 79,4 % (Ste-Marie, 2005). Pour ce qui est de l'ensemble du Canada, il est estimé qu'environ 35 % des immigrants quittent le pays au cours d'une période de 20 ans (Aydemir et Robinson, 2006).

---

[10]   http://www.cic.gc.ca/francais/recherche-stats/rapports/interprovinciaux/interprovinciaux-i.html.

Des problèmes qui peuvent accompagner la diversité

Malgré la diversité ethnoculturelle croissante, malgré le fait que l'immigration soit considérée comme une richesse qui profite à l'ensemble de la société, il sera nécessaire de régler certains problèmes. Au Canada comme au Québec, la discrimination en emploi affecte plus grandement les immigrants et les minorités visibles que l'ensemble de la population. Ainsi, tout comme les immigrants, les personnes identifiées aux minorités visibles ont des salaires plus bas que la moyenne, des taux de chômage plus élevés et occupent plus souvent des emplois précaires. Dans le cas des personnes appartenant à cette dernière catégorie, il s'agit fréquemment de personnes non immigrantes. Par ailleurs, les personnes appartenant aux minorités visibles ont en moyenne un niveau de scolarité plus élevé que l'ensemble de la population. En 2000, par exemple, 37,5 % avaient un diplôme de premier cycle universitaire, comparativement à 31,5 % pour les immigrants et 19,1 % pour les personnes nées au Canada n'appartenant pas aux minorités visibles (Cheung, 2005). Pourtant, le taux de chômage des personnes appartenant aux minorités visibles était de 10,7 % en 2000, comparativement à 9,1 % pour l'ensemble des immigrants et à 7,1 % pour l'ensemble des travailleurs. Le salaire moyen dans chacune de ces catégories était de 21 983 $, 25 204 $ et 30 141 $. Les jeunes de 15 à 24 ans des minorités visibles étaient plus particulièrement touchés (Cheung, 2005), mais aussi les immigrants installés au Canada depuis cinq ans et moins. Ainsi, en 2001, les immigrants de 25 à 44 ans arrivés à partir de 1996 avaient un taux de chômage de 12,1 % alors que celui des individus nés au pays était de 6,4 %. Le taux de chômage moyen de tous les immigrants arrivés au cours de cette période était de 30 % (CNDMMV, 2004). En 2001, plus de 340 000 personnes avaient un diplôme étranger qui n'était pas reconnu (CNDMMV, 2004). Il est estimé, selon les études, que l'impact économique qui résulte uniquement de la sous-utilisation des compétences des immigrants se chiffre entre 2 et 4,1 milliards de dollars annuellement (CNDMMV, 2004 ; Jiménez, 2005 ; Reitz, 2005).

Si ces données statistiques ne nous informent pas sur les causes expliquant les écarts entre les minorités et la majorité, cela nous amène à questionner l'efficacité des chartes des droits et des lois[11] en matière de réduction du racisme et des discriminations, voire à leur éradication. Au Canada, l'application de la *Loi sur l'équité en matière d'emploi* est évaluée par la Commission canadienne des droits de la personne (CCDP) et par le ministère des Ressources humaines et du Développement social (RHDS[12]) (Potvin *et al.*, 2006). Elle vise les entreprises privées qui relèvent des compétences

---

11   Par exemple, la *Charte canadienne des droits et libertés*, la *Charte des droits et libertés de la personne* du Québec, la *Loi sur l'équité en matière d'emploi* au Canada et la *Loi sur l'accès à l'égalité en emploi dans les organismes publics* au Québec.

12   Auparavant, c'était sous la responsabilité du ministère des Ressources humaines et du Développement des compétences qui a été fusionné au ministère du Développement social.

fédérales employant au moins 100 salariés et une partie de l'administration publique fédérale[13].

Au Québec, la *Loi sur l'accès à l'égalité en emploi dans les organismes publics* institue un cadre particulier dans ceux qui emploient 100 personnes et plus dans le secteur municipal, les réseaux de l'éducation, de la santé et des services sociaux et autres organismes comme les sociétés d'État ainsi que la Sûreté du Québec en ce qui a trait à son personnel policier. Ces organismes doivent procéder à l'analyse de leurs « effectifs afin de déterminer, pour chaque type d'emploi, le nombre de personnes faisant partie de chacun des groupes visés par la présente loi[14] ». La Commission des droits de la personne et des droits de la jeunesse (CDPDJ) doit rendre publique, tous les trois ans, la liste des organismes publics assujettis à cette Loi et faire état de leur situation en matière d'égalité en emploi (Bastien et Lambert, 2005). Autrement dit, elle doit veiller à l'évaluation de l'application des mesures législatives qui couvrent trois dimensions de l'égalité :

1) la représentation et la distribution numérique des membres de groupes appartenant aux minorités ethniques ;

2) les systèmes d'emploi, c'est-à-dire les politiques, les processus décisionnels et les pratiques qui affectent tous les aspects de la carrière des personnes au sein des entreprises (recrutement, sélection, promotion, perfectionnement, etc.[15]) ;

3) la culture de l'entreprise qui concerne l'ensemble des comportements qui y existent (Potvin *et al.*, 2006).

La question qui se pose alors est comment mesurer l'impact des mesures législatives qui doivent favoriser la diversité ethnoculturelle dans les organisations ? Encore, les organisations cherchent-elles à aller au-delà de la représentation numérique des membres de groupes appartenant aux minorités ethniques ?

Quels moyens faut-il pour réduire la discrimination en emploi ?

Selon le Centre for Strategy & Evaluation Services[16] qui s'est notamment penché sur les raisons économiques devant favoriser la diversification dans les organisations, il est nécessaire de développer une approche qui comporte trois volets :

---

[13]   *Loi sur l'équité en matière d'emploi* (http://lois.justice.gc.ca/fr/E-5.401/188735.html#rid-188738).

[14]   *Loi sur l'accès à l'égalité en emploi dans les organismes publics* (http://www2.publicationsduquebec. gouv.qc.ca/dynamicSearch/telecharge.php?type=2&file=/A_2_01/A2_01.html).

[15]   Le guide de l'analyse en trois étapes élaboré dans la décision Meorin de la Cour suprême du Canada [*British Columbia Public Service Employee Relations Commission* c. *BCGSEU*, 1999] sert aujourd'hui à identifier les barrières systémiques et leurs impacts négatifs.

[16]   Centre for Strategy & Evaluation Services (2003), « Méthodes et indicateurs mesurant le rapport coût-efficacité des politiques de diversité en entreprise. Rapport final » (octobre), 88 p.

1) la mise en œuvre du programme qui consiste à mesurer les actions menées par l'entreprise afin d'identifier les obstacles à l'origine d'une discrimination indirecte ; ce volet évalue les activités et les coûts ;

2) les résultats en termes de diversité, c'est-à-dire la mesure des résultats intermédiaires des actions mises en œuvre au titre d'une politique de diversité des effectifs ;

3) les avantages pour l'entreprise ou l'impact de l'investissement consacré à la politique de diversification de ses effectifs (Centre for Strategy & Evaluation Services, 2003, cité dans Potvin *et al.*, 2006).

Les tableaux suivants présentent les indicateurs et les méthodes de mesure pour chacun des volets.

TABLEAU 2

Indicateurs de coûts, avantages et méthodes de mesure (mise en œuvre du programme)

Indicateurs	Méthodes de mesures
Engagement de l'encadrement supérieur	– Temps consacré aux questions de diversité par la direction (en pourcentage du temps total) – Communication (nombre de mentions dans des allocutions officielles, par exemple) – Inclusion d'un objectif lié aux résultats de la diversité dans les contrats axés sur la performance (oui/non) – Nature de l'objectif de diversité dans les contrats axés sur la performance (évaluation de différents types de mesures : représentation, changement dans les comportements ou avantages) – Participation aux nouvelles structures de gestion de la diversité (nombre de cadres supérieurs dans les conseils de la diversité ou leur équivalent)
Stratégie et plan de promotion de la diversité	– Existence d'une stratégie de diversité (oui/non) – « Qualité » de la stratégie de diversité – la stratégie répond-elle aux normes des meilleures pratiques en termes de couverture et de contenu ? Intégration dans la stratégie globale de l'entreprise – Existence d'un plan d'action annuel pour la diversité (oui/non) – Qualité du plan d'action – degré d'intégration dans le plan d'action annuel général de l'entreprise

Suite

Indicateurs	Méthodes de mesures
Politiques organisationnelles	– La politique de recrutement a-t-elle été modifiée pour tenir compte de la stratégie de diversité ? (oui/non) – La politique de développement des ressources humaines a-t-elle été modifiée pour tenir compte de la stratégie de diversité ? (oui/non) – Les politiques régissant le comportement du personnel ont-elles été modifiées pour tenir compte de la stratégie de diversité ? (oui/non)
Avantages sociaux	– Existence d'avantages sociaux liés à la diversité (allocations pour partenaire du même sexe, modification de l'âge de la retraite et du régime de pension, soins médicaux supplémentaires, modalités de congé, structures de garde pour les enfants, partage de poste et travail flexible, télétravail, facilités d'accès, etc.) (oui/non) – Coûts des avantages sociaux liés à la diversité (instauration et fonctionnement) – Utilisation des avantages sociaux liés à la diversité (proportion de salariées faisant appel aux structures de garde d'enfants ou nombre d'émigrés récents participant à une formation linguistique, par exemple)
Stimulants pour l'encadrement	– Existence d'incitations dans le cadre des contrats axés sur la performance destinés aux cadres supérieurs et moyens (oui/non) – Existence de processus de mesure permettant d'évaluer la performance de la direction dans les domaines liés à la diversité (rétroaction ascendante, par exemple) – Nature des incitations et processus – évaluation de la nature et de l'adéquation – Coût des incitations mises en place au sein de la direction en relation avec la diversité
Structures organisationnelles	– Des structures de gestion de la diversité ont-elles été mises en place ? (conseils de la diversité, par exemple) (oui/non) – Participation aux structures de gestion de la diversité ? – Degré d'implication des cadres supérieurs – Des unités de supervision de la diversité (une équipe « Diversité », par exemple) ont-elles été mises en place pour apporter un soutien et suivre les progrès ?
Processus d'établissement de rapports sur la diversité	– Un système a-t-il été mis en place pour suivre la performance en matière de diversité ? (réalisations par rapport au plan) (oui/non) – Efficacité du processus (exécution opportune et suffisamment approfondie) Coût du processus d'exécution de la diversité

Communications (verbale et écrite)	– Nombre de mentions positives et négatives (ou de « centimètres de colonne ») consacrées aux questions de diversité par des médias externes (télévision, presse grand public, presse spécialisée (en termes absolus et en termes d'évolution dans le temps) – Évaluation de la pertinence et de la qualité des mentions – revue de la presse écrite et télévisée – Nombre de mentions (ou « centimètres de colonne ») consacrées aux questions de diversité par les médias internes (bulletin d'entreprise, par exemple) (en termes absolus et d'évolution dans le temps) – Nombre de mentions (ou « centimètres de colonne ») consacrées aux questions de diversité dans les communications avec les actionnaires et les investisseurs (en termes absolus et d'évolution dans le temps) – Nombre de mentions (ou minutes) consacrées aux questions de diversité dans les discours clés (en termes absolus et d'évolution dans le temps) – Coût des activités de communication
Réseaux d'appui	– Existence de réseaux d'appui à la diversité (*Women in Management* ou groupes de travailleurs homosexuels) (oui/non) – Adhésion à des réseaux d'appui à la diversité (nombre d'affiliés par rapport au groupe total éligible) – Activité des réseaux d'appui à la diversité (nombre de réunions par an, par exemple) – Coût des réseaux d'appui
Éducation et formation	– Coût de la formation à la diversité pour le personnel en place et nouveau – Participation à la formation à la diversité – personnel en place (chiffres absolus, proportion de groupes spécifiques tels que les cadres moyens) – Participation à la formation à la diversité – nouveau personnel (chiffres absolus, proportion de groupes spécifiques tels que les cadres moyens) – Valeur de la formation à la diversité aux yeux du personnel en place et du nouveau personnel (degré d'accord avec les avis formulés dans le questionnaire d'évaluation postformation) – Impact de la formation sur le développement futur (lien entre la participation à des cours de formation/perfectionnement et le maintien ou le développement de groupes cibles)
Baisses de productivité	– Productivité par salarié par rapport aux périodes antérieures – Productivité par nouveau salarié (par rapport à la moyenne)

Source : Centre for Strategy & Evaluation Services (2003), cité dans M. POTVIN *et al.* (2006).

TABLEAU 3

Résultats en termes de diversité

Indicateurs	Méthodes de mesures
Profil démographique de la main-d'œuvre	– Nombre de personnes issues des groupes cibles (notamment basé sur l'âge, le sexe, l'origine ethnique, la race, un handicap, l'homosexualité ou l'appartenance religieuse) dans l'ensemble des effectifs – Nombre de personnes issues des groupes cibles dans l'ensemble des effectifs par rapport à des références extérieures – comparaison avec la communauté locale en ce qui concerne les déplacements entre le domicile et le travail ou avec d'autres entreprises (recours à une analyse comparative, par exemple) – Nombre de personnes issues des groupes cibles dans des catégories spécifiques de la main-d'œuvre (personnel d'encadrement ou fonctions particulières) – Niveaux de salaire des personnes issues des groupes cibles par rapport aux niveaux de rémunération d'autres salariés classés à un échelon équivalent – Évolution du nombre de personnes issues des groupes cibles – variation par rapport à l'année précédente – Nombre de personnes issues des groupes cibles recrutées dans l'organisation – Nombre de personnes issues des groupes cibles qui ont eu un avancement au sein de l'organisation – Nombre de personnes issues des groupes cibles qui quittent l'organisation
Culture / environnement de travail	– Nombre de plaintes formelles internes liées à la diversité – Nombre de plaintes formelles externes liées à la diversité – Nombre de cas de poursuites liés à la diversité – Coût du règlement des cas de poursuites liés à la diversité – Coût de la résolution des plaintes – Attitude des effectifs de l'ensemble de l'entreprise vis-à-vis des questions liées à la diversité – réponses aux demandes d'avis dans le cadre d'une enquête auprès des membres du personnel – Attitude des effectifs vis-à-vis des questions liées à la diversité – réponses à des demandes d'avis dans le cadre d'une enquête auprès des membres du personnel – comparaison entre différents groupes au sein de l'entreprise (différence de perception entre les femmes et les hommes, par exemple) – Attitude des effectifs vis-à-vis des questions liées à la diversité – réponses à des demandes d'avis dans le cadre d'une enquête auprès des membres du personnel – comparaison au fil du temps – Attitude des effectifs vis-à-vis des questions liées à la diversité – réponses à des demandes d'avis dans le cadre d'une enquête auprès des membres du personnel – comparaison avec les réponses obtenues dans d'autres entreprises (analyse comparative) – Attitude des effectifs vis-à-vis des questions liées à la diversité – index établi sur la base des réponses à des demandes d'avis dans le cadre d'une enquête auprès des membres du personnel

Source : Centre for Strategy & Evaluation Services (2003), cité dans M. POTVIN *et al.* (2006).

TABLEAU 4

Avantages pour l'entreprise

Indicateurs	Méthodes de mesures
Réduction des coûts	– Rotation du personnel au sein de groupes spécifiques (notamment basé sur l'âge, le sexe, l'origine ethnique, un handicap, l'homosexualité ou l'appartenance religieuse) par rapport à la moyenne de l'entreprise – Absentéisme du personnel au sein de groupes spécifiques (notamment basé sur l'âge, le sexe, l'origine ethnique, un handicap, l'homosexualité ou l'appartenance religieuse) par rapport à la moyenne de l'entreprise – Frais directs de recrutement, évolution au fil du temps – Dépenses liées aux cas de poursuites pour discrimination ; frais de justice (évolution au fil du temps) – Dépenses liées aux cas de poursuites pour discrimination ; frais de règlement des litiges (évolution au fil du temps)
Pénuries de main-d'œuvre	– Nombre de postes vacants (internes et externes), chiffres absolus et variations au fil du temps – Nombre de candidats pour les postes vacants (internes et externes), chiffres absolus et variations au fil du temps – Temps nécessaire à pourvoir les postes vacants (internes et externes)
Accès à de nouveaux marchés	– Pénétration de nouveaux marchés déterminés (proportion des ventes réalisées auprès de groupes spécifiques) – Pénétration de nouveaux marchés déterminés (proportion des groupes spécifiques ayant déjà effectué un achat de produit/service) – Pénétration de nouveaux marchés déterminés (proportion des groupes spécifiques ayant acheté un produit, par degré de fidélité – achat unique, occasionnel, régulier, systématique) – Attitudes des groupes cibles sélectionnés vis-à-vis de l'organisation et de ses marques, produits et services
Meilleurs résultats sur les marchés existants	– Niveaux de satisfaction de la clientèle vis-à-vis du produit/service, variations au fil du temps – Degré de fidélité de la clientèle (utilisateurs occasionnels ou réguliers), variations au fil du temps – Niveau du rendement d'exploitation, niveau de production, niveau de qualité, déchets, durée du cycle avec des équipes de travail homogènes par rapport à des équipes de travail diversifiées

Suite

Indicateurs	Méthodes de mesures
Accès aux talents	– Profil des compétences du personnel en place par rapport aux compétences requises par l'organisation (par un audit des aptitudes) – Satisfaction du personnel, dans l'ensemble et au sein de groupes clés (techniciens ou jeunes cadres particulièrement prometteurs) – Réputation de l'organisation en tant qu'employeur (par une enquête sur les comportements) parmi les groupes clés (nouveaux diplômés, notamment) – Taux de maintien du personnel appartenant aux groupes clés (jeunes cadres très prometteurs, par exemple) – Nombre de candidats pour les postes clés vacants (fonctionnels ou de gestion), variations au fil du temps
Capacité de gestion globale	– Proportion de l'équipe de direction ayant une origine « non traditionnelle » – Proportion des cadres très prometteurs ayant une origine « non traditionnelle » – Proportion des cadres très prometteurs et d'origine « non traditionnelle » participant aux grands programmes de développement
Innovation et créativité	– Degré d'hétérogénéité au sein des groupes clés, proportion de personnes d'origine « non traditionnelle » dans les équipes multifonctionnelles de développement des produits, par exemple – Performance des différents types de groupes de travail clés, traditionnels par rapport aux non traditionnels – Dépenses consacrées à l'innovation en pourcentage des ventes – Délai de commercialisation de nouveaux produits ou services – Proportion des ventes basées sur de nouveaux produits ou services (introduits au cours des trois dernières années)
Réputation auprès des pouvoirs publics et autres parties prenantes	– Attitudes des leaders d'opinion et du grand public à l'égard de l'organisation en ce qui concerne les grandes questions de diversité (par un sondage d'opinion) – Attitudes des communautés locales à l'égard de l'organisation en ce qui concerne les grandes questions de diversité (par un sondage d'opinion) – Présence médiatique, mentions (positives et négatives), types de presse, importance de la couverture
Image sur le marché	– Attitudes à l'égard de l'organisation, de la clientèle sur les principaux marchés visés, à l'heure actuelle et au fil du temps (étude des variations, par exemple)
Valeurs culturelles	– Profil des valeurs du personnel en place par rapport aux valeurs culturelles souhaitées par l'organisation (par un audit des valeurs) – Enquête interne concernant les opinions et comportements du personnel

Source : Centre for Strategy & Evaluation Services (2003), cité dans M. POTVIN *et al.* (2006).

Ces divers indicateurs et mesures devant permettre de développer une approche afin que les organisations diversifient leur personnel exigent sans doute un investissement non seulement en termes quantitatif, mais aussi qualitatif. En effet, chercher à favoriser la participation de l'ensemble des individus au sein d'une organisation afin de promouvoir l'intégration d'un personnel diversifié exige des efforts de tous qui peuvent dépasser la seule conviction basée sur les avantages économiques. Toutefois, il est pertinent de se demander comment mesurer précisément le degré de diversité au sein d'une organisation. S'il est possible de déterminer si une organisation est imperméable ou non à la diversité à partir d'indicateurs et de méthodes de mesure (p. ex., inexistence de comité de gestion de la diversité, absentéisme du personnel au sein de groupes spécifiques, rotation du personnel au sein de groupes spécifiques, audit des valeurs), faut-il encore que le personnel accepte de déclarer ses origines ethniques. Comment l'entreprise peut-elle alors s'y prendre ? Il y a sans doute plusieurs méthodes :

1) un questionnaire accompagnant l'avis d'embauche, qui demande des précisions sur le fait d'appartenir ou non à une minorité ethnoculturelle (comme cela est le cas à la fonction publique du Québec) ;

2) un coupon détachable accompagnant le formulaire d'offre de service sur lequel le ou la candidate est appelé à indiquer son ou ses origines ethniques ;

3) un questionnaire distribué annuellement au sein d'une organisation afin de déterminer la ou les origines ethniques de chacun, son salaire, sa responsabilité, etc. (Commission for Racial Equality, 2002).

Bref, si plusieurs méthodes existent, il est clair qu'une organisation ne peut obliger les candidats à répondre à des questions sur leurs origines étant donné que cela pourrait être considéré comme une brèche permettant de pratiquer de la discrimination basée sur l'origine ethnique. Cela exigerait des organisations de développer des méthodes afin non seulement de faire la collecte des données, mais aussi de les traiter et de les conserver tout en préservant l'anonymat (Commission for Racial Equality, sans date). Quelles devraient être ces données : origine ethnique, religion, langue maternelle, statut (citoyen canadien, immigrant reçu, etc.), lieu de naissance, date d'arrivée au pays, etc. ?

Conclusion

La lutte au racisme et à la discrimination en emploi demande la participation de tous les acteurs, qu'il s'agisse de l'État, du marché ou de la société civile. On ne peut, en effet, espérer la disparition de tels phénomènes sans l'engagement de l'État qui doit développer des outils qui visent ses propres institutions (p. ex., dans le réseau de l'éducation et dans celui de la santé). Autrement dit, il doit donner l'exemple pour démontrer que le Québec est une société inclusive, afin que l'ensemble de la population se reconnaisse dans les institutions, tant du point de vue de l'offre de service que de la participation. On peut considérer qu'il y a encore des efforts à faire et les données suivantes doivent être interprétées prudemment pour les raisons évoquées un peu plus haut sur leur fiabilité.

En 2003, les membres des communautés culturelles, les autochtones et les anglophones constituaient plus de 20 % de la main-d'œuvre québécoise, mais seulement 3,4 % au sein de la fonction publique[17]. La part des communautés culturelles dans l'ensemble des effectifs de la fonction publique se situait à 2,3 %, en 2002 (Bosset, 2005). En 2003-2004, elle était de 2,5 %. Les membres des communautés culturelles, les autochtones et les anglophones constituaient alors 3,5 % de la main-d'œuvre au sein de la fonction publique (Conseil du trésor, 2005).

Dans son plan de gestion des ressources humaines 2004-2007, le Conseil du trésor reconnaissait qu'en matière de diversité au sein de la fonction publique, la situation n'avait guère changé depuis 20 ans, d'où l'idée d'offrir des stages aux jeunes appartenant à des communautés culturelles variées ou des séances d'information sur les processus de sélection à la fonction publique aux personnes d'ethnies différentes. Mais cela est-il suffisant ? Car même dans un contexte de compression des effectifs, l'État devra embaucher des travailleurs. En effet, en 2002, le gouvernement du Québec prévoyait que la moitié de son personnel aurait quitté la fonction publique dans les dix années suivantes (Gouvernement du Québec, 2002[18]).

On ne peut aussi espérer la disparition du racisme et des discriminations si les entreprises privées ne reflètent pas la diversité ethnoculturelle dans la composition de leur personnel, mais aussi dans la clientèle visée, notamment en publicité. Qu'on le veuille ou non, si les publicités n'ont qu'un objectif, vendre des produits, il n'en demeure pas moins que d'autres messages peuvent être véhiculés, bien qu'involontairement. Ne jamais inclure de personnes représentant les minorités ethnoculturelles dans ces messages pourrait, par exemple, signifier que les produits ne leur sont pas destinés et que les entreprises ne leur sont pas du tout ouvertes pour l'embauche. Il en va de même pour les organisations représentant la société civile, c'est-à-dire qu'elles doivent aussi diversifier leur personnel, qu'il s'agisse de salariés ou de bénévoles.

Il est donc nécessaire que les divers acteurs se penchent sur la gestion de la diversité ethnoculturelle afin qu'il y ait une coordination entre eux et à l'intérieur de chacune des sphères pour identifier et régler les problèmes liés au racisme et à la discrimination en emploi. Il s'agit de gérer des relations entre groupes qui, pour une raison ou une autre, pourraient se considérer comme étant opposés. Si ces rapports n'existaient pas, les États ne s'en préoccuperaient aucunement et, dans certains cas, n'auraient même pas à feindre de les ignorer. D'où l'importance de se pencher sur ces questions dans un contexte où la diversité augmente.

---

[17]   http://www.cjc.ca/template.php?action=news&story=558.

[18]   Gouvernement du Québec (2002), « Le rajeunissement de la fonction publique québécoise. Orientations et plan d'action », Québec, Secrétariat du Conseil du trésor, 32 p.

Bibliographie

AYDEMIR, Abdurrahman et Chris ROBINSON (2006), « Retour et reprise de migration chez les hommes en âge de travailler », Ottawa : Statistique Canada (Division des études sur la famille et le travail), 53 p.

BAKLID, Bente, Allison P. COWAN, Judith L. MACBRIDE-KING et Aretha MALLETT (2005), *Business Critical : Maximizing the Talents of Visible Minorities – An Employer's Guide*, Ottawa : The Conference Board of Canada, 112 p.

BASTIEN, Monik et Nicole LAMBERT (2005), *L'accès à l'égalité en emploi. Rapport triennal 2001-2004. La Loi sur l'accès à l'égalité en emploi dans des organismes publics*, Montréal : Commission des droits de la personne et des droits de la jeunesse, 94 p. + annexes.

BÉLANGER, Alain et Éric CARON MALENFANT (2005), *Projections de la population des groupes de minorités visibles, Canada, provinces et régions : 2001-2017*, Ottawa : Statistique Canada (Ministre de l'Industrie), 80 p.

BÉRUBÉ, Louise (2004), *Parents d'ailleurs, enfants d'ici. Dynamique d'adaptation du rôle parental chez les immigrants*, Sainte-Foy : Presses de l'Université du Québec, 250 p.

BOSSET, Pierre (2005), « Les mesures législatives de lutte contre la discrimination raciale au Québec. Un bilan institutionnel », *Nouvelles pratiques sociales. Racisme et discrimination : perspectives et enjeux*, vol. 17, n° 2 (http://www.erudit.org/revue/nps/2005/v17/n2/011224ar.html).

CENTRE FOR STRATEGY & EVALUATION SERVICES (2003), *Méthodes et indicateurs mesurant le rapport coût-efficacité des politiques de diversité en entreprise. Rapport final* (octobre), 88 p.

CHEUNG, Leslie (2005), *Racial Status and Employment Outcomes*, Canadian Labour Congress, 35 p.

CNDMMV (Conseil national sur le développement de la main-d'œuvre des minorités visibles) (2004), *Préparer notre main-d'œuvre pour demain*, 115 p.

COMMISSION FOR RACIAL EQUALITY (2002), *Ethnic Monitoring. A Guide for Public Authorities in Scotland (non-statutory)*, Edinburgh : Commission for Racial Equality, 88 p.

COMMISSION FOR RACIAL EQUALITY (non daté), *Ethnic Monitoring. A Guide for Public Authorities (non-statutory)*, 89 p.

CONSEIL DU TRÉSOR (2005), *L'effectif de la fonction publique du Québec, 2003-2004. Analyse comparative des cinq dernières années*, Québec : Secrétariat du Conseil du trésor, 148p.

DUCHESNE, Louis et Sophie GOULET (2000), « Un enfant sur cinq a un parent né à l'étranger », *Données sociodémographiques*, vol. 4, n° 3.

GOUVERNEMENT DU QUÉBEC (2002), *Le rajeunissement de la fonction publique québécoise. Orientations et plan d'action*, Québec : Secrétariat du Conseil du trésor, 32 p.

GREEN, Alan G. et Davis A. GREEN (1999), « The Economic Goals of Canada's Immigration Policy : Past and Present », *Canadian Public Policy*, vol. XXV, n° 4, p. 425-451.

GUILBEAULT, Diane et Mariangela DI DOMINICO (collaboration) (2005), *Des nouvelles d'elles. Les femmes immigrées au Québec*, Québec : Conseil du statut de la femme, 104 p.

IMMIGRATION ET MÉTROPOLES (1996), *Programme global de recherche 1996-2002*, http://im.metropolis.net/research-policy/research_content/partid/partid.html.

JIMÉNEZ, Marina (2005), « VoteSmart : the issue. Is the current model of immigration the best one for Canada ? », *The Globe and Mail*, 12 décembre, p. A7.

MAHEU, Louis et Jean-Marie TOULOUSE (1993), « Présentation. Gestion du social et social en gestation », *Sociologie et sociétés*, vol. XXV, n° 1 (printemps), p. 7-24.

MICC (Ministère de l'Immigration et des Communautés culturelles) (2005), *Plan d'immigration du Québec pour l'année 2006*, Montréal : Direction de la recherche et de l'analyse prospective (DRAP), Direction générale de l'immigration économique (DGIE), Direction générale de l'immigration familiale, sociale et humanitaire (DGIFSH) et Direction des affaires publiques et des communications du ministère de l'Immigration et des Communautés culturelles, 9 p.

MRCI (Ministère des Relations avec les citoyens et de l'Immigration) (2004a), *Portraits statistiques de la population immigrée recensée en 2001 : Québec, régions métropolitaines de recensement et régions administratives. Recensement de 2001 : données ethnoculturelles*, Québec : Ministère des Relations avec les citoyens et de l'Immigration, 149 p.

MRCI (2004b), *Population immigrée recensée au Québec et dans les régions en 2001 : caractéristiques générales. Recensement de 2001 : données ethnoculturelles*, Québec : Ministère des Relations avec les citoyens et de l'Immigration, 136 p.

POTVIN, Maryse, avec la collaboration de Annick LENOIR et de Ralph ROUZIER (2006), *Argumentaire sur la mesure des pratiques en matière de lutte contre le racisme et les discriminations dans les organisations publiques et privées*, présenté au Conseil des relations interculturelles, Montréal : Conseil des relations interculturelles, 17 p. (document de travail).

REITZ, Jeffrey G. (2005), « Tapping Immigrants' Skills. New Direction for Canadian Immigration Policy in the Knowledge Economy », *IRPP Choices*, vol. 11, n° 1, p. 1-18.

RUMMENS, Joanna Anneke (2003), « Ethnicity, Health, and the Census : Moving Beyond "Cuture-by-Proxy" », *Canadian Diversity*, vol. 2, n° 2, p. 15-18.

STE-MARIE, Gisèle (2005), *Présence au Québec en 2005 des immigrants admis de 1994 à 2003*, Montréal : MICC (Direction de la population et de la recherche), 44 p.

La lutte à la discrimination : un plan d'action pour l'avenir

8

Hélène LEE-GOSSELIN

Plus de trente ans après l'entrée en vigueur de la *Charte des droits et liberté de la personne* (Québec, 1975), les observateurs[1] confirment que des progrès réels ont été réalisés dans la réduction de l'iniquité dans la société québécoise, notamment entre les hommes et les femmes. Leur appréciation varie grandement dans la population selon qu'on se concentre sur ce qui a été accompli ou sur le chemin à parcourir pour que l'égalité entre les hommes et les femmes soit une réalité au quotidien. Examinant les mêmes statistiques, certains focaliseront sur l'écart entre l'égalité de droits et l'égalité de faits ou rechercheront les signes et les effets de discriminations subtiles qui requièrent, pour être débusquées, un examen plus attentif des situations. D'autres compareront la condition actuelle avec celle des femmes de l'époque de leur mère ou de leur grand-mère et célébreront les progrès réalisés en quelques générations ; d'autres encore s'inquiéteront que la société est peut-être allée trop loin et que certains droits des femmes, des autochtones ou des handicapés ne sont pas légitimes ou que les mesures correctrices sont excessives. D'autres enfin, constatant des écarts, y verront des différences entre les groupes, différences qui leur serviront à caractériser chaque groupe, mais qu'ils ne qualifieront pas de « problème social » à résoudre.

Dans cet article, j'essaie de comprendre pourquoi il en est ainsi, quels mécanismes engendrent ces lectures différentes de la réalité sociale et ce qui devrait être envisagé pour accélérer le changement.

L'égalité – une utopie qui tarde à se réaliser

La recherche d'équité et la lutte à la discrimination relèvent d'une utopie, d'une aspiration d'égalité de droits et de faits, pour tous les membres d'une société, indépendamment de certaines caractéristiques qui les distinguent comme le sexe, la race, l'âge ou la religion. Elle trouve ses bases notamment en philosophie[2] et dans les

---

[1] Voir, notamment, Commission des droits et libertés de la personne et de la jeunesse, le texte de L.-F. DAGENAIS dans ce rapport.

[2] Voir J. RAWLS (1971), *A Theory of Justice*, Cambridge, Massachusetts : Harvard University Press ou *Théorie de la justice*, Paris : Point Seuil (1998).

projets politiques de divers mouvements sociaux[3]. Ce désir d'égalité couvre les divers aspects de la vie en société, tant les devoirs que les obligations, tant les avantages, les occasions et les bénéfices que les protections qu'offre la société à ses membres, sans distinction sur la base de critères jugés non pertinents.

Cette utopie progresse lentement aux États-Unis depuis 1870[4] à l'égard de la race, en particulier des droits des Noirs ou des Afro-Américains. Toutefois, la même préoccupation à l'égard des femmes n'apparaît que presque un siècle plus tard[5], sous l'égide du président Kennedy qui, en 1961, forme le comité présidentiel sur l'Equal Employment Opportunity qui interdit aux contracteurs fédéraux de discriminer selon la race, les croyances, la couleur, l'origine nationale et le sexe[6, 7]. Il oblige aussi les employeurs désirant faire affaire avec l'État à mettre en place des programmes d'accès à l'égalité permettant, dans un certain horizon, de parvenir à éliminer les discriminations raciales, sexuelles et autres. Ce programme américain inspirera plus de 20 ans plus tard des mesures semblables au Canada, soit la *Loi sur l'équité en matière d'emploi* (Canada, 1986, 1996), le Programme d'obligation contractuelle (Québec 1989) et la *Loi sur l'accès à l'égalité en emploi dans les organismes publics* (Québec, 2001).

La chronologie des législations[8] touchant l'égalité des citoyens selon certaines catégories – Blancs et Noirs, hommes et femmes, etc. illustre le rythme très variable de prise de conscience des inégalités sociales et de la mobilisation pour les contrer. Aux États-Unis, Gibelman (2000a) a constaté que l'égalité progressait mieux lorsqu'elle portait sur la race plutôt que sur le sexe[9]. Tant au Canada qu'aux États-Unis, le changement social peut être facilité ou contraint par diverses législations qui réaffirment l'utopie et conséquemment balisent les comportements des individus et des organisations dans la société. Ces législations précisent les obligations, les interdictions et certaines façons de faire, elles prévoient des incitatifs ou des menaces (poursuites, retrait de contrat ou incapacité à soumissionner, retrait de financement) dont le but est de transformer les actions (comportements) des individus et des organisations, les situations et, éventuellement, les représentations sociales à l'égard de l'équité.

---

[3]   Comme le marxisme.

[4]   Le « Fifteen Amendment » (1870) garantit le droit de vote quel que soit la race, la couleur ou l'état antérieur de servitude (PRITCHETT, 1968, cité par M. GIBELMAN (2000), « The Nonprofit Sector and Gender Discrimination », *Nonprofit Management and Leadership*, n° 3, p. 251-269.

[5]   Voir la chronologie des législations américaines concernant l'égalité : http://www.withylaw.com/history.htm.

[6]   Executive order no. 10925.

[7]   M. GIBELMAN (2000a), « Affirmative Action at the Crossroads : A Social Justice Perspective », *Journal of Sociology and Social Welfare*, vol. 27, n° 1, p. 153-174.

[8]   Voir La discrimination en emploi, document préparé par M.-P. BEAUMONT en collaboration avec A. BARRÉ présenté en annexe du texte de Esther DÉOM dans ce rapport.

[9]   Je n'ai pas trouvé de données équivalentes au Canada ou au Québec.

Les données compilées montrent que des progrès réels et substantiels ont été réalisés au cours du XXᵉ siècle, en particulier au cours des dernières décennies[10]. Toutefois, l'égalité et l'équité sont loin d'être une réalité, quelle que soit la caractéristique considérée (sexe, race, âge, etc.). De plus, les progrès sont rarement linéaires ; des avancées à des vitesses variables et des reculs sont observés. Des données montrent qu'aux États-Unis, le soutien de la population envers cette utopie[11] et celui des politiciens diminuent depuis les années 1990. Un autre indicateur de cette situation est la multiplication au cours de ces mêmes années de poursuites judiciaires intentées pour invalider des politiques ou des mesures d'accès à l'égalité, notamment dans les universités[12] américaines ; d'ailleurs, des firmes d'avocats en font une spécialité[13] !

On voit donc qu'au Canada comme aux États-Unis, les progrès vers cette utopie surviennent à des rythmes variables pour divers groupes historiquement défavorisés et rencontrent des résistances et des reculs[14]. La discussion qui suit s'appuie principalement sur la littérature traitant de l'équité entre les sexes et entre les Blancs et les Noirs. Sa pertinence pour d'autres formes de discrimination pourra être évoquée, mais elle ne sera pas discutée.

Après avoir présenté mes postulats et divers points de vue sur l'équité et la lutte à la discrimination, j'explorerai les enjeux qui se cachent derrière ces positions, afin de trouver des bases sur lesquelles construire des consensus permettant de réduire les conflits et progresser.

Un consensus fragile : la lutte à la discrimination

Les participants à une conférence dont le thème est *La discrimination en emploi : quels moyens faut-il prendre ?* sont susceptibles de partager les croyances suivantes :

- la discrimination a existé et existe encore dans les différents domaines de la vie en société, ce qui a des incidences sur la formation, l'accès aux emplois, la progression dans la carrière, la rémunération, etc. ;

---

10   Voir le texte de L.-F. DAGENAIS dans ce rapport.

11   Voir, par exemple, les résultats d'une étude publiée par The Pew Research Center for the People and the Press, 24 mai 2003 : http://people-press.org/reports/display.php3?ReportID=184 ; une autre étude portant sur l'évolution des attitudes à l'égard de l'action positive envers les Noirs montre la stabilité des attitudes depuis 1987 : http://people-press.org/reports/display.php3?PageID=754.

12   University of California, University of Michigan, University of Texas, University of Washington.

13   Voir, par exemple, le Center for Individual Rights (CIR), instigateur de telles poursuites : http://www.cir-usa.org/history.html ; R.M. HENDRICKSON, « Rethinking Affirmative Action : Redefining Compelling State Interest and Merit in Admission », *Peabody Journal of Education*, 2001, vol. 76, nº 1, p. 117-135 ; W.A. GALSTON, « Philosophy and Public Policy », *The Affirmative Action Debate*, http://www.puaf.umd.edu/IPPP/1QQ.HTM.

14   Une recherche montre que près de 4 Américains sur 10 considèrent que le pays est allé trop loin dans la promotion des droits civils : http://people-press.org/reports/display.php3?PageID=754.

- il existe des obstacles structurels à l'égalité ;

- ces obstacles résultent de constructions sociales assignant : a) des valeurs différenciées à diverses activités sociales[15] ; b) à des individus présentant certaines caractéristiques (sexe, race) et assumant certains rôles sociaux ; c) hiérarchisant contributions et catégories sociales, ce qui a pour effet que ces dernières touchent certains groupes d'individus plus favorablement que d'autres ;

- ces constructions sociales structurent la réalité sociale et politique différemment, déterminant ainsi l'accès aux ressources, aux informations et aux bénéfices de la société, construisant alors des privilèges pour certains et de l'exclusion pour d'autres.

Ce consensus est loin de faire l'unanimité au sein de la population. Il est contesté par ceux et celles qui croient que ce sont des différentiels de talents, de préférences ou d'efforts qui expliquent les positions sociales diverses, de même que l'accès différencié aux ressources et bénéfices de la société. Ils considèrent que c'est le mérite qui compte et qui justifie la différence. De telles croyances ont un effet autogratifiant pour les personnes qui les adoptent, car elles proposent une explication attrayante à leur propre situation ; elles augmentent alors leur estime d'elles-mêmes, ce qui en retour contribue à renforcer la croyance initiale.

On peut aussi s'attendre à ce que des personnes n'ayant pas été l'objet d'exclusion ou de traitement moins favorable en raison notamment de leur sexe, leur race ou leur âge soient susceptibles de contester le consensus, renforçant leur croyance initiale en l'effet des talents, des efforts et des préférences individuelles. Certaines d'entre elles revisiteront éventuellement leur expérience professionnelle et reconnaîtront des discriminations passées qui n'avaient pas été reconnues comme telles, en partie par méconnaissance des situations dans lesquelles elles étaient ou, encore, parce que leur volonté à s'intégrer à un milieu ou à une profession était telle qu'elles refusaient d'en reconnaître les éléments moins attrayants.

Ainsi, leur expérience est autre, elle renforce leurs croyances libérales, mais elle n'invalide pas celle de ceux et celles qui témoignent de discrimination. Elle n'est qu'une confirmation de la diversité des expériences que font les membres d'une société, notamment selon qu'ils occupent ou non des positions privilégiées.

La recherche a montré que les membres des groupes suivants sont plus susceptibles de différer d'opinion quant à « notre » consensus favorable à la lutte à la discrimination : les personnes qui se positionnent plus près du pôle conservateur sur l'échelle « liberalism-conservatism self-determination » de l'American National Election

---

[15]   Comme le travail productif et le travail reproductif ou, encore, le travail de soins des individus et le travail technologique.

Studies tendent à adopter une attitude défavorable envers les politiques avantageant les membres d'un groupe discriminé[16].

Les valeurs libérales-conservatrices de quelqu'un peuvent ainsi renseigner sur l'attitude qu'il adoptera envers le système de mérite dans la société. Plus généralement, les individus occupant des positions dominantes dans la société sont davantage susceptibles de ne pas partager ce consensus, alors que celles qui appartiennent à des groupes historiquement désavantagés ont tendance à adopter une attitude plus favorable vis-à-vis d'une mesure visant à établir l'équité. Les expériences du travail et de la vie en organisation varient donc grandement selon le sexe et la race ; le fait de ne pas avoir fait l'expérience de la discrimination, personnellement ou dans son réseau social, ne constitue pas une preuve de son inexistence.

On est conséquemment face à deux systèmes de croyances et d'explications des écarts entre la situation sur le marché du travail, des hommes et des femmes, des Blancs et des Noirs, etc. Les discussions entre les tenants de chaque position sont généralement chargées d'émotion, et un dialogue de sourds s'installe. Souvent, les faits sont déformés ou trafiqués pour appuyer la position initiale et les croyances sont traitées comme des faits ou des vérités incontestables ; elles résistent alors à la preuve qui les infirme et le débat devient idéologique. On est aussi face à un conflit entre les valeurs d'équité et de mérite, définies différemment par les uns et les autres. Dans les pages qui suivent, je vais explorer certaines croyances et valeurs et suggérer des pistes pour soutenir les changements pour une plus grande équité en emploi.

Mes postulats

Mon propos focalise sur la discrimination sexuelle et repose sur les postulats suivants[17] :

a. Une société où le sexe ne serait pas structurant devrait présenter des distributions semblables d'hommes et de femmes dans les diverses professions et métiers et aux divers niveaux hiérarchiques de cette société. Les préférences, les talents et les efforts individuels seraient alors les principaux déterminants des choix professionnels des individus et de leur progression dans leur carrière. Un raisonnement analogue devrait aussi tenir pour d'autres critères historiques d'exclusion, comme la race, la culture, l'origine ethnique, le handicap, etc.

b. Les écarts dans ces distributions correspondent à des conséquences de pratiques sociales ou organisationnelles dont les effets sont différenciés.

---

[16]   FELDMAN (1988), D. KINDER et L. SANDERS (1990) et F. TOUGAS et F. VEILLEUX (1990), cités par A. KONRAD et F. LINNEHAN dans G.N. POWELL (1999), *Handbook of Gender and Work*, Thousand Oaks (CA) : Sage, p. 449.

[17]   Ces postulats ont été démontrés par plusieurs auteurs. Je les reprends ici, car ils sont déterminants dans le raisonnement qui suit.

c. Ces pratiques organisationnelles et sociales doivent être identifiées et changées pour diminuer ces écarts et rétablir l'égalité.

d. Les pratiques ont des effets de synergie, elles se renforcent les unes les autres – et la discrimination est systémique.

e. Certaines pratiques ont un effet direct d'exclusion ou de pénalité alors que d'autres ont un effet indirect de même nature.

f. Les effets discriminatoires d'exclusion ou pénalisants peuvent être intentionnels ou non intentionnels; lorsqu'ils sont indirects et non-intentionnels, ils sont particulièrement difficiles à identifier et à contrer.

Le tableau 1 résume les principales caractéristiques de ces postulats.

Certains groupes sociaux ont été historiquement désavantagés et le sont encore; ces désavantages ont été documentés et sont généralement reconnus en Amérique du Nord; ils touchent les femmes, les handicapés, les autochtones et les minorités visibles. Leur reconnaissance relativement à ces groupes a entraîné l'adoption de mesures législatives visant à interdire les pratiques engendrant des conséquences négatives, à corriger et même à redresser la situation et, finalement, à adopter des moyens pour accommoder les différences que présentent leurs membres, soit à cause des désavantages historiques ou de leurs besoins particuliers (principalement les handicapés).

TABLEAU 1

Caractéristiques de la discrimination

	Discrimination directe		Discrimination indirecte	
Intention de discriminer	voulue	non voulue	voulue	non voulue
Lien de causalité pratique – effet négatif	clair	diffus	diffus	diffus
Sa reconnaissance	facile	difficile	difficile	difficile
Accès aux bénéfices	moindre	moindre	moindre	moindre

Les valeurs et *a priori* en cause

Mais si le législateur a reconnu l'équité en tant que valeur pour la société ainsi que la discrimination historique vécue par divers groupes, cette reconnaissance n'est pas automatique dans l'ensemble de la population. La Loi joue alors son double rôle pour définir le désirable et instrumenter le changement social dans cette direction. À la promotion de l'équité et de l'égalité, d'autres répondent que le mérite est très important et qu'il est, lui aussi, une valeur sociale partagée par beaucoup. En explorant certaines définitions du mérite et de l'équité, je vais tenter de montrer comment ces deux valeurs peuvent être réconciliées.

L'équité

On a défini plus haut l'équité comme étant les mêmes possibilités d'accéder à la diversité des rôles sociaux, d'utiliser ses talents, de faire valoir ses préférences, de satisfaire ses aspirations légitimes et de jouir des bénéfices de cette société. C'est ce qu'on entend par l'égalité des chances. Mais à cela, il faut ajouter la prise en compte des réalités particulières des groupes et la mise en place des accommodements raisonnables requis. Par exemple, l'égalité des chances au travail ne pourra survenir pour les personnes handicapées si les postes de travail ne sont pas adaptés à la réalité diversifiée des personnes de ce groupe.

Le mérite

Les opposants aux politiques et aux mesures de correction des inégalités passées le font souvent au nom de la liberté et du mérite individuel. Selon eux, le mérite doit être déterminant de l'accès aux emplois et aux bénéfices qui y sont liés. Le mérite individuel, comme critère d'attribution d'un poste, d'une fonction ou de gratifications, s'oppose à d'autres systèmes, comme l'aristocratie, où les liens du sang et les relations sont déterminants. Le mérite est une valeur fondamentale dans une démocratie et il y est considéré comme légitime. Une majorité d'Américains croient que le système social devrait être basé sur le mérite[18].

« Comment » le mérite est-il défini ? Par « qui » est-il défini ? Peut-il refléter l'« individualité » ?

- Définir le mérite

Le mérite d'une personne, en regard par exemple de l'accès à un poste, peut être fonction de plusieurs facteurs, comme les efforts, les talents, les attitudes (la motivation, l'engagement), les valeurs (l'intégrité et l'honnêteté) et les compétences. Ce mérite, individuel, réfère donc aux investissements passés de l'individu dans le développement de son capital humain (compétences, habiletés, réputation) et aux contributions actuelles ou probables (talents, motivation, etc.).

Il est intéressant de se demander si dans l'appréciation du « mérite individuel », il serait judicieux de s'intéresser aux conditions dans lesquelles l'individu a acquis les connaissances et les habiletés recherchées. Par exemple, le fait d'avoir surmonté des obstacles importants (structurels ou autres) et, par conséquent, d'avoir consenti des efforts supplémentaires par rapport à des personnes n'ayant pas connu de tels obstacles ne devrait-il pas être pris en considération dans l'appréciation du mérite ?

---

[18]   *Sociation Today*, vol. 2, n° 1, printemps 2004, http://www.ncsociology.org/sociationtoday/v21/merit. htm. Je n'ai pas trouvé d'informations semblables pour le Québec ou le Canada.

Cette reconnaissance devrait-elle compenser d'une certaine façon les écarts entre ce qu'apportent les uns et les autres candidats à un poste ? Si les chances sont égales au départ entre deux candidats, est-ce que celui qui présente un écart défavorable dans son profil par rapport à ce qui est recherché a réellement moins de mérite ou est-ce plutôt qu'il a est moins « chanceux », à cause des obstacles structurels qu'il a affrontés, lesquels n'a pas eu à surmonter son opposant ? Après analyse, le « mérite individuel » n'est peut-être pas là où on l'avait cru au départ !

- Qui définit le mérite ?

Ce qui est retenu pour déterminer le mérite individuel est sous le contrôle de l'individu ou du groupe qui détient l'autorité ou le pouvoir de le faire. Tous les facteurs mentionnés précédemment peuvent être considérés pour déterminer le mérite de quelqu'un, mais leur nombre et leur nature dépendront de ce qui sera privilégié par les décideurs. Leurs décisions ne sont pas exemptes de biais. Depuis Weber, il est entendu que le mérite doit être défini en regard des compétences requises pour exercer une fonction avec succès ; toutefois, le jugement à cet égard appartient à des individus dont le raisonnement est coloré par des croyances partagées dans leur groupe d'appartenance, croyances qui incluent les stéréotypes sexuels, raciaux, etc.[19]. De plus, les individus qui décident en cette matière appartiennent généralement à la majorité, donc ceux et celles qui n'ont pas connu personnellement la discrimination sexuelle ou raciale et qui, par conséquent, méconnaissent au moins en partie les obstacles cumulés que représente la discrimination systémique. Il y a donc un risque que l'appréciation de certains aspects du mérite des individus membres des minorités soit inadéquate[20].

De plus, la mesure du mérite ou son appréciation pourra être rigoureuse et objective, multidimensionnelle ou simple ou, encore, plus globale et subjective. À l'issue d'une analyse sommaire ou sophistiquée, une déclaration sera faite sur le « mérite » d'un individu en regard d'un poste ou d'une fonction. On voit donc que l'appréciation du « mérite » individuel n'est ni simple ni robuste et, par conséquent, l'explication si légitime et si attrayante n'est ni univoque ni « bonne en soi » ; elle doit être analysée avec soin, à partir de plusieurs dimensions, et correctement instrumentée pour ne pas contenir de biais discriminants illégitimes.

---

[19]   Voir, entre autres, J. BARON (2000), *Thinking and Deciding* (3ᵉ édition), New York : Cambridge University Press ; T. GILOVICH, D. GRIFFIN et D. KAHNEMAN (dir.) (2002), *Heuristics and Biases : The Psychology of Intuitive Judgment*, Cambridge, UK : Cambridge University Press.

[20]   C'est d'ailleurs pour cette raison qu'ont été introduites dans bon nombre d'organisations des règles de composition de comités de sélection voulant qu'ils doivent compter des membres des groupes cibles, et ce, afin d'augmenter les chances d'appréciation à leur juste valeur des candidatures atypiques par leur appartenance aux groupes historiquement désavantagés.

- Le mérite est-il seulement individuel ?

Bien que chacune des composantes du mérite peut être interprétée comme résultant de contributions ou d'efforts individuels, exercés librement, force est de constater que le mérite individuel dépend aussi de facteurs externes comme les relations sociales liées à la famille, aux ancêtres, au réseau social de l'individu ou les systèmes de contraintes auxquels sont soumis les individus. La part de l'individu et de l'environnement (social et organisationnel, principalement) est toutefois difficile à départager.

Les trois exemples suivants illustrent comment ce qu'on appelle le mérite individuel résulte aussi de divers facteurs externes sur lesquels l'individu a souvent peu de contrôle et où la chance joue à des degrés variables. Ainsi, la disponibilité de quelqu'un pour faire des heures supplémentaires est influencée non seulement par sa volonté et son état de santé, mais aussi par la présence, au sein du ménage, d'une personne qui assume le soin des enfants pendant les heures où les garderies ou les écoles sont fermées ou par l'existence de services de garde souples et abordables. Ou, encore, le fait de détenir un certain diplôme (par exemple, un baccalauréat en génie physique) dépend en partie de l'accessibilité d'un tel programme de formation aux membres d'un groupe particulier (femmes, autochtones), de son inclusion parmi ceux qui leur sont proposés, de la présence de modèles féminins ou autochtones occupant de tels rôles pour qu'ils puissent s'imaginer poursuivre ces études et s'engager dans une telle carrière et d'un soutien social pendant les études. Ou, enfin, le fait d'être né dans une famille d'ingénieurs en physique fait en sorte qu'au cours de son développement, le ou la jeune découvre non seulement ce métier, mais aussi, s'insère dans un réseau de personnes exerçant ce métier ou des professions connexes, accumule de l'information lui permettant de mieux comprendre les enjeux et intègre un réseau sur lequel il pourra compter pour démarrer sa carrière et progresser.

Il est donc légitime de se demander si le « mérite individuel », si cher aux opposants aux mesures de correction des iniquités historiques, est vraiment une valeur libérale ou s'il peut être une excuse servant à justifier, d'une part, la position favorable que détiennent les membres du groupe dominant et, d'autre part, les pratiques qu'ils estiment pouvant permettre d'apprécier le mérite de quelqu'un, mais qui contribuent à reproduire la position de pouvoir de leur groupe d'appartenance.

Une réconciliation possible

Il est possible de réconcilier partiellement ces deux valeurs : mérite et équité. On doit retenir la nécessité que les titulaires d'un poste détiennent les compétences requises pour réaliser avec succès les tâches assignées et assumer correctement leurs responsabilités. Nul n'a intérêt à ce qu'une personne ne disposant pas des connaissances nécessaires occupe un poste, puisque inévitablement, elle n'aura pas de succès, que le service devant être rendu à l'organisation ou à la société sera inadéquat et que ses échecs risqueront de rejaillir sur les membres de son groupe d'appartenance, renforçant ainsi les stéréotypes négatifs à leur endroit.

Toutefois, cette réconciliation exige de valider la définition retenue de « mérite », ses indicateurs et sa mesure, pour débusquer les biais qu'elle pourrait contenir, biais qui entretiennent ou renforcent la position des uns et maintiennent l'exclusion ou la sous-utilisation des autres. Ainsi, serait-il pertinent d'inclure, parmi les indicateurs de mérite, des indicateurs comme la persévérance, l'ingéniosité et l'adaptabilité, compétences susceptibles de se retrouver chez les membres des groupes historiquement désavantagés, puisqu'ils ont surmonté, à leur façon, des obstacles supplémentaires.

Il faudrait aussi envisager des ajustements « raisonnables » des moyens et des délais d'acquisition des compétences afin de prendre en compte les cheminements atypiques, plus fréquents chez les membres des groupes discriminés historiquement[21]. Les défenseurs de la méritocratie risquent de s'opposer à un tel accommodement.

Il peut être avantageux, pour réduire les inégalités dans une société, de prévoir des mesures de transition, au bénéfice des groupes exclus ou minoritaires, pour accélérer leur intégration dans certains emplois. Ainsi, plutôt que d'exiger trois ans d'ancienneté dans un poste « x » rarement occupé par une femme[22], on pourra prévoir pour une recrue féminine disposant des aptitudes nécessaires des assignations temporaires visant explicitement à son acquisition rapide de certaines compétences et pour qu'en quelques mois, elle puisse grâce à d'autres moyens obtenir les connaissances exigées pour réussir dans le poste. Un tel assouplissement invite à se questionner si « être prêt maintenant » *vs* « être prêt dans quelques mois » constitue, dans les faits, un écart de mérite individuel *significatif* eu égard aux autres avantages organisationnels ou sociaux d'introduire une personne différente dans ce poste.

Parmi ces avantages, on peut trouver celui de la création d'un modèle et d'une preuve que l'accession à un tel poste est possible pour les membres de ce groupe ; ce modèle peut à son tour inciter les membres des autres groupes exclus à envisager un tel dénouement, élargissant à plus long terme la gamme des emplois possibles et, conséquemment, l'étendue du bassin de candidatures de qualité où puisera l'organisation pour répondre à ses besoins. Il y a aussi la possibilité, grâce à des individus différents, de découvrir les particularités de leur groupe d'origine et, donc, de faire profiter l'organisation de leurs « connaissances spéciales », soit pour mieux répondre à leurs besoins, soit pour mieux les servir ou soit pour développer de nouvelles collaborations avec des partenaires jusque-là ignorés.

---

[21] L'accommodement est interprété par ses détracteurs comme la confirmation que l'individu ne dispose pas des compétences requises et, donc, qu'il est incompétent, comme si la compétence était dichotomique plutôt que graduée et à facettes multiples.

[22] Trois ans étant ici considérés comme une durée permettant réellement d'acquérir certaines compétences définies en gestion.

De tels assouplissements ne sont pas inconnus dans les organisations. En fait, ils surviennent régulièrement lorsque l'entreprise a du mal à trouver quelqu'un pour répondre aux exigences du poste, à cause de l'urgence de le combler ou de la non-disponibilité des compétences requises dans le bassin de recrutement. Il y a donc des précédents organisationnels à de tels assouplissements et au fait que le « mérite » accordé à la personne à qui on octroie le poste ne correspond pas au « mérite » recherché ou à celui des autres occupants de ce même poste. De plus, il faut reconnaître qu'il n'y a souvent pas unanimité dans les organisations quant aux règles qui prévalent pour l'attribution des postes ou des avantages, et en cette croyance en la primauté du mérite dans les décisions. Par exemple, des recherches ont montré que les employés et les gestionnaires doutent que les systèmes de dotation fonctionnent efficacement ; les gestionnaires croient que leurs décisions de promotion sont basées sur le mérite des candidats alors que les employés croient que le facteur déterminant est la loyauté et les relations privilégiées[23].

Il faut donc se demander pourquoi de tels assouplissements sont jugés légitimes dans ces circonstances et qu'ils n'entraînent pas de stigmates chez les personnes ainsi embauchées ou promues, tandis que des assouplissements analogues sont jugés illégitimes lorsqu'ils ont pour but de corriger des iniquités passées à l'endroit de sous-groupes minoritaires dans des postes décisionnels. Dans les deux cas, les assouplissements peuvent être de même nature et de même ampleur ; toutefois, ils ne sont pas interprétés de la même façon. Ainsi, ce n'est pas l'assouplissement qui est en cause, mais bien son motif !

Définir l'équité et ses liens avec le mérite

Les définitions de l'équité dans les organisations sont nombreuses. Je retiens celle de Adams[24] qui a l'avantage d'être simple et opérationnelle. Il propose que le sentiment d'équité d'un individu correspond à son appréciation du rapport entre ce qu'il contribue (C) à l'organisation et ce qu'il reçoit (R) en retour, comparativement au même rapport (C/R) pour un autre individu. Cet autre individu, le comparateur, peut être un collègue de travail, dans l'entreprise ou ailleurs. Il peut aussi être fictif, mais il n'est pas nécessaire pour mon propos d'ajouter ces complexités au modèle de Adams. La même logique peut être utilisée par un observateur qui apprécie l'équité entre les membres d'une organisation, par exemple, entre les hommes et les femmes ou entre les Noirs et les Blancs. Il s'agit alors d'apprécier le rapport C/R[25] d'un individu ou d'un groupe d'individus avec le C/R du ou des comparateurs.

---

23   The Federal Merit Promotion Program : Process vs. Outcome, 2005, http://www.mspb.gov/studies/rpt_02-20-02_promotion/meritpromotionprogram.pdf, page consultée le 20 avril 2006.

24   J.S. ADAMS, (1963), « Toward an Understanding of Inequity », *Journal of Abnormal and Social Psychology*, 67, p. 422-436.

25   C/R : Contributions *vs* rétributions.

Quelles sont donc les *contributions* attendues et reconnues ? Sont-elles de même nature et de même niveau selon qu'elles sont attribuées à un homme ou à une femme, dans un poste traditionnellement occupé par des hommes ? Kanter[26] a démontré avec beaucoup de force que les biais sexistes influencent non seulement la nature des contributions attendues des hommes et des femmes dans un poste « dit masculin », mais aussi leur appréciation et le souvenir qu'on en garde[27]. Elle a aussi montré que les minoritaires (à cause du sexe, de la race ou d'une autre caractéristique discriminante) doivent consentir des efforts particuliers pour s'intégrer dans le groupe des majoritaires (ou ne pas être rejetés) et que la charge mentale et affective nécessaire pour ce faire n'est pas banale.

Ces efforts particuliers seront-ils connus et reconnus par les majoritaires ? Seront-ils pris en compte dans l'appréciation des *contributions* faites par les minoritaires, puisqu'ils sont les seuls à les faire, les majoritaires n'ayant pas à le faire, puisqu'ils définissent les normes et les processus du fait de leur poids numérique. Ces contributions « supplémentaires » seront-elles prises en compte dans l'appréciation du « mérite » de cet individu, puisqu'il y consacre efforts, talents, savoir-faire, etc. ? Puisque ce sont les majoritaires qui déterminent les normes et les processus, comment les minoritaires peuvent-ils s'assurer que les majoritaires reconnaissent et prennent en compte correctement ces contributions supplémentaires ? Et quelle est la probabilité qu'ils le fassent, puisque ultimement, ce qui est en cause, c'est le partage des bénéfices de l'organisation ?

Kanter a aussi montré qu'on est davantage sensible à la variété des comportements et des façons d'être des membres de notre groupe et qu'on a tendance à stéréotyper le comportement des membres du groupe différent du nôtre. Par conséquent, cette idée suggère que la variété des *contributions* faites par un individu risque d'être mieux identifiée et mieux appréciée lorsqu'elle est évaluée par quelqu'un de son groupe plutôt que par quelqu'un d'un groupe différent. Les répercussions de cette idée pour l'équité entre hommes et femmes ou entre Noirs et Blancs dans les entreprises sont significatives. Puisque ceux qui définissent les contributions et les façons de les évaluer sont davantage susceptibles d'être les majoritaires, donc les hommes blancs, les contributions des autres risquent d'être sous-évaluées comparativement à celles de leurs collègues membres de la majorité. De plus, la théorie de l'identité sociale développée à partir des travaux de Tajfel et Turner[28] suggère qu'un membre d'une minorité s'identifiant à la majorité aura tendance à valoriser les caractéristiques du groupe majoritaire auquel il veut appartenir tout en se distançiant de son propre groupe d'appartenance. Ainsi, une femme voulant progresser dans sa carrière pourrait adopter

[26]   R.M. KANTER (1977), *Men and Women of the Corporation*, New York : Basic Books.

[27]   Voir la vidéo « *O* » *quelle histoire*, basée sur la théorie des nombres (minoritaires et majoritaires) et ses effets sur les perceptions, les attributions et les rapports entre minoritaires et majoritaires.

[28]   H. TAJFEL et J.C. TURNER (1986), « The social identity theory of inter-group behaviour », dans S. WORCHEL et L.W. AUSTIN (dir.), *Psychology of Intergroup Relations*, Chigago : Nelson-Hall.

le modèle carriériste culturellement associé aux hommes, afficher ses caractéristiques et chercher à favoriser un candidat correspondant à ce modèle et affichant lui aussi les caractéristiques partagées au sein du groupe privilégié.

Les lois et les politiques publiques visant à changer les pratiques « discriminatoires » sur le marché du travail résultent d'un consensus minimal et variable dans la société sur la valeur d'équité. La loi affirme ainsi un désirable et met en place des mesures plus ou moins contraignantes pour que la réalité s'aligne à cette définition du désirable. Au Québec et au Canada, les législations en matière d'équité et d'égalité ont été peu contraignantes. Certaines organisations ont volontairement mis en place des programmes d'accès à l'égalité ou d'équité en emploi, témoignant des « attitudes favorables » de la coalition dominante envers l'égalité en emploi. Or, même dans de telles organisations, les attitudes des membres de l'organisation varient en regard de ces mesures.

Voici une liste de constats issus que mon expérience de femme engagée dans quelques organisations pour corriger les iniquités. Ces constats portent d'abord sur les personnes qui expriment un accord avec les lois ou les programmes d'équité. Je présente ensuite d'autres constats liés à des personnes qui s'opposent à ces mesures. Je présente ces divers raisonnements comme un inventaire partiel, sans indication de leur fréquence, comme autant de révélateurs de dynamiques qui ont des impacts sur les progrès et les reculs de l'équité. J'explorerai ensuite comment diverses théories de la discrimination peuvent expliquer ces constats.

Les personnes favorables aux mesures

Précisons tout d'abord que l'accord des individus quant aux mesures d'équité ou d'accès à l'égalité peut être gradué de faible à fort et qu'il peut varier grandement dans le temps. Parmi ces gens qui se disent favorables aux mesures, j'ai observé les raisonnements suivants :

- La pensée magique : *on a des lois et des mesures visant l'équité depuis plusieurs années – la situation a certainement changé*

Ces individus veulent croire en l'efficacité de la loi et des mesures qui en découlent comme s'il était suffisant de promulguer une loi ou de mettre en place des mesures pour que les individus et les organisations les respectent, et que les pratiques discriminatoires antérieures soient changées, comme par magie ! On peut se demander si cette « pensée magique » opère aussi pour d'autres lois ou si elle surgit davantage dans le cas de lois touchant des valeurs aussi sensibles et diffuses que l'équité. L'expérience des dernières décennies, en matière d'équité, montre pourtant que la loi et les mesures ne changent pas spontanément l'ordre des choses ni nos représentations à leur égard.

Une variante de cette idée focalise sur l'âge de telles lois et mesures ou sur le nombre d'années s'étant écoulées depuis leur mise en vigueur. Il me semble que plus la loi et les mesures existent depuis longtemps, plus on veut croire qu'elles ont été efficaces et moins on trouve légitime les actions fortes qui en découlent si les changements sociaux désirés ne se sont pas produits.

- Il appartient premièrement aux membres des groupes historiquement discriminés de réagir et de forcer le changement

Une responsabilité individuelle forte est attribuée aux individus membres des groupes historiquement discriminés pour faire changer leur situation et l'ordre des choses. En leur attribuant cette responsabilité, les individus qui se disent pourtant favorables aux mesures d'équité se désolidarisent des premiers et du changement social requis, alourdissent la charge des « victimes de discrimination », car ils leur attribuent explicitement l'initiative et la prise en charge du changement des pratiques et des mentalités. De plus, puisque les membres des groupes historiquement discriminés sont minoritaires et ont moins de pouvoir que les autres au sein de l'organisation, car ils sont souvent absents ou peu présents dans les niveaux supérieurs de l'organisation (un des effets de la discrimination passée), ils disposent de moins de moyens pour faire changer les choses.

Les tenants de cette position placent les membres des groupes historiquement discriminés dans une situation paradoxale, les mandatant implicitement ou explicitement pour réaliser un changement de pratiques et de mentalité dans l'organisation, sans leur donner de réels moyens pour le faire.

En ce faisant, ces membres de la majorité se réservent un rôle moins difficile et moins périlleux, celui d'attendre que les choses changent ou celui de critiquer les mesures proposées par d'autres ou, même, celui de résister à des mesures qui ne leur conviennent pas. Leur accord, en parole, avec les mesures est alors suivi d'une résistance, active ou passive. L'incongruité ne semble pas leur poser de problèmes.

- La définition de ce qui est équitable varie selon les intérêts à protéger

Des personnes qui se disent favorables aux mesures d'équité en emploi ou d'accès à l'égalité pour les groupes historiquement discriminés démontrent souvent un inconfort envers les conséquences des mesures à l'endroit des individus membres du groupe qui n'a pas été historiquement victime de discrimination, souvent leur groupe. Elles opposent alors le rétablissement de l'équité pour un groupe historiquement défavorisé et l'« équité immédiate » envers les individus membres du groupe majoritaire. Elles exploitent alors une certaine définition de l'équité, en disant qu'il ne faut pas, au nom de l'équité, être inéquitable envers les individus membres du groupe majoritaire, en retirant certaines occasions d'emploi ou de promotion, vues comme des droits. Elles opposent alors droits individuels et droits collectifs.

De telles réactions sont davantage probables lorsque des mesures d'embauche préférentielle existent ou sont présumées. Elles sont encore plus fortes lorsque l'individu croit en l'existence de « quotas » d'embauche ou de promotion dans son organisation, qu'ils existent ou non. Mon expérience me suggère que l'inconfort des gens à l'égard des quotas est tel qu'il déforme la réalité, leur laissant entrevoir une menace importante. Les quotas sont quasi inexistants au Québec alors qu'ils sont souvent évoqués par les gens lorsqu'il est question d'équité en emploi. L'équité est alors opposée au « mérite » qui devient synonyme d'incompétence dans leurs représentations. Ces glissements de sens révèlent la charge émotive de la proposition où les peurs « deviennent » la réalité, telle que vue par l'individu, influençant les attitudes et les positions.

On voit ici s'opposer les enjeux de la représentation des groupes historiquement désavantagés et celui de la justice envers les individus (membres de la majorité) qui ont été amenés à s'attendre à certaines opportunités (emploi ou promotions) et qui voient la concurrence s'accroître par la venue de nouveaux compétiteurs (membres des groupes cibles) ou « pire encore » par celle auxquels des conditions différentes sont offertes, car les « règles du jeu » sont revues et modifiées[29]. Dans un contexte de concurrence pour des ressources convoitées (postes ou promotions et avantages associés), les risques de glissement de sens évoqués ci-haut sont accrus, puisque l'enjeu devient la protection de ses intérêts personnels ou des intérêts des membres de SON groupe d'appartenance.

Au cœur de cet argument se profile un enjeu politique : qui ou quel groupe a du pouvoir, qui décide de ce qui compte et de ce que comprend le « mérite » dans cette situation particulière, qui évalue les contributions significatives et qui décide de la distribution des opportunités, des privilèges et des ressources ou avantages ? Si on reprend la terminologie de Adams, la question est : qui définit et juge les contributions et les rétributions ?

- Les risques de stigmatisation

L'opposition faite dans les représentations des gens entre « mesures d'équité ou d'accès à l'égalité » et « mérite » engendre un risque de stigmatisation des personnes « bénéficiaires » des mesures comme détenant un « moindre mérite ». La crainte d'une telle situation peut amener les bénéficiaires à bouder les mesures, car croyant leur mérite diminué par leur seule présence et voulant surtout le croire évalué sur la même échelle que celui des autres, protégeant ainsi leur estime d'eux-mêmes et leur image sociale. Les mesures proposées sont alors considérées comme comportant des risques pour les groupes qu'elles comptent favoriser, risques qui servent ensuite à discréditer les mesures plutôt qu'à agir sur les dynamiques qui les engendrent.

Cette possibilité de stigmatisation est une illustration de l'importance des préjugés sexistes et racistes prévalant dans la société et qui dévaluent les contributions et le mérite des membres des groupes historiquement désavantagés. Toutefois, ce risque, comme on le verra plus loin, est possiblement moins important dans la réalité que ce

---

[29] Ces modifications peuvent survenir lorsqu'il y a un accommodement raisonnable ou lorsque à la suite de la revue du système d'emploi et du débusquement des discriminations systémiques, des critères ou des outils sans biais remplacent les anciens, ceux auxquels on était habitué.

qui est craint, car les compétences sont généralement assurées et le succès en emploi est éventuellement démontré. Toutefois, la reconnaissance à leur juste mérite des ces contributions et du « succès » n'est pas nécessairement assuré. Ces idées seront reprises dans la discussion des théories de la discrimination.

- Le degré d'accord avec les lois et les mesures varie selon qu'elles sont directement destinées à redresser une situation ou qu'elles sont neutres.

Les mesures d'équité qui touchent l'ensemble des individus, sans distinction (mesures neutres), sont davantage acceptées que les mesures de redressement qui, elles, visent les membres des groupes cibles. Ainsi, accorder une préférence aux membres des groupes désavantagés (par exemple, les Noirs ou les femmes) est beaucoup moins appuyé que la mise en place de pratiques neutres, comme diffuser largement une offre d'emploi en incluant les médias spécifiques aux groupes visés ou mettre en place un programme de mentorat accessible à tous, bien que dans ses modalités, il puisse contenir des adaptations à la situation particulière des membres des groupes cibles[30].

- La rectitude politique : il est difficile de s'afficher contre l'égalité

L'équité est une valeur sociale forte dans une démocratie. Il est donc difficile de s'afficher ou d'y être vu comme opposé. Par contre, l'image que l'on donne ou les propos que l'on tient peuvent diverger des positions que l'on prend ou des actions que l'on pose, pour toutes sortes de justifications légitimes. L'efficacité, la rapidité et la réponse aux demandes des clients sont autant de justifications d'actions qui sont, elles aussi, légitimes et qui peuvent nuire à la progression de l'égalité. Leur accord dépend de la « rectitude politique » – on ne peut pas se dire contre la lutte à la discrimination. Ainsi. les valeurs socialement désirables sont des mots qui ont peu de poids et ne sont pas suivis d'actions ; c'est du discours !

- Le degré d'accord est sensible à la perception du risque éventuel de poursuite pour discrimination ou autres formes de pénalités

Les individus qui craignent les poursuites judiciaires pour discrimination en emploi sont davantage susceptibles d'appuyer l'adoption et le maintien de politiques et de mesures d'équité en emploi ou d'accès à l'égalité. De telles politiques et mesures sont vues à la fois comme une assurance supplémentaire qui diminue les risques de poursuites et comme une défense éventuelle si elles étaient intentées, améliorant ainsi, croit-on, leur issue. Dans les faits, de telles poursuites judiciaires ont été peu nombreuses au Québec et au Canada et le risque, dans le passé, a été faible.

---

[30] S. HARPER et B. RESKIN (2005), « Affirmative Action at School and on the Job », *Annual Review of Sociology*, 31, p. 357-379. Ces auteures s'appuient sur le propos de M. KRYSAN (2000), « Prejudice, Politics and Public Opinion : Understanding the Sources of Racial Policy Attitudes », *Annual Review of Sociology*, 26, p. 135-168.

Eu égard aux « autres formes de pénalités » pour les entreprises qui n'améliorent pas l'équité en emploi, le Programme de contrats fédéraux et son équivalent québécois ont prévu une perte de financement ou un déni d'éligibilité à celles qui ne produisaient pas de rapport démontrant leurs travaux devant mener à l'équité en leur sein. Les dernières décennies ont montré que le risque de pénalité était négligeable, éliminant dans les faits l'incitatif à l'adoption de telles mesures.

Quant au risque relatif à une mauvaise image, il est négligeable étant donné que peu d'organisations se présentent comme modèles ou proposent un point de comparaison qui fait pâlir les autres organisations. Par ailleurs, le palmarès des meilleurs employeurs est l'outil d'émulation par excellence pour mieux paraître en termes d'équité ou, inversement, pour détruire l'image si l'organisation est peu sensible à l'équité.

Les personnes défavorables aux mesures

Le désaccord envers les mesures d'équité ou d'accès à l'égalité peut, lui aussi, être gradué de faible à fort et varie grandement dans le temps. Je retiendrai ici divers motifs de désaccord.

- Douter de l'efficacité des mesures

Certains doutent de l'efficacité des mesures envisagées jusqu'à maintenant et c'est à celles-là spécifiquement qu'ils s'opposent. Ainsi, ils craignent une nouvelle ségrégation occupationnelle où les postes et les niveaux offerts seraient plus étendus que dans le passé, mais où de nombreux domaines demeuraient inaccessibles, notamment ceux où les enjeux de pouvoir sont les plus grands. Les changements alors obtenus par les mesures seraient « à la marge », mais ils ne remettraient pas en cause l'ordre et les pratiques passées. La discrimination serait alors légèrement réduite, mais l'équité serait loin d'être une réalité. Cette « ghettoïsation » a été documentée et démontrée aux États-Unis par plusieurs auteurs[31].

- Croire en la valeur première de la responsabilité individuelle

Des individus croient que chacun est responsable de sa propre destinée et de sa propre situation. Par conséquent, ils rejettent l'idée que le contexte et la chance ont une influence déterminante sur les choix professionnels et sur les parcours. Ainsi, ils sont d'avis que les personnes ont « toujours » le choix et qu'aucun obstacle n'est insurmontable pour celui ou celle qui a la volonté de le vaincre.

Ces individus ne reconnaissent donc pas ou minimisent les inégalités d'opportunités et de ressources dont disposent les personnes et les groupes. Ils nient aussi les effets cumulatifs des différentes discriminations.

---

[31]   Notamment par COLLINS (1997), M. DURR et J.R. LOGAN (1997), MALAMUD (2001), J.D. FRYMER et P. SKRENTNY (2004), cités par S. HARPER et B. RESKIN, *op. cit.*, p. 368.

Dans ce raisonnement, les personnes sont vues comme des « unités discrètes », autonomes et responsables de leur propre devenir, et non comme les « membre d'un groupe » dont le sort est lié à la réalité de ce groupe.

▪ Utiliser une définition de l'équité et du mérite qui les favorise

Ces personnes reconnaissent l'existence de lois et mesures visant à corriger les effets de la discrimination historique, mais ils en questionnent la légitimité ou les rejettent sans aucune forme de procès. Certains revendiquent à leur tour une protection pour les « nouveaux discriminés », qu'ils croient l'être en vertu de ces lois et mesures, puisque individuellement et comme groupe, ils s'estiment privés des avantages dont ils disposaient dans le passé, avantages qu'ils considèrent être des droits et non des privilèges issus d'une société fonctionnant dans une dynamique inégalitaire.

Parmi eux, on trouve aussi des individus qui reconnaissent les iniquités du passé, mais qui estiment ne pas en être personnellement responsables. En conséquence, ils estiment qu'ils ne doivent pas être personnellement affectés par les corrections à réaliser et que leurs opportunités actuelles ne doivent pas être réduites du fait des « fautes » commises par les générations antérieures à l'endroit des groupes historiquement discriminés. Niant une responsabilité individuelle pour la suite des choses, niant aussi une responsabilité collective pour le passé et le présent, ils reconnaissent les écarts de situation des membres des groupes cibles comme des faits et non comme des problèmes sociaux à résoudre. Leur définition de l'équité est alors la comparaison entre les contributions faites et les rétributions qu'ils estiment dues, et ce, en comparaison avec celles qui prévalaient dans « l'ordre social passé » ou dans les anticipations que le milieu leur avait permis d'espérer. Reprenant la formule de Adams, ils comparent leur ratio C/R maintenant (au temps t) à celui qu'ils projetaient avoir lors de l'établissement du contrat psychologique C/R (au temps t-1) ou avant l'adoption des mesures d'équité.

Un autre groupe, qui revoit à son avantage ce qu'est l'équité, argumente qu'il est inéquitable que les membres des groupes visés bénéficient des avantages de mesures d'équité ou d'égalité, puisque ce sont d'autres individus qu'eux qui ont été pénalisés dans le passé par des pratiques discriminatoires et qui, par conséquent, mériteraient une réparation. C'est pour ces groupes que la preuve de discrimination passée a été faite, non pas pour les « concurrents actuels » aux postes à pourvoir, pour qui la preuve qu'eux, individuellement, ont été défavorisés n'est donc pas faite. Non seulement c'est la notion d'équité, mais aussi celle de mérite qui est revue dans cet argumentaire, à la faveur évidemment des membres du groupe dominant. Harper et Reskin[32] affirment « Critics charge that in creating group rights, AA compromises the principle of merit-based allocation, discriminates against innocent persons, fosters inefficiency, harms

---

[32]   Reprenant les propos de S. LEITER et W.M. LEITER (2002) et de S. THERNSTROM et A. THERNSTROM (1997).

its intended beneficiaries and perpetuates racism by making color relevant » (*op. cit.*, p. 369).

Leur sentiment d'iniquité risque d'être augmenté si, comme beaucoup de majoritaires, ils présument que le mérite ne joue pas et que la préférence prévue dans les programmes d'action positive ou d'accès à l'égalité s'exerce de façon déterminante[33].

- Avoir recours à l'exagération, à la dérision, à l'ironie et au sabotage

Des personnes défavorables aux mesures entretiennent l'idée que l'accès à l'égalité ou l'équité en emploi se résume à la mise en place de quotas pour l'embauche ou à la promotion de membres des groupes cibles. Ils ne retiennent alors que la forme la plus contraignante et la plus rare de mesure de redressement et ils l'érigent en menace extrême. De plus, ils rendent synonyme les mots *quota* et *incompétence*, faisant alors preuve, dans le meilleur des cas, d'ignorance ou, encore, d'exagération, de dérision ou de sabotage, autant de tactiques langagières pour gagner à tout prix.

Des enquêtes américaines portant sur la race ont montré que 70 % des Blancs croient qu'il est probable que sur le marché du travail actuel, certains d'entre eux perdent des occasions d'emploi ou des promotions au bénéfice de Noirs moins qualifiés[34] et que 40 % des Blancs croient que l'action positive entraîne la discrimination à rebours[35]. De telles croyances répétées par les détracteurs des mesures d'équité sont un exemple de stratégies de sabotage ou de dénigrement. Plus ils les répètent, plus ils les croient et moins ils testent ou valident leurs croyances.

Au Québec et au Canada, les quotas ont peu existé. Quelques jugements de la Cour les ont imposés dans des organisations où la discrimination ouverte et évidente prévalait depuis de nombreuses années. Ce fut notamment le cas du Canadien National en 1987, le plus connu en la matière, et celui de la Société de transport de Montréal. Le tribunal a d'ailleurs fortement balisé ces quotas.

Les quotas ont par contre été davantage utilisés aux États-Unis, notamment en matière d'inscription des Noirs dans les universités américaines, dans les programmes contingentés, comme le droit pendant les années 1970 et 1980. Ils n'ont presque plus cours depuis les années 1990 et ils ont fait l'objet de plusieurs poursuites devant les tribunaux, qui en ont invalidé plusieurs[36].

---

[33] CARTER (1991), cité par D.C. EVANS (2003), « A Comparison of the Other-Directed Stigmatization Produced by Legal and Illegal Forms of Affirmative Action », *Journal of Applied Psychology*, n° 1, p. 121-130.

[34] TAYLOR (1994), cité par D.C. EVANS, *op. cit.*, p. 123.

[35] J. EBERHARDT et S.T. FISKE (1994), cités par D.C. EVANS, *op. cit.*

[36] S. HARPER et B. RESKIN, *op. cit.*, p. 366.

▪ Craindre que l'effet de stigmatisation réelle ou potentielle nuise à la reconnaissance du mérite des membres des groupes cibles

La seule présence de mesures institutionnelles ou de lois sème le doute chez certains quant aux motifs qui prévalent dans le choix d'une personne membre d'un groupe cible. Si l'on en croit ces individus, une telle présence dévalue nécessairement le « mérite » en semant ce doute. Puisque les processus de sélection se déroulent à huis clos, les « véritables » raisons des choix peuvent différer de celles déclarées. Ce doute peut donc exister tant chez la personne choisie que dans son entourage de même que chez les concurrents et dans leur entourage.

Cette culture du doute quant au « mérite » de la personne retenue lorsqu'elle appartient à un groupe historiquement défavorisé témoigne de l'ampleur des préjugés sexistes et racistes du milieu de même que de l'ambiguïté de l'engagement envers l'équité d'une organisation. J'ai pu constater dans des organisations où un tel doute était exprimé et répété que la nomination d'une personne issue du groupe majoritaire n'était pas suivie de telles interrogations ; sa compétence était généralement acceptée, sans autre questionnement. Ainsi, dans ces milieux, le doute envers le mérite n'est endémique que lorsqu'une personne des groupes minoritaires est retenue.

Des personnes membres des groupes cibles deviennent alors vocales, dénonçant ce possible effet pervers des mesures, se désolidarisant de leur groupe d'origine et réclamant d'être évaluées « au mérite individuel » tel que déterminé à partir des pratiques et des standards usuels (donc possiblement colorés par les pratiques discriminatoires passées).

Un autre effet pervers de ce risque de stigmatisation est que la personne retenue dans ce climat de doute sur son mérite ne dispose pas, lors de son entrée en fonction, du même capital de confiance de la part de l'entourage, capital dont dispose son collègue membre du groupe dominant. Or, cette confiance des autres envers soi et de soi envers soi-même est un ingrédient important pour la réussite dans le poste. Sinon, la personne retenue peut venir à douter de ses propres compétences et des motifs ayant prévalu à sa sélection[37], en particulier lorsqu'il existe une culture de suspicion dans l'organisation.

Encore une fois, les membres des groupes historiquement discriminés font face à des difficultés inconnues ou inhabituelles pour les membres des groupes majoritaires, difficultés qui peuvent engendrer la prophétie qui s'autoréalise.

▪ Croire que les mesures ont eu leur utilité, mais que cette époque est révolue

Aux États-Unis, les mesures d'équité en emploi ou d'accès à l'égalité ont près de 50 ans. Au Canada et au Québec, elles existent depuis près de 30 ans. Elles ont

---

[37]	B. BLAINE, J. CROCKER et M. MAJOR (1995), cités par D.C. EVANS, *op. cit.*

certainement contribué à diminuer la discrimination directe, la plus visible et la plus choquante. Elles ont probablement aussi contribué à rendre publiquement inacceptable et inavouable l'intention de discriminer. Ces succès peuvent suggérer aux observateurs qu'elles ont joué leur rôle et qu'elles ne sont donc plus utiles. Aux États-Unis, Davis et Smith (1996[38]) ont documenté de telles croyances concernant les progrès réalisés par les Noirs.

Par contre, la définition de la discrimination utilisée dans ce contexte se limite souvent à la discrimination ouverte ; elle ignore celle qui est la plus difficile à débusquer, qui se cache derrière d'autres mesures qui sont légitimes, mais qui ont des effets pervers sur certains groupes, effets peu ou pas pris en considération. Elle ignore aussi la discrimination qui a glissé dans l'invisibilité à cause de l'opprobre sociale qui s'est développée qu'on maquille sous d'autres dehors. Or, comme les tribunaux[39] l'ont statué, ce n'est pas à partir de l'intention de discriminer qu'on définit s'il y a eu discrimination, mais plutôt à partir des effets, voulus ou non, des mesures désavantageant ou excluant systématiquement les membres de certains groupes. La reconnaissance de la présence de discrimination indirecte et de son importance est essentielle pour contrer cette croyance.

- ▪ Préférer d'autres mesures

Que ce soit à cause des risques de stigmatisation développés plus haut, de l'impopularité des mesures usuelles ou, encore, d'une évaluation négative des progrès réalisés jusqu'à maintenant, certains proposeront d'autres mesures. Par exemple, ils choisiront d'investir dans le développement du capital humain des membres des groupes historiquement désavantagés ou dans l'accompagnement personnalisé des individus qui souhaitent intégrer des milieux atypiques. De telles stratégies reposent sur l'hypothèse qu'il est possible de pallier les effets du désavantage historique des membres d'un groupe par un soutien supplémentaire à l'un d'eux ou par de la formation. Ces mesures sont intéressantes ; toutefois, elles négligent d'intervenir sur le milieu et le contexte, comme si les membres des minorités étaient les seuls à devoir changer pour répondre aux attentes des majoritaires ou des décideurs (issus de la majorité).

Divers raisonnements coexistent

La coexistence de plusieurs de ces rationalités, favorables et défavorables, au sein d'une même organisation, et parfois chez les mêmes individus, souligne la complexité du phénomène. Ensemble, elles montrent comment, au cœur du débat, s'opposent

---

[38] Cité par S. HARPER et B. ROSKIN, *op. cit.*

[39] *Commission ontarienne des droits de la personne* c. *Simpsons-Sears*, [1985] 2 R.C.S. 536 ; *Central Alberta Dairy Pool* c. *Alberta (Commission des droits de la personne)*, [1990] 2 R.C.S. 489 et *Colombie-Britannique (Public Service Employee Relations Commission)* c. *BCGSEU*, [1999] 3 R.C.S. 3 (voir le paragraphe 49 à la page 32).

différentes définitions de valeurs chères à tous au sein de notre société, mais définies autrement : équité, justice sociale, liberté, responsabilité.

Elles montrent aussi comment l'équité soulève les questions de privilèges et de droits, d'hiérarchie sociale, d'écarts de pouvoir, d'intérêts individuels et collectifs. D'ailleurs, la position prise dans ce débat est parfois influencée par un conflit d'intérêts, chacun soutenant celle qui lui procure un avantage, personnellement ou par assimilation[40]. Par contre, la réciproque est aussi possible et celle de défense de l'équité que prennent les membres des groupes cibles est souvent vue comme « self-serving », dévaluant en ce faisant le travail réalisé et les efforts consentis. Cela est d'autant plus paradoxal que nous avons vu que des membres de la majorité assignent le travail de changement organisationnel pour une plus grande équité aux membres des groupes cibles. Les messages sont donc éminemment conflictuels, et à plusieurs titres.

Trois théories de la discrimination aident à comprendre ces commentaires

La discrimination résulte donc de plusieurs processus cognitifs et sociaux qui se renforcent mutuellement. Trois théories aident à comprendre les positions énoncées précédemment. Ce sont celles du processus discriminatoire, du risque de stigmatisation et du désavantage historique du groupe. Chacune explique des éléments complémentaires du phénomène.

La discrimination : le processus

Toute société propose ou impose diverses idées préconçues pour expliquer l'ordre des choses, la position des individus en son sein, ce qui compte et ce qui a peu de valeur, etc. Les institutions et le processus de socialisation assurent la transmission de ces idées et des attentes de comportements cohérents avec ces « prêts-à-penser » sont ainsi intégrées par les membres de la société. Toute société instaure donc des préjugés et des stéréotypes à l'endroit des groupes qui la composent. Les stéréotypes peuvent être basés sur des caractéristiques réellement présentes chez une proportion significative des membres du groupes, mais généralement, elles sont considérées comme l'étant chez tous les membres du groupe. Par exemple, les femmes sont vues comme étant maternelles, alors que dans les faits, elles ne le sont pas toutes ; les gestionnaires sont vus comme des décideurs, portés vers l'action et la rationalité, alors que beaucoup ne le sont pas. Les stéréotypes peuvent aussi être basés sur des idées préconçues ayant peu de fondement dans la réalité, mais pouvant quand même être attribuées à tous les membres du groupe ; ici encore, si on revoit le stéréotype du gestionnaire, on sait désormais qu'il existe d'autres façons efficaces d'exercer du leadership que de manifester les caractéristiques précédentes et que beaucoup de

---

[40]   PATTERSON *et al.* (1997), cités par S. HARPER et B. RESKIN, *op. cit.*, p. 370.

dirigeants sont empathiques et émotifs (passionnés, enthousiastes et sensibles) et que ces attributs sont la clé de leur succès.

Toutefois, certains groupes se voient affublés de caractéristiques plus défavorables que d'autres, lesquelles limitent leur accès à des fonctions, rôles et avantages de la société. C'est le cas des membres des groupes historiquement discriminés. L'appréciation de leurs contributions et de leurs rétributions est alors influencée non seulement par ce qu'ils font dans les faits, mais aussi par leur conformité avec les prescriptions sociales, soit les attentes que la société a envers eux en vertu de leurs caractéristiques personnelles. Ainsi, leurs possibilités de contributions sont différentes de celles d'autres groupes et l'appréciation de ces contributions est elle aussi biaisée.

Le risque de stigmatisation

La stigmatisation est l'attribution de caractéristiques négatives à un individu qui engendre un statut social inférieur à cause du stéréotype de son groupe. Il n'y a donc aucune prise en considération de l'individualité de cette personne ni du fait que même lorsqu'un trait est largement présent parmi les membres d'un groupe, il y a souvent plus de différences entre eux qu'entre ceux de deux groupes. Plus de 50 ans de recherche montrent, en effet, que sur le plan des différences entre hommes et femmes, on trouve plus de différences entre les hommes eux-mêmes ou entre les femmes elles-mêmes, pour presque toutes les caractéristiques, qu'entre un homme et une femme[41].

Toutefois, être minoritaire dans une fonction sociale, quelle qu'elle soit, risque d'être une source de suspicion quant aux motifs et aux processus qui ont engendré cette anomalie par rapport à la situation usuelle (l'exclusion des individus de ce groupe dans cette fonction sociale). De tels doutes minent non seulement la crédibilité de l'individu dans ses fonctions et ses chances de succès, mais ils peuvent aussi menacer son identité, influencer sa confiance et ajouter du stress à la situation.

La stigmatisation ou le risque d'être stigmatisé peut engendrer un effet d'exclusion des membres du groupe défavorisé ou de moindres chances pour eux de bénéficier des ressources, privilèges et gratifications disponibles dans la société, à cause des préjugés et des stéréotypes du groupe auquel ils appartiennent.

La stigmatisation peut être générée non seulement à cause de son appartenance à un groupe particulier, mais aussi à cause de l'existence de programmes ou de mesures d'égalité ou d'équité dans l'organisation ou dans la société. Le risque de stigmatisation des individus membres des groupes bénéficiant de programmes d'action

---

41   Patricia B. CAMPBELL et Jennifer N. STORO (1994), « Girls are… Boys are… : Myths, Stereotypes and Gender Differences », Office of Educational Research and Improvement, U.S. Department of Education.

positive[42] a été démontré empiriquement et théoriquement, mais il est plus important dans les tests faits en laboratoire que dans les contextes organisationnels[43]. Le programme méconnu, mais quand même caractérisé de façon négative est vu comme conférant des privilèges à des personnes dont les compétences sont moindres que celles qui sont requises.

Les mécanismes cognitifs qui opèrent alors sont les attributions dévaluatrices et les attributions réévaluatrices ou inflationnistes (*discounting* et *augmenting*). La dévaluation survient lorsque considérant les *contributions* de l'individu (rendement, effort, engagement envers le travail, compétence, etc.), on leur attribue une valeur moindre que si elles étaient associées à une personne du groupe majoritaire (Evans, 2003). Cette dévaluation résulte soit : a) parce qu'une partie du mérite est attribué à des facteurs externes à l'individu, comme l'existence du programme d'équité en emploi ou d'accès à l'égalité, plutôt qu'aux caractéristiques réelles de l'individu et de ses *contributions* ; b) parce que les bénéficiaires des mesures d'accès à l'égalité ou d'équité en emploi sont évalués comme étant de moindre de valeur intrinsèque (qualité, personnalité, effort, compétence) que s'il n'y avait pas de programme ; dans ce cas, les contributions ne sont pas mal évaluées, elles sont plutôt présumées moindres parce qu'elles sont associées à un individu membre d'un groupe cible. Cette dévaluation peut être exercée par un tiers envers un individu ; elle peut aussi venir de l'individu lui-même.

Quant au phénomène de la réévaluation ou de l'inflation, il survient lorsque le mérite d'une personne, ou ses contributions, est surévalué du seul fait qu'elle occupe un poste atypique. On présume alors que ses compétences sont supérieures, car elle a surmonté des obstacles qui sont, eux aussi, surévalués. Notons que dans un cas comme dans l'autre, ce sont des biais qui surviennent et qu'une mesure juste des contributions n'est pas réalisée.

Le désavantage historique d'un groupe

Les membres des groupes ayant subi une discrimination historique font l'expérience de choix et de ressources moindres pendant toute leur socialisation et toute leur vie. Les effets de la discrimination passée perdurent. Étant moins formés, ils ont peu de possibilités de métiers ou de carrières qui s'offrent à eux et ils risquent d'être moins bien rémunérés.

Ils ont des réseaux de solidarité dont les membres sont davantage comme eux que différents, donc, ils occupent des rôles sociaux moins influents et disposent de moins

---

[42] Rappelons ici que les programmes d'équité en emploi visent à identifier dans le système d'emploi les pratiques ayant des effets discriminatoires pour les remplacer par des pratiques neutres ; les programmes d'action positive ou d'accès à l'égalité, en plus d'un contenu similaire aux programmes d'équité en emploi, comprennent des mesures de redressement afin de corriger les effets des discriminations passées et d'assurer une meilleure représentation des groupes cibles.

[43] HEILMAN *et al.* (1992), cité par D.C. EVANS, *op. cit.*

de pouvoir et de moins de ressources que les membres des groupes majoritaires. Par conséquent, les membres des groupes historiquement défavorisés ont un accès moindre aux ressources financières et matérielles, à l'information, aux mentors influents qui aident à décoder l'informel des organisations, à découvrir les rituels et leur sens, qui se portent garants et sur lesquels s'appuyer pour anticiper et agir efficacement dans l'organisation ou le milieu. Ils ont donc moins de leviers sur lesquels compter pour se développer, promouvoir les intérêts de leur groupe et changer l'organisation.

Ainsi, le désavantage historique d'un groupe a pour effet que ses membres, à un moment « X », disposent d'un capital humain, financier et relationnel moindre que celui de leurs collègues membres de la majorité.

Les processus sociaux discutés précédemment nourrissent et reproduisent les désavantages du groupe et entretiennent les risques de stigmatisation.

Trois théories interdépendantes

Les trois théories qui précèdent expliquent chacune une composante importante de la discrimination. Pour contrer la discrimination, il faut s'attaquer à la fois aux processus sociaux qui font le lien entre, d'une part, les représentations (individuelles et collectives) que sont les préjugés et les stéréotypes et la stigmatisation et, d'autre part, les comportements discriminatoires qui engendrent les désavantages objectifs des groupes, sur la base de ces représentations.

FIGURE 1

Trois théories interdépendantes

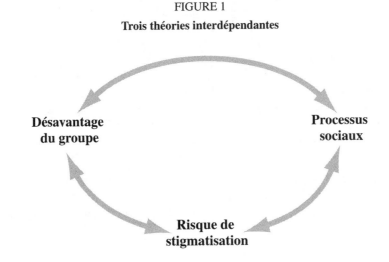

Les répercussions de ces constats

Les positions des membres d'une organisation à l'endroit de l'équité peuvent ressembler à une cacophonie de rationalités appuyant et décriant les mesures d'équité, utilisant les mêmes mots, mais leur conférant des sens radicalement différents, comme je l'ai illustré précédemment. *A fortiori*, on peut supposer que c'est encore plus probable dans une société.

Il est donc impératif que cette complexité soit reconnue et que les interventions visant l'atteinte de l'égalité la reflètent. Elles doivent ainsi cibler : a) la transformation des représentations et des croyances des individus et des groupes par de l'information sur les écarts sociaux et leurs répercussions réelles ; b) la transformation des pratiques organisationnelles et sociales qui ont des effets pervers sur les groupes historiquement défavorisés, cela pour briser le cercle vicieux des désavantages ; c) la mise en place des conditions de succès du changement par un dosage judicieux des incitatifs et des contraintes, cela pour donner une impulsion au changement et contrer tant les forces de l'inertie que celles de l'opposition. Ces éléments se trouvent dans les pistes d'action esquissées dans ce qui suit.

Développer une compréhension commune des écarts de distribution des opportunités et des bénéfices entre groupes sociaux de même que des valeurs en cause

Pour contrer la discrimination il faut premièrement faciliter et instrumenter la transformation des croyances de ceux et celles qui contestent l'existence de pratiques qui ont des effets différenciés et négatifs sur certains. En diffusant régulièrement, et de diverses façons, des statistiques solides sur a) les inégalités sur le marché du travail pour les membres des groupes historiquement désavantagés, b) les progrès réalisés et c) les iniquités persistantes, il sera possible de répondre aux critiques par des faits et de démontrer que les écarts entre les groupes sociaux sont des problèmes à résoudre. La documentation de ces écarts et leur diffusion régulière sont essentielles pour sensibiliser la société à cette réalité et ébranler les méprises et les croyances erronées. Dans mon expérience, les gens ont surévalué les progrès réalisés en matière d'équité, et cette inflation est d'autant plus importante qu'ils se prononcent alors sur un niveau d'agrégation plus élevé[44].

Il faut que des efforts soient consentis pour mieux faire comprendre ce qu'est l'équité de même que les avantages, pour une organisation et une société, de l'atteindre. Le prix de l'exclusion des membres des groupes cibles, tant sur le marché du

---

[44]   Ainsi, ils ont tendance à surapprécier le taux de représentativité d'un groupe (disons les femmes) dans leur unité de travail ; cette surévaluation est plus importante pour leur département ou leur fonction et encore plus élevée pour leur entreprise. L'erreur est donc de plus en plus favorable, ce qui est congruent à la désirabilité sociale de l'équité.

travail que dans la société en général[45], tout comme celui à payer pour corriger les iniquités, doit être mieux connu et précisé. Il faut aussi se préoccuper de la répartition de ces coûts, dans l'organisation et la société, pour limiter les asymétries et leurs conséquences de rejet des mesures. Une position équilibrée (éléments positifs et négatifs) et une analyse transparente des enjeux risquent d'être plus convaincantes et plus en harmonie avec les valeurs défendues qu'une position dogmatique.

Il faut en outre déconstruire la notion de « mérite » comme étant le seul ou le principal principe ayant prévalu (avant la mise en place de programmes et de mesures d'équité) et devant prévaloir en dotation. Une compréhension commune doit être développée, dans les organisations, sur ce qu'est le mérite, comment il est défini et pris en compte, sur l'existence d'obstacles, de stéréotypes et de préjugés qui font en sorte que le « terrain de jeu » n'est pas le même selon que l'on fasse partie de la majorité ou de la minorité. En s'assurant que le système de gestion des ressources humaines est rigoureux et dépourvu de biais, on augmente les chances que le mérite soit correctement défini, renforçant alors la crédibilité du système de gestion des ressources humaines de même que l'appréciation du rapport des *contributions* et des *rétributions*, donc, de la perception d'équité dans l'organisation.

La sensibilisation et la formation sont essentielles pour ce faire, mais c'est un travail à reprendre régulièrement, car les préjugés et les stéréotypes résistent à la déconstruction et à l'information qui les infirment.

Définir des objectifs prioritaires et des symboles forts

Tant les membres des minorités ont besoin de modèles et d'appuis pour surmonter les obstacles, tant les membres de la majorité ont besoin d'images fortes pour mettre au défi leurs représentations de l'ordre actuel, pour envisager d'autres possibilités, et ainsi concevoir une situation « autre ». Les objectifs et les symboles agissent alors comme catalyseurs du changement.

Il faut s'assurer de leur réalisme et d'une volonté réelle de les atteindre dans un avenir rapproché, car autrement, ils perdront leur valeur. Il faut aussi saisir les occasions inattendues. Au cours des dernières années, de telles représentations sont apparues qui nous interpellent fortement :

- la Norvège a annoncé en 2004 que les conseils d'administration des sociétés publiques et privées[46] doivent atteindre en 2005 au moins 40 % de chaque sexe. Cet objectif est défiant, car en 2003, les conseils d'administration des sociétés privées ne comptaient que 8,5 % de femmes alors que ceux des entreprises d'État en comptaient 45,7 %. Notons par ailleurs que depuis 1986, tous

---

[45]   Notamment, leur pauvreté et les multiples conséquences (personnelles et sociales) que cela entraîne, leur santé occupationnelle, les inefficacités organisationnelles, le climat de travail, la réputation de l'organisation, le bassin de main-d'œuvre, etc.

[46]   http://www.norvege.no/policy/gender/politics/politics.htm.

les parlements norvégiens sont composés d'un minimum de 40 % de femmes. Encore une fois, on voit que le progrès en termes d'équité dans un secteur de la société ne prédit pas bien les progrès dans les autres secteurs et que des interventions législatives sont nécessaires pour forcer le changement ;

- le Québec a annoncé en 2006 qu'en 2008, 50 % des membres des conseils d'administration de sociétés de l'État devront être des femmes ;

- en novembre 2005, Vancouver a élu Sam Sullivan à la mairie, un quadraplégique qui agissait comme conseiller municipal depuis 1993.

Les entreprises souscrivant aux valeurs d'égalité et prenant des mesures fermes à cet égard pourraient diffuser leur bilan social et faire connaître les moyens employés et leurs résultats quant à la transformation de leur main-d'œuvre et aux avantages qu'ils y trouvent. En ce faisant, ils contribueraient à transformer les représentations et à démontrer de façon convaincante que c'est réalisable et bénéfique d'améliorer la diversité. De tels objectifs et symboles peuvent agir à l'échelle sociale en défiant les représentations et en inspirant le changement, mais ils doivent aussi être actifs au sein des organisations.

Mettre en place des pratiques de gestion des ressources humaines sans effet discriminant sur les groupes cibles

Les habitudes sont par définition des automatismes, des réactions ou des routines qui s'implantent en réponse à un stimulus, sans analyse ou jugement. C'est leur nature ; elles sont utiles, souvent rapides et efficaces, eu égard à certains critères ou intérêts de groupes (ou individus) dominants. Diverses pratiques de gestion des ressources humaines contiennent des habitudes qui doivent être réexaminées afin de découvrir si elles ont des effets pervers à l'endroit des membres des groupes historiquement désavantagés. Sans un tel examen, les effets risquent de perdurer. En débusquant ces biais, on peut se rendre plus rigoureux, efficace et défendable le système de gestion des ressources humaines et assurer son équité, donc, son respect d'une valeur qui progresse dans notre société.

La démarche, ici, doit être descriptive et non « culpabilisante » ou « blâmante » envers les décideurs antérieurs, ceux et celles qui déterminaient le *mérite*, qui reconnaissaient – ou non – les *contributions*, qui distribuaient les *rétributions*. Le blâme et la culpabilisation sont des comportements qui suscitent en retour des justifications et un nouveau cycle d'accusations. Rarement donnent-ils lieu à une révision des représentations des personnes en cause. Il faut donc éviter dans la réclamation de changements sociaux et organisationnels en vue de l'équité que de telles approches soient utilisées, car elles sont contre-productives et freinent le résultat désiré. L'objectif doit être le changement et non la distribution des torts.

Le remplacement d'une habitude dont les conséquences sont indésirables par une nouvelle habitude requiert qu'on sache quoi changer, comment (quelles sont les pratiques désirables) et pourquoi. Cela requiert aussi qu'on soit capable d'observer, d'apprécier ou de mesurer les progrès réalisés en vue d'appuyer le changement. Ainsi, pour mesurer les progrès de l'équité, il faut suivre, sur plusieurs fronts, la distribution des groupes cibles à travers la diversité des emplois existants dans une société, à tous les niveaux, en portant une attention particulière aux concentrations et aux sous-représentations par rapport à leur taux dans la population en général. Cette surveillance devrait alimenter l'ajustement des mesures pour que les progrès surviennent. Il faut aussi veiller à l'amélioration du bassin de recrutement, donc, à la distribution des membres des groupes cibles dans les divers programmes et niveaux d'enseignement pour qu'ils développement le capital humain qui sera requis sur le marché du travail. Le cycle de l'exclusion peut alors être ralenti et, éventuellement, rompu. Voilà, sommairement, de bons éléments à vérifier.

Ne pas compter le temps et accélérer le changement

Changer requiert des efforts et exige de vaincre l'inertie comme l'opposition. En matière de changement social, et l'équité en est un exemple important, nous avons vu qu'il existe beaucoup de forces qui freinent ou qui refusent le changement. Au Québec et au Canada, on a fait la démonstration que les mesures volontaires sur lesquelles on compte depuis plus de 30 ans ont engendré des progrès inégaux selon les groupes visés et les secteurs de la société. Plus récemment, au Québec, la *Loi sur l'équité salariale* et le projet de loi 143 se sont voulus plus exigeants, mais, malheureusement, ils ont manqué de moyens de contrôle et de sanction ; leurs résultats tardent à venir. Pour que les paroles aient davantage de poids, il faut sanctionner les comportements et les pratiques qui ont des effets pervers sur les groupes historiquement défavorisés afin de les décourager et d'en diminuer la probabilité.

Il est donc impératif de renforcer les obligations légales afin d'affirmer de façon plus éloquente et plus convaincante les valeurs qu'on dit importantes pour notre société. Ces obligations sont non seulement des contraintes imposées aux organisations, mais aussi des leviers que peuvent utiliser les membres des organisations pour susciter les changements requis et contrer les forces internes de l'inertie. Les législations sont également des occasions privilégiées d'éducation populaire, de sensibilisation à la réalité actuelle et à l'écart entre nos valeurs et la réalité de segments importants de la population. C'est l'occasion de dénoncer les écarts sociaux que trop de gens considèrent comme des faits immuables et de montrer que ces « faits » sont, somme toute, des résultantes de processus sociaux transformables.

L'État, un des plus gros employeurs du pays, doit donner l'exemple

L'État est à la fois le législateur et le plus gros employeur du Québec. Les 30 dernières années ont montré les incohérences entre les valeurs déclarées par l'État législateur et les lois qu'il a adoptées, d'une part, et les comportements d'évitement ou de non-respect de ces mêmes lois par l'État employeur, d'autre part.

Lorsque d'un côté l'État professe la valeur de l'équité en emploi et que de l'autre l'équité salariale est opposée à sa capacité de payer et à celle d'offrir des programmes sociaux ou, encore, lorsqu'il fait usage des tribunaux, jusqu'en dernière instance, pour tenter de limiter ses obligations en la matière, dans tous ces cas, il présente à l'ensemble des autres employeurs un message ambigu. Une telle ambiguïté n'est pas de nature à soutenir le changement proclamé, ni à l'intérieur de l'organisation gouvernementale ni dans la société en général.

Cet engagement de l'État employeur doit être clair, réitéré et à long terme, c'est-à-dire jusqu'à l'atteinte de l'objectif. Un tel engagement est requis pour inciter à l'action, car dans un monde de « competing demands », pour l'organisation gouvernementale comme pour toute autre organisation, ce qu'il serait *souhaitable* de faire est souvent décalé dans les priorités, derrière ce qu'il *faut* ou ce qu'on est *obligé* de faire. Par conséquent, l'équité doit devenir une obligation dont la réalisation fera l'objet de suivis et de contrôles. Des études américaines ont d'ailleurs montré qu'en l'absence de « menaces » ou de moyens de sanctions, l'efficacité des mesures d'équité était très limitée[47] et que beaucoup d'employeurs avouaient que sans réprimandes, ils n'auraient pas mis en place les mesures nécessaires[48].

La responsabilité du changement est partagée ; elle ne repose pas sur les personnes discriminées historiquement

Plusieurs législations actuelles assignent aux individus victimes de discrimination la responsabilité de changer la société et l'organisation qui les emploie en utilisant les tribunaux pour obtenir le respect de leur droit à l'égalité. Près de 40 années d'expérience ont clairement démontré que peu le font, car les membres des groupes historiquement discriminés n'ont généralement ni les ressources (information, argent, soutien social) ni l'expertise pour faire valoir leurs droits. De plus, l'expérience de la discrimination et sa reconnaissance comme telle est souvent fragilisante pour eux. Leur image d'eux-mêmes est touchée, ce qui hypothèque leurs ressources psychologiques. Finalement, le déséquilibre des forces (ressources et information) entre la personne victime de discrimination systémique et l'organisation qui en est accusée, pour revendiquer et défendre ses droits, témoigne de l'effet cumulée de l'iniquité.

Par conséquent, puisque le changement social tarde à venir et que le volontariat a montré ses limites, le temps est venu de faire appel à des lois proactives qui exigeront des organisations de prendre des mesures réelles, crédibles et efficaces pour éliminer la discrimination. En général, si elles doivent le faire, elles le feront – elles veulent être vues comme de bons citoyens corporatifs et elles veulent limiter leurs risques ; peu d'entre elles le feront sans obligations externes et sans contraintes, à partir de leur propre code de valeurs seul.

---

[47]   LEONARD (1990), cité par S. HARPER et B. RESKIN, *op. cit.*

[48]   HARTMANN (1996), cité par S. HARPER et B. RESKIN, *op. cit.*

Conclusion

Mon bilan des leçons apprises sur la lutte à la discrimination au cours des dernières décennies suggère que des interventions plus contraignantes doivent se faire à la fois sur les individus et sur leur environnement (organisation et législations), car ces deux nivaux sont interdépendants et en synergie. Je crois aussi que nous avons atteint les limites de ce que le « volontariat » peut permettre. Les progrès réalisés sont importants, mais le ressac est perceptible et ces progrès peuvent être à risque.

Aux États-Unis, nous avons vu que les contestations judiciaires se sont accrues pour miner l'efficacité des programmes d'équité en emploi. Pourtant, la suite de ces contestations a fait la démonstration qu'on ne peut pas se passer des programmes d'accès à l'égalité. En matière de discrimination raciale dans le milieu de l'éducation universitaire, l'expérience a montré que la disparition de traitement préférentiel en Californie[49] et dans l'État de Washington a engendré une détérioration significative de la représentation des groupes minoritaires[50]. Ainsi, les transformations des pratiques n'ont pas été durables – les vieux réflexes et les anciens biais sont réapparus. Par contre, lorsque ces actions ont été compensées par du « recrutement ciblé et l'élargissement des critères d'admission pour prendre en compte les défis des personnes et leurs caractéristiques personnelles », les effets négatifs du traitement préférentiel ont été grandement amoindris[51]. Si le monde de l'éducation universitaire a oublié aussi rapidement la valeur de l'équité lorsque les contraintes ont été retirées, on peut imaginer que le milieu des entreprises privées, qui est soumis à des dynamiques complexes, est au moins aussi vulnérable à de tels reculs.

Ainsi, en proposant des pratiques qui reflètent le plus possible les valeurs d'équité *et* de mérite, l'équité organisationnelle progresse. L'objectif devient alors celui d'une réingénierie sociale pour façonner une société nouvelle où les coûts cachés de l'iniquité sont diminués. L'équité est une valeur sociale qui progresse dans divers domaines de la vie en société, comme en témoignent les nouveaux mouvements sociaux en faveur d'une meilleure équité nord-sud et la structuration du commerce équitable. La qualité de la vie en société et la diminution des dysfonctions sociales l'exigent. La création de milieux de travail équitables est une composante essentielle de ce projet social. Les entreprises sont non seulement des instruments de production d'un bien/service pour un marché dans le but de retirer un profit qu'on maximise, comme le proposait Friedman, elles sont aussi « citoyennes » et elles répondent à une diversité d'objectifs économiques et sociaux pour un mieux-être de la société et des personnes qui la composent. L'équité est l'un de ces objectifs.

---

[49] La Californie a banni en 1996 la prise en compte des facteurs suivants dans l'éducation et l'emploi : race, religion, sexe, couleur, ethnicité et origine nationale. L'État de Washington a fait de même en éducation en 1998 et la Floride en 2000. Voir S. HARPER et B. RESKIN, *op. cit.*, p. 364.

[50] S. HARPER et B. RESKIN, *op. cit.*, p. 363.

[51] S. LEITER et W.M. LEITER (2002), cités par S. HARPER et B. RESKIN, *op. cit.*, p. 364.

Annexe 1

Récipiendaires du prix Gérard-Tremblay

Gérard Tremblay a été le premier directeur du Département des relations industrielles de l'Université Laval et le premier sous-ministre du ministère du Travail du Québec. La distinction qui porte son nom est attribuée annuellement depuis 1995 à une personne dont la carrière témoigne d'une contribution exceptionnelle au domaine des relations industrielles.

Récipiendaires du prix Gérard-Tremblay	
1995	Ghislain Dufour
	Louis Laberge
	Léa Roback
1996	Marcel Pepin
1997	Gérard Hébert
1998	Robert Sauvé
1999	Robert Auclair
2000	Réal Mireault
2001	Jean Gérin-Lajoie
2002	Louis Morin
2003	Madeleine Parent
2004	Louis LeBel
2005	Anne Parent
2006	Jennie Skene

Annexe 2

Collection CONGRÈS DES RELATIONS INDUSTRIELLES

Les relations industrielles dans le Québec (Ier congrès 1946)

L'évolution des relations industrielles au Canada, Gérard TREMBLAY — *L'apprentissage*, Léonce GIRARD — *Fatigue industrielle et productivité*, Dr Lucien BROUHA — *Conciliation, arbitrage et tribunaux du travail*, Me Louis-Philippe PIGEON — *Les relations industrielles dans l'État moderne*, Jeff RENS.

Convention collective — Sécurité syndicale (IIe congrès 1947)

Convention collective — Préparation et technique préliminaire, J. O'CONNELL-MAHER — *Du règlement des griefs sous le régime de la convention collective*, Me Donat QUIMPER — *Des vices généraux des conventions collectives*, Me Philippe ROUSSEAU — *Clauses de sécurité syndicale — Définitions — Aspect moral*, Gérard DION — *La sécurité syndicale et l'employeur*, Arthur DROLET — *La sécurité syndicale et le syndicat*, Gérard PICARD — *Le travail*, Mgr Joseph GUÉRIN.

Formes de collaboration patronale-ouvrière (IIIe congrès 1948)

La convention collective, Me Paul LEBEL — *La formation professionnelle*, Gabriel ROUSSEAU — *Les comités d'entreprises*, Raymond GÉRIN — *La sécurité du travail, la médecine et l'hygiène industrielle*, Dr Wilfrid LEBLOND — *Théologie du travail*, Georges-H. LÉVESQUE, o.p.

Techniques des relations de travail (IVe congrès 1949)

Techniques de conciliation et de l'arbitrage, Me Louis-Philippe PIGEON — *Technique d'organisation patronale*, Louis BILODEAU — *Structure du mouvement ouvrier et organisation syndicale*, Jean MARCHAND — *Aspect patronal de la négociation de la convention collective*, Hector CLMON — *Aspect ouvrier de la négociation de la convention collective*, Rémi DUQUETTE — *Application de la convention collective et administration du personnel*, L.-A. LYONS — *Aspect ouvrier de l'application de la convention collective*, René GOSSELIN — *Le salariat est-il nécessaire ?* Esdras MINVILLE.

Structure des salaires (V[e] congrès 1950)

Les éléments de contrôle de la rémunération du travail au sein de l'entreprise, Walter DELANEY — *Techniques et rémunération du travail : salaire au temps ou à la pièce*, L.-G. DAIGNEAULT — *Techniques de rémunération du travail : salaire avec primes au rendement*, René BRETON — *Critères sociaux et moraux de la détermination du salaire*, Gérard PICARD — *Études des variations des salaires entre unités d'une même industrie*, Marcel E. FRANCO — *Étude des variations des salaires entre industries différentes sur le plan local, régional et national*, Eugène FORSEY — *Le processus de fixation des salaires*, Maurice LAMONTAGNE — *Notre critique du communisme est-elle bien fondée ?* Charles DE KONINCK — *Le communisme et les chrétiens*, Georges-H. LÉVESQUE, o.p.

Sécurité de la famille ouvrière (VIe congrès 1951)

Position du problème et principes de solution, Maurice TREMBLAY — *Le plein emploi, élément fondamental de la sécurité de la famille ouvrière*, René TREMBLAY — *La retraite des travailleurs*, Me Jean LESAGE — *Le risque de maladie au point de vue social*, Me René PARÉ — *La sécurité de la famille ouvrière par la présentation sociale de la maladie*, Dr Jean GRÉGOIRE — *Les accidents du travail et les maladies professionnelles*, Clément BROWN — *La sécurité familiale par la propriété*, Rodolphe LAPLANTE — *Vers la stabilité de la famille ouvrière*, Gonzalve POULIN, o.f.m. — *Un mouvement des familles*, Georges-Henri LÉVESQUE, o.p.

Salaires et prix (VIIᵉ congrès 1952)

L'inflation : nature, causes et espèces, Roger DEHEM — *Effets de l'inflation sur les salaires, les prix et les profits,* Émile GOSSELIN — *Fixation des salaires d'après le coût de la vie,* Jean-Paul FERLAND — *La position des unions ouvrières vis-à-vis l'inflation et leur programme d'action,* Eugène FORSEY — *La position des patrons vis-à-vis l'inflation et leur programme d'action,* T. TAGGART SMYTH — *Salaires variant avec la productivité,* Gérard DION — *Arbitrage volontaire des prix et des salaires,* Gérard PICARD — *Contrôle étatique des prix et des salaires,* René TREMBLAY.

Problèmes humains du travail (VIIIᵉ congrès 1953)

La structure sociale de l'entreprise, Émile GOSSELIN — *L'autorité dans l'entreprise,* Roger CHARTIER — *Le syndicat dans l'entreprise,* Marc LAPOINTE — *La direction du personnel et ses responsabilités,* T. P. DALTON — *Rationalisation du travail et facteur humain,* Camille BARBEAU — *L'aspect physiologique du travail,* Bertrand BELLEMARE — *Adaptation du travailleur dans l'entreprise,* Louis-Philippe BRIZARD — *Les relations humaines dans l'industrie,* Noël MAILLOUX, o.p.

Le règlement des conflits de droit (IXᵉ congrès 1954)

Nature et source des conflits de droit individuels ou collectifs, Mᵉ Marie-Louis BEAULIEU — *La juridiction des commissions administratives,* Mᵉ Jacques PERREAULT — *Les juridictions civiles, pénales et criminelles sur certains conflits de droits,* Mᵉ Théodore LESPÉRANCE — *Les conflits de droit qui naissent de l'interprétation ou de l'application des conventions collectives : procédure interne ou contractuelle,* Mᵉ Jean-H. GAGNÉ — *Les rôles futurs de l'arbitrage statutaire et de l'arbitrage conventionnel,* Me Louis-Philippe PIGEON — *Les tribunaux du travail,* Mᵉ Émile COLAS — *Tendances du droit anglo-américain dans le règlement des conflits de droits,* H. D. WOODS — *Le règlement des conflits de travail,* Yves URBAIN.

Problèmes d'autorité au sein de l'entreprise (Xᵉ congrès 1955)

Évolution dans les structures d'autorité, Jacques ST-LAURENT — *Évolution du champ de négociation de la convention collective,* Gaston CHOLETTE — *Évolution de la fonction personnel et du service de relations industrielles,* J.-J. GAGNON — *Rôle et responsabilité du contremaître dans l'entreprise,* R. R. GRONDIN — *Rôle et responsabilité du délégué d'atelier dans le syndicat,* René GOSSELIN — *Contacts et conflits entre contremaître et délégué d'atelier,* F. D. BARRETT — *Crise d'autorité,* Mᵍʳ Alphonse-Marie PARENT, P.D., V.G.

La stabilité de l'emploi (XIᵉ congrès 1956)

Prospérité économique et paradoxe de l'emploi, Charles LEMELIN — *Le chômage structurel et frictionnel,* Jean-Marie MARTIN, Jacques ST-LAURENT — *Implications sociologiques de l'instabilité de l'emploi,* Fernand DUMONT — *L'expérience canadienne : l'État,* Pierre HARVEY — *L'expérience canadienne : le secteur privé de l'entreprise,* Eugène FORSEY, R.-B. MACPHERSON, W.-M. BERRY — *Aspect normatif de la stabilité de l'emploi,* Maurice TREMBLAY.

Changements économiques et transformations syndicales (XIIᵉ congrès 1957)

Interdépendance entre l'économie, le social et les structures syndicales, Émile GOSSELIN — *Structures économiques et transformations syndicales,* Harry C. EASTMAN — *Transformations sociales et transformations syndicales,* Guy ROCHER — *Tendances vers l'uniformité des règles juridiques,* Mᵉ L.-P. PIGEON — *Le régionalisme syndical est-il désuet ?* Émile GOSSELIN, Roger PROVOST, René BÉLANGER, Philippe VAILLANCOURT, Raymond PARENT, Gérard DION — *Syndicalisme et culture,* Gérard DION.

Le règlement des conflits d'intérêts en relations du travail dans la province de Québec (XIIIᵉ congrès 1958)

Exposé des régimes contemporains dans la province de Québec, Jean-Réal CARDIN — *Exposé des régimes contemporains dans d'autres États,* Gilles BEAUSOLEIL — *Équivoques du régime québécois,*

Roger CHARTIER — *Corrections à apporter au régime québécois,* Guillaume GEOFFRION, Gérard PICARD — *Le règlement des conflits collectifs de travail dans les services publics et dans les entreprises d'intérêt général,* René H. MANKIEWICZ — *Corrections à apporter au régime québécois,* Guy MERRILL-DESAULNLERS — *Les remèdes proposés — Proposed remedies,* H. D. WOODS — *L'intervention de l'État dans le règlement des conflits d'intérêts,* Adolf STURMTHAL.

Bénéfices sociaux et initiatives privées (XIVᵉ congrès 1959)

Perspectives liminaires, Gérard DION — *La notion de bénéfices marginaux,* Jacques ST-LAURENT — *Bénéfices sociaux et entreprise,* Jean-Marie MARTIN — *Attitudes patronales,* T.-H. ROBINSON — *Conséquences pour le travailleur,* Roland PARENTEAU — *Attitudes syndicales,* Eugène FORSEY — *Conséquences économiques et sociales,* Monteath DOUGLAS — *La propriété dans la société nord-américaine,* Edward DUFF.

Droits de gérance et changements technologiques (XVᵉ congrès 1960)

Présentation, Émile GOSSELIN — *Nature et importance des changements technologiques,* Jean-Paul DESCHÊNES — *Propriété, responsabilité et droits de gérance,* Gérard DION — *Efficacité, science, participation à la gestion et droits de gérance,* Roger CHARTIER — *Changements technologiques et négociations collectives,* Jean-Réal CARDIN — *Arbitrabilité des griefs et changements technologiques,* Jean-Jacques GAGNON — *Négociabilité et arbitrabilité des changements technologiques,* Marius BERGERON — *Négociation et arbitrage dans le domaine des changements technologiques,* Marcel PEPIN, W. Gordon DONNELLY, Yvan LEGAULT, Jean SIROIS — *Le syndicalisme ouvrier face aux changements technologiques,* Lewis A. COSER.

Les tribunaux du travail (XVIᵉ congrès 1961)

Un peu d'histoire, Gérard DION — *Nature et raisons d'être des tribunaux du travail,* Émile GOSSELIN — *Expériences étrangères,* René H. MANKIEWICZ — *Juridiction des tribunaux du travail,* Gérard PICARD — *Composition et règles de procédure des tribunaux du travail,* André DESGAGNÉ — *La place des tribunaux dans l'ensemble de l'organisation judiciaire,* Marc LAPOINTE — *Le particularisme et l'esprit propre du droit du travail,* Jean-Réal CARDIN — *Discussion-synthèse,* Jean GIROUARD, Benoît YACCARINI, Jean-Paul GEOFFROY, Mᵉ Marie-Louis BEAULIEU, Jean-Marie BUREAU, Yvan LEGAULT — *Annexes : Projet de loi des tribunaux du travail,* Mᵉ Marie-Louis BEAULIEU.

La fonction de conseil dans le processus de décision et de contrôle (XVIIᵉ congrès 1962)

Position du problème, Émile GOSSELIN — *Structure classique de l'organisation,* Jean-Paul DESCHÊNES — *La fonction de conseil dans le secteur de l'entreprise privée,* Gaston FOURNIER — *La fonction de conseil dans le secteur du syndicalisme,* Marcel PEPIN — *La fonction de conseil dans le secteur du syndicalisme,* Eugène FORSEY — *La fonction de conseil dans le secteur de l'État,* Paul PELLETIER — *Conséquences du rôle de spécialiste sur les décisions et sur le contrôle,* W. A. HUNTER — *Un nouveau concept intégrant les notions de fonction hiérarchique (line) et de fonction de conseil (staff),* Roger CHARTIER — *La fonction de conseil dans la société moderne,* Roger GRÉGOIRE.

Socialisation et relations industrielles (XVIIIᵉ congrès 1963)

La socialisation : caractère et signification, Gérard DION — *L'entreprise privée face à la socialisation,* Raymond GÉRIN — *Le syndicalisme en contexte socialisé : fonction et responsabilité nouvelles,* Louis-Marie TREMBLAY — *Le rôle de l'État en relations du travail : essai de réévaluation,* Jean-Réal CARDIN — *L'État-employeur et la fonction publique,* S. J. FRANKEL — *Discussion,* Albert GINGRAS, Yvon CHARTRAND, Michel HARRISSON — *La négociation collective dans les secteurs privés subventionnés par l'État. Point de vue patronal,* Paul DESROCHERS — *Point de vue syndical,* Jacques ARCHAMBAULT — *Discussion,* Gilles GAUDREAULT, Léopold GARANT, J.-R. GAUTHIER — *Planification, entreprise privée et syndicalisme libre,* Paul NORMANDEAU.

Politiques de salaires : exigences nouvelles (XIXe congrès 1964)

Conditions et implications d'une politique de salaires, Jacques St-Laurent *— Politiques de salaires : expériences étrangères,* Gilles Beausoleil *— Évaluation de la réglementation gouvernementale des salaires au Québec : le salaire minimum,* Gérald Marion *— Évaluation de la réglementation gouvernementale des salaires au Québec : les décrets,* Gérard Hébert *— Les programmes gouvernementaux, l'emploi et les salaires,* Pierre Harvey *— Les politiques de salaires dans les secteurs étatisés, socialisés et privés — représentants patronaux,* André Déom, Roger Chartier *— représentants syndicaux,* Robert Sauvé, André Thibaudeau *— Après vingt ans,* Gérard Dion.

Le Code du travail du Québec (XXe congrès 1965)

La genèse du présent Code du travail, Gérard Hébert *— Le droit d'association, son extension, ses limites,* Jean-Réal Cardin *— La Commission des relations de travail,* André Roy *— La Commission des relations de travail et l'accréditation syndicale,* Gérard Vaillancourt *— Le nouveau Code du travail et la convention collective,* Fernand Morin *— La procédure de négociation et le recours à la grève ou au lock-out,* Marius Bergeron *— Le règlement pacifique des conflits,* Robert Auclair *— Points de vue sur le nouveau Code du travail — Services privés,* Roger Thibaudeau, Louis Laberge, Denis Germain, Jean-Pierre Després *— Services publics,* André Déom, Laval Grondines, Raymond Parent, Louis-Claude Trudel *— Le nouveau rôle du ministère du Travail,* Hon. Carrier Fortin *— Code du travail — Bill 55 — Loi de la fonction publique.*

Une politique globale de la main-d'œuvre ? (XXIe congrès 1966)

Les objectifs d'une politique de main-d'œuvre, André Raynauld *— Nature et contenu d'une politique globale de main-d'œuvre,* Roland Parenteau *— Discussion,* Jean-Gérin Lajoie, François Cleyn *— Mise en œuvre d'une politique globale de main-d'œuvre,* Laurent Bélanger *— Discussion,* Marcel Pepin, Jean Brunelle *— Politique de main-d'œuvre et négociation collective,* Pierre-Paul Proulx *— Politique fédérale et politique provinciale de main-d'œuvre,* Pierre F. Côté, Yves Dubé, Marcel Guay *— Croissance économique et politique de main-d'œuvre,* Louis Couillard.

Le travail féminin (XXIIe congrès 1967)

Évolution de la participation des femmes au monde du travail, Jean-Pierre Després *— La réglementation du travail féminin,* Réjeanne Colas *— Aspects sociologiques du travail féminin,* Gérald Fortin *— Aspects économiques de la participation des femmes au marché du travail,* Jacques St-Laurent *— Le travail féminin — témoignages,* Kathleen Francoeur, Yolande Boissinot, Louise Marcil, Dorothy Pertuiset, Charles Lebrun, Jacques Villeneuve, Claude Duhamel, Jean Sirois *— Participation des femmes aux mouvements syndicaux,* Yvette Charpentier, Lucie Dagenais *— La femme dans le monde du travail d'aujourd'hui,* Pierrette Sartin.

Le syndicalisme canadien : une réévaluation (XXIIIe congrès 1968)

Introduction, Gérard Dion *— Les objectifs syndicaux traditionnels et la société nouvelle,* Jean-Réal Cardin *— Les structures syndicales et objectifs syndicaux,* Stuart Jamieson *— La démocratie syndicale,* Gérard Dion *— Les rivalités syndicales : force ou faiblesse,* Évelyne Dumas *— Le syndicalisme et les travailleurs non syndiqués,* Léo Roback *— L'extension de la formule syndicale à des secteurs non traditionnels,* Shirley B. Goldenberg *— Le syndicalisme et la participation aux décisions économiques,* Bernard Solasse *— Les syndicats et l'action politique,* Vincent Lemieux *— Le syndicalisme, la société nouvelle et la pauvreté,* Hon. Maurice Lamontagne *— Bilans et horizons — Annexe I : Le syndicalisme au Canada,* Gérard Dion *— Annexe II : La concurrence syndicale dans le Québec,* Gérard Dion.

Le public et l'information en relations du travail (XXIVe congrès 1969)

Introduction, Gérard Dion *— L'information et le public,* Gérard Dion *— L'information en relations du travail et le public,* Pierrette Sartin *— Servitudes et difficultés de l'information,* Tom Sloan *— L'employeur et l'information du public,* Ghislain Dufour *— Les syndicats et l'information du public,*

Richard DAIGNAULT — *L'État-employeur et l'information du public,* B. M. ERB — *L'État-gouvernement et l'information du public,* Jean BERNIER — *Les médias et l'information du public : la presse électronique,* Georges LAHAISE — *La Presse et le 24e congrès annuel des relations industrielles de Laval,* Jacques RIVET, Marcel GILBERT.

Pouvoir et « Pouvoirs » en relations du travail (XXVᵉ congrès 1970)

Introduction, Gérard DION — *Pouvoir et « Pouvoirs » dans les relations du travail,* Vincent LEMIEUX, Gérard DION — *Pouvoir et « Pouvoirs » dans l'entreprise privée,* Hugues LEYDET — *Pouvoir et « Pouvoirs » chez l'État-employeur,* Jean COURNOYER — *Pouvoir et « Pouvoirs » dans les syndicats,* Gérard HÉBERT — *Pouvoir et action syndicale,* Daniel VIDAL — *Pouvoir syndical,* Bernard SOLASSE — *Documents de travail.*

Le français langue de travail (XXVIᵉ congrès 1971)

Introduction, Jean-Paul DESCHÊNES — *Les incidences psycho-sociologiques de la langue de travail sur l'individu,* Jacques BRAZEAU — *Le français, langue d'adoption au Québec,* Léon DION — *Les comportements linguistiques des entreprises multinationales,* André DÉOM, Owen M. NESS, André DESPRÉS, Jean-Paul GAGNON, Jacques VASSEUR — *Table ronde,* Gaston CHOLETTE, Gilles TRUDEL, Ghislain DUFOUR, Fernand D'AOUST, Jean BRUNELLE, Bernard RABOT, Guy GAGNON — *Annexe I : Sondage mené par la division du Québec de l'Association des manufacturiers canadiens — Annexe II : Déclaration du Conseil du patronat sur une politique de la langue au Québec.*

Politiques de main-d'œuvre : évaluation de l'expérience québécoise (XXVIIᵉ congrès 1972)

Introduction, Jean-Paul DESCHÊNES — *Les politiques de main-d'œuvre et le développement socio-économique,* Pierre HARVEY — *Les programmes de main-d'œuvre et leur évolution,* Émilien LANDRY, Louis LEMIEUX — *La convention collective et les politiques de main-d'œuvre,* Yves DUBÉ, Jean-Paul DESCHÊNES — *Les politiques de main-d'œuvre et la formation professionnelle des adultes,* Pierre PAQUET — *Le maintien du revenu,* Gilles BEAUSOLEIL — *L'évaluation des programmes de main-d'œuvre : résultats et pertinence,* André RAYNAULD — *La coordination des politiques de main-d'œuvre,* Claude MÉRINEAU.

La politisation des relations du travail (XXVIIIᵉ congrès 1973)

Introduction, Gilles LAFLAMME — *Les formes historiques de politisation du syndicalisme au Québec,* Léo ROBACK — *L'évolution socio-économique et le déplacement des centres de pouvoir,* Bernard SOLASSE — *L'impact des secteurs public et para-public sur la politisation des relations du travail,* Jean BOIVIN — *La philosophie du Code du travail,* Jean-Réal CARDIN — *Les limites du négociable et le débordement des conflits,* André THIBAUDEAU — *Positions des partis politiques devant la politisation des relations du travail,* Robert BURNS, André DÉOM, Michel BELLAVANCE — *Conséquences de la politisation des relations du travail,* Gérard DION — *Annexe : Négociation collective dans un monde en évolution.*

L'aménagement des temps de travail : l'horaire variable et la semaine comprimée (XXIXᵉ congrès 1974)

Introduction, Jean BOIVIN, Jean SEXTON — *Les formes d'aménagement des temps de travail,* Laurent BÉLANGER — *L'horaire variable : anarchie ou désordre organisé,* Marie-Claire BOUCHER — *L'horaire variable : quelques conséquences,* Jean-Pierre HOGUE — *L'horaire variable : quelques expériences vécues,* Gérard LEDUC, Jean-Claude BEAULIEU — *La semaine comprimée de travail : progrès ou anachronisme,* Bernard TESSIER — *Les horaires comprimés et l'adaptation du travail à l'homme,* Florian OUELLET — *La semaine comprimée : quelques expériences vécues,* Paul DEAMEN, Jean MERRILL — *Réactions gouvernementales et syndicales,* Jean BEAUDRY, Jean-Louis HARGUINDEGUY, Réal MIREAULT, L. P. LEVAC — *Prendre le temps de vivre,* Jacques DE CHALENDAR — *Bibliographie — Annexes : A) Terminologie et technique de l'horaire variable. B) L'enregistrement du temps par la méthode du totalisateur.* C) *Mémoire du Congrès du travail du Canada à la Commission d'enquête sur la modification ou la compression de la semaine de travail, 26 septembre 1972, Ottawa.*

Inflation, indexation et conflits sociaux (XXXe congrès 1975)

Introduction, Bertrand BELZILE, Jean BOIVLN, Gilles LAFLAMME, Jean SEXTON — *L'inflation : bienfait pour certains — malaise pour d'autres,* Claude MASSON — *L'impact de l'inflation sur la négociation collective,* Gérard HÉBERT — *Inflation et conflits sociaux,* Bernard SOLASSE — *Commentaires,* Ghislain DUFOUR, Vincent DAGENAIS — *Indexation : remède à la mode,* Louis ASCAH, Sydney INGERMAN — *Les solutions oubliées,* Jacques PARIZEAU — *L'inflation et le pouvoir réel des travailleurs,* Jacques DOFNY — *Les partenaires sociaux face à l'inflation,* Hon. Guy SAINT-PIERRE, Norbert RODRIGUE, Charles PERREAULT, François DAGENAIS.

Les relations du travail au Québec : la dynamique du système (XXXIe congrès 1976)

Introduction, Jean BERNIER, Rodrigue BLOUIN, Gilles LAFLAMME, Alain LAROCQUE — *Où s'en va notre système de relations du travail ?* Jean BERNIER — *L'injonction en relations du travail : recours inapproprié ou abusif ?* Henri GRONDIN — *Commentaires,* Jean BEAUVAIS, Philip CUTLER — *Médiations politiques, commissions parlementaires et lois spéciales : nouveaux modes de gestion des conflits ?* Fernand MORIN — *Interventions accrues du judiciaire et du politique : leur signification pour les partenaires sociaux,* Marcel PEPIN, Ghislain DUFOUR, Jean BOIVLN — *Y a-t-il encore place dans notre système de relations du travail pour l'arbitrage des différends ?* Rodrigue BLOUIN — *La détermination des services essentiels ; un préalable nécessaire à l'exercice du droit de grève ?* René LAPERRIÈRE — *Commentaires,* Léo ROBACK, Douglas McDONALD — *Le fonctionnement de notre système de relations du travail peut-il encore reposer sur la volonté des parties ?* Claude RYAN — *Commentaires,* Paul-Gaston TREMBLAY, Fernand D'AOUST — *La paix industrielle : une utopie ?* Léon DION.

Participation et négociation collective (XXXIIe congrès 1977)

Avant-propos, Laurent BÉLANGER, Jean BOIVIN, Gilles DUSSAULT, Alain LAROCQUE — *Au-delà de la négociation collective... La participation ?* Laurent BÉLANGER — *Quelle participation ?* Bernard SOLASSE — *Une expérience européenne de participation : la cogestion allemande,* Klaus BOHR — *La participation : considération sur la signification des expériences européennes,* Robert COX — *Syndicats et démocratie industrielle,* Adolf STURMTHAL — *Quelques expériences québécoises de participation : en milieu hospitalier,* Paul PLEAU — *en milieu industriel,* Jean-Guy FRENETTE — *Les expériences québécoises de participation sont-elles viables ?* Guy ST-PIERRE — *Peut-on concilier négociation collective et participation à la gestion ?* Gilles LAFLAMME — *Les incidences juridiques de la participation des employés à la gestion de l'entreprise,* André C. CÔTÉ — *Quelques moyens de développer la participation au Québec,* Ghislain DUFOUR, Borek ZOFKA, Gilles JOBIN — *La participation des travailleurs à la gestion a-t-elle un avenir au Québec ?* Hon. Jacques COUTURE.

La sécurité d'emploi (XXXIIIe congrès 1978)

Introduction, Rodrigue BLOUIN, Jean-Paul DESCHÊNES, Gilles LAFLAMME, Jean SEXTON — *Quelle sécurité d'emploi ?* Bernard SOLASSE — *L'État et la sécurité d'emploi,* Yves DELAMOTTE — *Peut-il exister une même sécurité d'emploi pour tous ?* Jacques MERCIER, Claude RONDEAU — *L'impact des clauses de sécurité d'emploi du secteur para-public sur la structure de négociation dans le secteur privé,* Jean-Louis DUBÉ, Alphonse LACASSE — *Peut-on être contre la sécurité d'emploi ?* Léopold LAROUCHE, Serge LAPLANTE — *Les fermetures d'établissement au Québec : nécrologie optimiste ou optimisme nécrologique ?* Jean SEXTON — *Commentaires,* Fernand D'AOUST, Hubert PITRE — *Le travail : privilège, droit ou obligation,* Gosta REHN — *La sécurité d'emploi et le droit au travail,* Ghislain DUFOUR, Réal MIREAULT, Marcel PEPIN — *La sécurité d'emploi et la politique des services de main-d'œuvre,* Pierre-Marc JOHNSON — *Bibliographie sommaire,* Jean-Pierre AUGER.

Le Code du travail du Québec : 15 ans après... (XXXIVe congrès 1979)

Préface, Rodrigue BLOUIN — *Introduction*, Rodrigue BLOUIN, Jean-Paul DESCHÊNES, Jean SEXTON, Alain VINET — *Le Code du travail du Québec : 15 ans après..., Rodrigue BLOUIN — Le droit à l'accréditation : la majorité est-elle toujours absolue ?* Robert GAGNON — *Commentaires*, Louise MAILHOT, Colette MATTEAU — *La liberté syndicale : les droits collectifs et les droits individuels*, Jean BERNIER — *Commentaires*, Louise MAILHOT, Colette MATTEAU — *L'exercice du droit de grève et de lock-out est-il encore possible ?* Pierre VERGE — *Panel : Secteur public, secteur privé*, Norbert RODRIGUE, Réjean LAROUCHE, Ghislain DUFOUR — *Le processus de la négociation collective et l'arbitrage obligatoire d'une première convention collective*, Jean-Paul DESCHÊNES — *Commentaire*, Marc LAPOINTE — *Le système d'arbitrage de grief est-il désuet ?* Jacques DUPONT — *Commentaires*, Michel DROLET, Robert PAQUET — *Le Code de 1964 a-t-il été trahi dans son économie fondamentale ?* Fernand MORIN, Marcel PEPIN, Gérard DION, Charles PERREAULT.

La détermination des conditions minimales de travail par l'État — Une loi : son économie et sa portée (XXXVe congrès 1980)

Préface, Rodrigue BLOUIN — *Introduction*, Laurent BÉLANGER, Jean BERNIER, Gilles FERLAND, Gilles LAFLAMME — *La loi sur les normes du travail : continuité, modernisation ou rupture ?* Jean BERNIER — *L'économie générale de la nouvelle loi : une mise à jour de la Loi du salaire minimum ?* Michel POIRIER — *Commentaires*, Léonce E. ROY, Jacques DAIGLE — *Les conditions minimales de travail : une réponse aux besoins des non-organisés ?* Michel PELLETIER — *Les recours en exécution : accessibilité et réalisme ?* André C. CÔTÉ — *Commentaires*, Jean-Guy FRENETTE, Théodore GOLOFF — *Les conditions minimales de travail : leurs conséquences économiques ?* Pierre FORTIN — *Le nouveau régime : une alternative à l'option syndicale ?* Bernard SOLASSE — *Commentaires*, Ghislain DUFOUR, Marcel PEPIN — *Table ronde : Le droit nouveau : en deçà ou au-delà des attentes ?* J.-Marc BÉLIVEAU, Eileen SHEA, Roger CARBONNEAU, Claire BONENFANT — *Les sociétés néo-libérales et la transformation du rôle de l'État dans la détermination des conditions de travail*, Jean-Daniel REYNAUD.

La réduction de la durée du travail (XXXVIe congrès 1981)

Préface, Rodrigue BLOUIN — *Introduction*, René BOULARD, Jean-Paul DESCHÊNES, Alain LAROCQUE, Claude RONDEAU — *La réduction du temps de travail : un droit ou un privilège ?* Alain LAROCQUE — *La signification du travail en 1980 : émergence de valeurs nouvelles ?* Jean-Paul MONTMINY — *Commentaires*, Ghislain DUFOUR, Norbert RODRIGUE — *Le temps libéré : à quels coûts ?* Kimon VALASKAKIS — *Commentaires*, Lise POULIN SIMON, Bernard FORTIN — *Table ronde : Sommes-nous tous égaux face à la diminution du temps passé au travail ?* Gilles FERLAND, Jean-Marie HAMELIN, Pierre-Paul PROULX — *Le temps passé au travail : un élément encore négociable ?* Gilles MASSE — *Commentaire*, Jean-Paul DESCHÊNES — *La législation : consolidation ou innovation ?* Gilles BEAUSOLEIL, Hervé GAUTHIER — *Commentaires*, Luc-M. LOCKWELL, Pierre LORTIE — *La technologie : un substitut à la durée du travail ?* Monique FRAPPIER-DESROCHERS — *Table ronde : La réduction du temps passé au travail : un moyen de lutte contre le chômage ?* Fernand D'AOUST, André DÉOM, Pierre HARVEY — *La diminution du temps de travail : un phénomène inéluctable ?* Michel CROZIER.

Les régimes de retraite (XXXVIIe congrès 1982)

Préface, Rodrigue BLOUIN — *Introduction*, Jean-Paul DESCHÊNES, Gilles FERLAND, Jacques ST-LAURENT, Jean SEXTON — *La retraite : votre problème !* Bernard SOLASSE — *Des solutions aux problèmes de la retraite*, Michel BENOÎT — *Les principaux régimes de retraite et leur contenu*, Jacques FAILLE — *Les aspects économiques de la réforme des pensions*, Gérard BÉLANGER — *Commentaire*, Raymond DÉPATIE — *Table ronde : La protection du revenu à la retraite : une responsabilité partagée ?* Claire BONENFANT, Yves GUÉRARD, Réal LAFONTAINE, Martial LAFOREST — *Table ronde : Qui doit administrer les régimes de retraite : l'employeur ou le syndicat ?* Hervé HÉBERT, Jacques PERRON, Lise POULIN SIMON — *Les politiques gouvernementales en matière de retraite*, Monique BÉGIN — *Les politiques gouvernementales en matière de retraite*, Jacques PARIZEAU — *Réflexions sur les problèmes de la retraite dans les années 80*, John Kenneth GALBRAITH — *Commentaire*, Maurice LAMONTAGNE.

La syndicalisation dans le secteur privé au Québec (XXXVIIIe congrès 1983)

Préface, Gilles FERLAND — *Introduction,* Jacques BÉLANGER, Jean BOIVIN, Claude RONDEAU, Jean SEXTON — *Le syndicalisme dans l'entreprise : tendances récentes et analyse,* Claude RONDEAU, Jacques BÉLANGER — *La syndicalisation dans le contexte économique québécois,* Sidney INGERMAN — *Commentaire,* Bernard BONIN — *L'impact du régime de relations du travail sur la syndicalisation,* Gilles LAFLAMME — *Commentaire,* Hélène LEBEL — *Les idées de réforme sur la syndicalisation au Québec depuis 1964,* Jacques DESMARAIS — *Table ronde : Organisation syndicale : difficultés et motifs de résistance,* Pierre MERCILLE, Bertin NADEAU, Madeleine OLIVIER — *Pourquoi et comment accroître la syndicalisation dans le secteur privé ?* Monique SIMARD, Raymond SLIGER — *Commentaire,* Gérard DION — *L'entreprise peut-elle se passer d'un syndicat ?* Charles PERREAULT — *Commentaires,* Fernand GAUTHIER, Paul-Marcel ROY — *La politique gouvernementale en matière de syndicalisation,* Raynald FRÉCHETTE — *Table ronde : Les réactions du milieu,* Claire BONENFANT, Ghislain DUFOUR, Jean-Paul HÉTU — *Syndicalisme, nouvelles technologies et incertitudes économiques,* Guy CAIRE.

Régimes de santé et sécurité et relations du travail (XXXIXe congrès 1984)

Préface, Gilles FERLAND — *Introduction,* Rodrigue BLOUIN, René BOULARD, Jean-Paul DESCHÊNES, Michel PÉRUSSE — *Régimes de santé et sécurité et relations du travail,* Michel PÉRUSSE — *Priorités en santé et sécurité du travail : secteur public et secteur privé,* Marcel SIMARD — *Commentaires,* Jean-Guy LEDUC, Maurice LEMELIN, Alain VINET — *Concertation et participation : mythe ou réalité ?* Florian OUELLET — *Commentaires,* Anne-Chantal DUMAS, Monique SIMARD — *Table ronde : La santé et la sécurité dans l'entreprise,* Robert BOUCHARD, Pierre-R. CLÉMENT, Étienne GIASSON, Michel GUILLEMETTE — *L'impact de la Loi sur les conventions collectives,* René BOULARD — *Droit de refus et retrait préventif : succès ou échec ?* Marie DE KONINCK, Roy HEENAN — *La prévention : une utopie ?* Fernand TURCOTTE — *Commentaires,* Claude DROUIN, Denise PLAMONDON — *Santé et sécurité du travail : une affaire de professionnels ?* Jacques BRUNET — *Les coûts et bénéfices du régime,* Gilles BEAUSOLEIL — *Table ronde : Déceptions et espoirs,* Ghislain DUFOUR, Frank FAVA, Jean-Paul HÉTU, Louis LABERGE, Gérald LAROSE, Robert SAUVÉ.

Le statut de salarié en milieu de travail (XLe congrès 1985)

Préface, Gilles FERLAND — *Introduction,* Jacques BÉLANGER, Rodrigue BLOUIN, Fernand MORIN, Jean SEXTON — *Le statut de salarié en milieu de travail : la problématique,* Rodrigue BLOUIN — *Les notions de salarié en droit du travail,* Jean Denis GAGNON — *Commentaires,* René DOUCET, Louise PARENT — *Évolution des conditions de travail des salariés établies d'autorité,* André C. CÔTÉ — *Commentaire,* Guy PIUZE — *L'institutionnalisation des rapports collectifs du travail,* Fernand MORIN — *Commentaire,* Robert P. GAGNON — *Table ronde : Le régime actuel de travail des salariés : où en sommes-nous ?* Claude DUCHARME, Monique SIMARD, Laurent THIBAULT — *Évolution du statut du salarié en raison des nouvelles formes d'emploi,* Colette BERNIER — *Commentaire,* Esther DÉOM — *Nouvelles formes d'organisation du travail, nouveaux modes de gestion et leur incidence sur le statut du salarié,* Laurent BÉLANGER — *Commentaire,* Marcel CÔTÉ — *Le salarié et la gestion générale de l'entreprise,* Harold BHÉRER — *Commentaire,* Clément GODBOUT — *Les rapports collectifs du travail : rétrospective et perspectives,* Jean MARCHAND — *Annexe : La participation des travailleurs aux décisions dans l'entreprise,* Jacques BÉLANGER — *Supplément : Quarante ans au service des relations industrielles,* James THWAITES, Mario LAJOIE, Hélène BOIS-BROCHU.

La mobilisation des ressources humaines : tendances et impact (XLIe congrès 1986)

Préface, Laurent BÉLANGER — *Introduction,* Michel AUDET, Laurent BÉLANGER, Jean BOIVIN, Esther DÉOM, Jacques MERCIER — *PREMIÈRE PARTIE : TENDANCES RÉCENTES EN GESTION DES RESSOURCES HUMAINES — Émergence d'une réalité nouvelle en relations industrielles,* Jean BOIVIN — *La mobilisation des ressources humaines — orientations récentes,* Viateur LAROUCHE — *La stratégie des ressources humaines chez Abitibi Price,* Jean-Claude CASAVANT — *La communication directe chez Cascades,* Alain LEMAIRE — *Le projet d'entreprise de Culinar,* Roger NÉRON — *Les limites des nouvelles approches en gestion des ressources humaines,* Lysette BOUCHER — *L'entreprise du troisième type*, Hervé SÉRIEYX — *Les travailleurs seront-ils du troisième type ?* Thierry WILS — *Le conflit : la gestion au banc des accusés*, Yves DULUDE — *Commentaire*, Pierre LAMARCHE — *L'expérience de la compagnie Gaz Métropolitain*, Serge LALANDE — *DEUXIÈME PARTIE : IMPACT SUR LES ORGANISATIONS SYNDICALES ET SUR LA NÉGOCIATION COLLECTIVE* — *Ressources humaines et défis du syndicalisme*, Gérard DOCQULER — *Le syndicalisme et le nouveau travail*, Jean FRANCOEUR — *La nouvelle gestion des ressources humaines* — *mythe ou réalité ?* Jean-Paul HÉTU — *Les préalables à une réorientation des relations du travail au Québec*, Louis LABERGE — *L'adaptation du syndicalisme* — *un phénomène de continuité*, Gérald LAROSE — *L'avenir de la négociation collective*, Thomas A. KOCHAN.

Les lésions professionnelles (XLIIᵉ congrès 1987)

Préface, Laurent BÉLANGER — *Les lésions professionnelles* — *une problématique*, Michel PÉRUSSE — *Synopsis sur le nouveau régime*, Denis-Émile GIASSON — *Les lésions professionnelles méconnues* — *le cas des opératrices de l'industrie du vêtement*, Alain VINET, Michel VÉZINA et Chantal BRISSON — *Les lésions professionnelles : point de vue d'un médecin*, Michel LESAGE — *La sous-estimation des atteintes à la santé causées par les mauvaises conditions de travail*, Charles PRÉVOST — *La reconnaissance d'une maladie professionnelle est-elle négociable ?* André ARSENAULT — *Commentaires*, Pierre DUGUAY, Robert BOUCHARD — *Lésions et maladies professionnelles* — *un objet de négociation ?* Gilles LAFLAMME et Alain LAROCQUE — *La comparaison en matière de systèmes de santé et de sécurité du travail*, Guy J. TRUDEAU et Lionel OUELLET — *Le régime des accidents du travail* — *le cas de l'Ontario*, Alec FARQUHAR — *Le régime actuel d'indemnisation des lésions professionnelles* — *accessibilité et efficacité*, Fernand MORIN — *Commentaires*, Raymond LEVASSEUR, Marie-Claire LEFÈBVRE — *Équité, indemnisation des victimes des lésions professionnelles et coûts à l'entreprise*, Lionel BERNIER — *Commentaires*, Claude GINGRAS, André DUCHESNE — *Le processus de gestion des risques, les lésions professionnelles et la CSST*, Jean-Marc SURET, Michel GENDRON et Gilles BERNIER — *Commentaires*, Jean-Louis HARGUINDEGUY, Bernard BRODY — *Table ronde : Financement de la santé et paritarisme*, Edmund TOBIN, Gérald LAROSE, Ghislain DUFOUR, Louis LABERGE — *La politique québécoise en matière de lésions professionnelles à un point tournant*, Monique JÉRÔME-FORGET — *Annexe A : Loi sur les accidents du travail et les maladies professionnelles.*

Les Chartes des droits et les relations industrielles (XLIIIᵉ congrès 1988)

Préface, Laurent BÉLANGER — *Introduction*, Rodrigue BLOUIN, Gilles FERLAND, Gilles LAFLAMME, Alain LAROCQUE, Claude RONDEAU — *Les fondements de la société libérale, les relations industrielles et les Chartes*, Guy ROCHER — *Droits collectifs et droits individuels : les situations française, américaine et anglaise*, Jacques ROJOT — *La gestion de l'embauche, de la promotion et du licenciement revue et corrigée par les Chartes*, Jean-Louis BERGERON — *Commentaires*, Claude DUCHARME, Dominique LECLERCQ, Juanita WESTMORELAND-TRAORE — *À travail équivalent, salaire égal : un droit difficile à appliquer*, Ginette DUSSAULT — *Le Canadien National : un cas riche d'enseignements*, Suzanne P. BOIVLN — *Commentaires*, Monique SIMARD, Marie TELLIER — *Le régime des rapports collectifs et les Chartes*, Alain BARRÉ — *Les moyens de pression : les Chartes en redéfinissent-elles les limites ?*, Jacques DESMARAIS — *Commentaires*, Gilles DULUDE, Catherine LOUMÈDE, Jean-Claude PARROT — *L'actualisation du mouvement syndical*, Marcel PEPIN — *Commentaires*, Mona-Josée GAGNON, Ernest LEBEAU, Raymond JOHNSTON — *Statut et pouvoirs des organismes du travail au regard des Chartes*, Patrice GARANT — *Table ronde : Les Chartes impliquent-elles un réalignement des politiques syndicales et patronales ?*, Ghislain DUFOUR, Louis LABERGE, Gérald LAROSE.

Acquisition ou fusion d'entreprises et emplois (XLIVᵉ congrès 1989)

Préface, Gilles LAFLAMME — *Introduction*, Laurent BÉLANGER, Carla LIPSIG, Fernand MORLN, Michel PÉRUSSE — *Acquisition ou fusion d'entreprises et emplois : la problématique sous-jacente*, Fernand MORIN — *Rappel de quelques expériences vécues*, Marc BÉLANGER, Lola LE BRASSEUR, Paul L'ITALIEN, Marius MÉNARD — *Aspects et implications juridiques des restructurations*, André C. CÔTÉ, Claude FONTALNE, Paul LESAGE — *Le droit et le devoir à l'information*, Georges ANGERS, Normand GAGNON,

Jean SIMARD — *Les conditions de travail au lendemain d'une fusion ou d'une réorganisation*, André LAMARCHE, Michel GAUTHIER, Michel BLAIS, Denise GAGNON — *Fusion d'entreprises publiques*, Astrid GAGNON, Sylvain BLANCHETTE, Pierre QUINTAL — *Les acteurs d'une fusion ou d'une prise de pouvoir*, Alain GOSSELIN, Jean-Guy FRENETTE, Denis DIONNE — *Le libre-échange canado-américain et le marché du travail*, Clément GODBOUT, Claude RIOUX — *Annexe : Acquisitions, fusions, offres publiques d'achat : notions de base et facteurs considérés*, Léontine ROUSSEAU.

Le défi de la gestion des emplois (XLVᵉ congrès 1990)

Préface, Gilles LAFLAMME — *Introduction*, Jean BOIVIN, Esther DÉOM, Jean-Paul DESCHÊNES, Jacques MERCIER, Lise POULIN SIMON — *La problématique*, Jacques MERCIER et Lise POULIN SIMON — *Gestion des emplois et sécurité économique des employés*, Claude BÉLAND — *Le défi de la gestion des emplois : pourquoi le relever ?*, Michel BLONDIN — *Les pratiques de gestion des ressources humaines dans les entreprises*, Monique FRAPPIER-DESROCHERS — *Négocier la flexibilité : Reconversion des heures de la liste de rappel en postes à temps complet*, David LEVINE — *Le travail à temps partiel*, Kenneth R. GOBEILLE — *La sous-traitance*, Michel GODIN — *La polyvalence des emplois*, Terrence LISTON — *Réaction syndicale aux stratégies patronales*, Normand BROUILLET — *La recherche d'équité par la négociation*, René MATHIEU — *Les emplois atypiques et l'efficacité de la gestion des ressources humaines*, Jean-Yves LE LOUARN — *Commentaires*, Pierre BOUDREAULT, Jacques GARON, Lorraine PAGÉ, Pierre PAQUETTE — *Les emplois de l'avenir et les défis de la société*, Diane BELLEMARE — *Commentaires*, Diane LAVALLÉE, Gaston CHARLAND, Brigitte LEPAGE, Henri MASSÉ, Jean MERCIER.

Vieillir en emploi (XLVIᵉ congrès 1991)

Préface, Gilles LAFLAMME — *Présentation*, Claude RONDEAU — *Vieillir en emploi : un choix inscrit dans l'avenir démographique du Québec*, Jacques LÉGARÉ, Nicole MARCIL-GRATTON et Yves CARRLÈRE — *Les incidences du vieillissement au travail : une perspective écologique*, Hélène DAVID — *Les pratiques de gestion en matière de vieillissement*, Gilles GUÉRIN — *Les relations employeurs-syndicats : les responsabilités ignorées... un lourd passif*, Jean CARETTE — *Pratiques en matière de gestion de la main-d'œuvre vieillissante*, Pierre-Marc BÉDARD, Maurice FORTIN, Marcel BERNARD — *Commentaires*, Marcel CÔTÉ, Claude GINGRAS, Claude RIOUX — *Les perspectives syndicales relatives à la main-d'œuvre vieillissante*, Lorraine PAGÉ, Yves PAGÉ, Lise POULIN — *Commentaires*, Michel BLAIS, Michel DÉCARY, Lise POULIN SIMON — *Table ronde : Le rôle de l'État et les politiques étatiques*, Ghislain DUFOUR, Gérald LAROSE, Gaston CHARLAND — *Le défi politique du vieillissement de la main-d'œuvre au Québec*, André BOURBEAU.

Les défis de la rémunération (XLVIIᵉ congrès 1992)

Préface, Gilles LAFLAMME — *Introduction*, Gilles FERLAND — *La rémunération : un art ou une science ?*, Thierry WILS et Christiane LABELLE — *Les facteurs d'évolution de la rémunération*, William BROWN — *Commentaire*, Gilles PAQUET — *Les tendances en matière de rémunération*, George T. MILKOVICH — *Les pratiques de rémunération flexible : quelques expériences*, Jean FULLER, Jean THIVIERGE — *Commentaire*, Jean-Guy FRENETTE — *Quatre défis particuliers pour la rémunération. Le libre choix*, Claude MARIER — *Les entreprises en démarrage*, Normand RHEAULT — *L'équité au travail*, Esther DÉOM — *Les stratégies syndicales*, Claude RIOUX — *Pratiques de rémunération et capacité concurrentielle*, Diane BELLEMARE, Lise POULIN SIMON — *Le rôle et l'importance de la rémunération dans la gestion des ressources humaines et la gestion des relations du travail*, Roland THÉRIAULT et Joanne BERGERON — *Commentaire*, Clément GODBOUT.

La négociation collective du travail : adaptation ou disparition ? (XLVIIIᵉ congrès 1993)

Préface, Gilles LAFLAMME — *Introduction*, Gregor MURRAY — *PREMIÈRE PARTIE : OÙ EN SOMMES-NOUS DEPUIS 1944 ? — La négociation collective selon le modèle de 1944 est-elle périmée ?*, Fernand MORIN — *Nouveaux modèles de négociation collective aux États-Unis et ailleurs*, Michael J. PIORE — *DEUXIÈME PARTIE : LES LIMITES, CONTRAINTES ET ADAPTATIONS DU RÉGIME ACTUEL DE LA NÉGOCIATION COLLECTIVE — Les structures de négociation : une adaptation*

Maude GOSSELIN — *De la réorganisation du travail au partenariat régional*, Danièle LEBORGNE — *Les interventions de l'État québécois en matière d'organisation du travail*, Louise HAREL.

Innover pour gérer les conflits (LIe congrès 1996)

Préface, Esther DÉOM — *Introduction*, Jean BOIVIN — *Conflit et coopération dans les rapports de travail*, Jean BOIVIN — *La dynamique du changement négocié*, Joel CUTCHER-GERSHENFELD, *Résultats des échanges interactifs sur la conférence de Joel Cutcher-Gershenfeld — Les stratégies de changement à bénéfices mutuels au Québec*, Marc BÉLANGER, *Résultats des échanges interactifs sur la conférence de Marc Bélanger — La formation professionnelle : un objet de concertation patronale-syndicale ?* Colette BERNIER, *Résultats des échanges interactifs sur la conférence de Colette Bernier — L'impact de la formation sur les pratiques de la négociation raisonnée*, Jean-Guy BERGERON et Reynald BOURQUE — *La négociation raisonnée chez Mines et exploration Noranda à Matagami*, Alain DORÉ et Alain GILBERT — *La négociation raisonnée à la Société de transports de la Communauté urbaine de Montréal*, Yves DEVIN et Pierre LEBOUC — *Nouvelles modalités de règlement de grief*, Rodrigue BLOUIN — *Bilan d'expériences de règlements de griefs dans le réseau de la santé et des services sociaux*, Michel FORGET — *L'expérience de la procédure d'arbitrage accélérée à la Société canadienne des postes*, Claude LÉVEILLÉ — *L'innovation dans la gestion des problèmes humains au travail*, Lise CHRÉTIEN — *Le programme d'aide aux employés : un outil dans la gestion des problèmes humains au travail*, Jean GOSSELIN — *Le syndicat : un acteur indispensable dans la gestion des problèmes humains au travail*, Jean SYLVESTRE — *Table ronde : L'avenir des nouvelles approches de résolution de problèmes au travail et de la coopération patronale-syndicale*, Sophie FORTIN, Roger LECOURT, Michael McDERMOTT, Marcel PEPIN.

La crise de l'emploi : de nouveaux partages s'imposent (LIIe congrès 1997)

Préface, Esther DÉOM — *Introduction*, Alain LAROCQUE — *Remise du prix Gérard-Tremblay — Remerciements — De quelques méprises sur l'état de la crise !* Fernand MORIN — *Comment les gens vivent-ils la crise de l'emploi au quotidien ? La situation des jeunes adultes*, Michel PHILIBERT — *La pauvreté et les assistés sociaux*, Vivian LABRIE — *Les personnes à la retraite*, Gisèle BÉRUBÉ — *Les femmes et l'emploi*, Thérèse SAINTE-MARIE — *Trois scénarios pour sortir de la crise de l'emploi*, Paul-André LAPOINTE — *Doit-on privilégier un scénario ? Un choix en faveur de la démocratie*, Mona-Josée GAGNON — *Démocratisation de l'économie et économie sociale*, Benoît LÉVESQUE — *Emploi et distribution du revenu : un modèle analytique, deux modèles politiques*, Jean-Luc MIGUÉ — *Travail en crise, inégalité et exclusion : repères pour l'État-stratège*, Gilles PAQUET — *Les choix stratégiques des acteurs sociaux. Une stratégie pour sortir de la crise de l'emploi*, Diane BELLEMARE — *Des pistes concrètes de réorganisation du travail*, Pierre COMTOIS — *La stratégie pour l'emploi proposée par la CSN*, Pierre PAQUETTE — *Les choix privilégiés par le mouvement des femmes*, Françoise DAVID — *Synthèse et prospective. À la recherche de nouveaux partages et de nouvelles solidarités*, Jane JENSON — *L'emploi en contexte d'économie migrante et de société concurrentielle*, Jocelyn LÉTOURNEAU — *La crise de l'emploi : crise sociale, crise morale*, Guy ROCHER — *Annexe : Extraits du recueil de données de référence.*

L'intégation économique en Amérique du Nord et les relations industrielles (LIIIe congrès 1998)

Préface, René BOULARD — *Remise du prix Gérard-Tremblay — Première partie — CONTEXTE ET ENJEUX — L'intégration économique en Amérique du Nord et les relations industrielles : défis de gestion, de représentation et de régulation*, Anthony GILES et Dalil MASCHINO — *L'intégration économique et les relations industrielles en Amérique du Nord : implications pour le Mexique*, Graciela BENSUSÁN — *Perspective américaine sur l'ALENA et le mouvement syndical*, Lance COMPA — *Deuxième partie — LA GESTION DES RESSOURCES HUMAINES À L'ÉCHELLE CONTINENTALE — Pratiques comparées de gestion des ressources humaines dans le monde*, Gérard VERNA — *La pratique de la gestion des ressources humaines à l'échelle continentale : trois dossiers — Gérer les ressources humaines à l'échelle continentale : l'expérience de Quebecor*, Serge REYNAUD — *S'adapter aux attentes de la maison mère étrangère : l'expérience d'une filiale québécoise*, Ronald BERGERON

— L'expérience d'entreprises manufacturières et exportatrices face à l'intégration continentale, Gérald A. PONTON — *Troisième partie — LA REPRÉSENTATION DES TRAVAILLEURS À L'ÉCHELLE CONTINENTALE — Réactions des centrales syndicales nord-américaines à la restructuration néolibérale,* Ian ROBINSON — *Vers un syndicalisme continental? Une perspective américaine face à l'intégration continentale,* Ron BLACKWELL — *Le mouvement syndical mexicain face à la mondialisation,* Bertha E. LUJÁN — *Le syndicalisme québécois face à l'intégration continentale,* Claudette CARBONNEAU — *Conséquences de l'intégration continentale pour les syndicats canadiens,* Steve BENEDICT — *Quatrième partie — LA RÉGULATION DU TRAVAIL À L'ÉCHELLE CONTINENTALE — L'Accord nord-américain de coopération dans le domaine du travail,* Rodrigue BLOUIN et May MORPAW — *Les modes de régulation internationale du travail et de l'emploi : perspective internationale,* Gilles TRUDEAU — *La régulation du travail à l'échelle continentale : perspective syndicale,* Henri MASSÉ — *Les droits fondamentaux et les normes internationales du travail,* Patrick CARRIÈRE.

L'incessante évolution des formes d'emploi et la redoutable stagnation des lois du travail (LVIᵉ congrès 2001)¹*

Préface, Gilles LAFLAMME — *Remise du prix Gérard-Tremblay — Première partie — L'ADAPTATION DES LOIS DU TRAVAIL : UN LUXE OU UNE NÉCESSITÉ ? — Nouvelles dynamiques d'entreprise et transformation des formes d'emploi : du fordisme à l'impartition flexible,* Daniel MERCURE — *L'adaptation du droit du travail à la « nouvelle entreprise »,* Pierre VERGE — *Commentaires : L'urgence d'établir un nouvel équilibre,* François VAUDREUIL — *Face aux conséquences de la flexibilisation de l'emploi : les solutions juridiques et leurs limites,* Katherine LIPPEL — *De l'inadaptation des lois actuelles à ces nouveaux milieux de travail,* Gilles DOLBEC — *Ateliers : Les transformations de la représentation syndicale au Québec,* Gregor MURRAY, *Synthèse des interventions — La formation de la main-d'œuvre au Québec,* Jean CHAREST, *Synthèse des interventions — Les risques sociaux et économiques inhérents au travail,* Sylvie MOREL, *Synthèse des interventions — Le rôle de l'État dans l'adaptation des lois du travail,* Louise DOYON, *Synthèse des interventions — Deuxième partie — COMMENT ADAPTER LES LOIS DU TRAVAIL AUX BESOINS DU XXIᵉ SIÈCLE ? — L'adaptation des lois du travail aux besoins du XXIᵉ siècle : carence du processus législatif ou simple absence d'une réelle volonté ?,* Fernand MORIN — *L'intégration citoyenne, la société postsalariale et le déficit politique,* Joseph Yvon THÉRIAULT — *Table ronde : Quelles sont les conditions de réussite d'une réforme des lois du travail ?* Compte rendu des interventions de Gilles TAILLON, Henri MASSÉ, Marc LAVIOLETTE et Frédéric LAPOINTE.

La gestion des âges : face à face avec un nouveau profil de main-d'œuvre (LVIIᵉ congrès 2002)

Préface, Gilles LAFLAMME — *Remise du prix Gérard-Tremblay — Première partie — UN DÉFI DE GESTION BIEN RÉEL ET DES SOLUTIONS EN ÉMERGENCE — Sortie anticipée ou maintien en emploi des 55 à 64 ans : vers le développement d'une perspective sectorielle,* Martine D'AMOURS — *Enjeux démographiques à l'échelle de l'entreprise : l'expérience d'Hydro-Québec,* Maurice CHARLEBOIS — *La nouvelle génération de main-d'œuvre : une gestion adaptée chez EXFO,* Jean-François BOULET — *Défis de la gestion des âges et mutations du travail,* Hélène DAVID — *Ateliers : De la gestion des âges à la gestion du travail : les apports de la démographie,* Serge VOLKOFF — *L'expérience de TELUS Québec,* Émilien DEMERS — *Synthèse des interventions — Transfert de connaissances entre générations : le cas de l'usinage,* Esther CLOUTIER, Solange LEFEBVRE et Élise LEDOUX — *Synthèse des interventions — Se donner un avantage concurrentiel par la gestion de son capital humain,* Mary LAMBERT et Luc ST-PIERRE — *Synthèse des interventions — La gestion des cadres au lendemain des départs massifs à la retraite : le cas du secteur de la santé et des services sociaux,* Tania SABA et Gilles GUÉRIN — *Synthèse des interventions — L'action syndicale et la gestion des âges à la FTQ,* Louis BOLDUC — *Les enjeux du vieillissement et l'état de la réflexion à la CSN,* Ghislain HALLÉ — *L'action*

---

*   Les actes des congrès de 1999 et 2000 n'ont pas été publiés.

syndicale et la gestion des âges chez les infirmières, Jennie SKENE — *Synthèse des interventions —
Deuxième partie — QUELLES SONT LES ACTIONS EN COURS ET SERONT-ELLES SUFFISANTES ?
— Un défi pour les régimes publics de pension : s'adapter au changement*, Pierre PLAMONDON, Denis
LATULIPPE et Réjane MONETTE — *La transition du travail à la retraite : le rôle des régimes de pension
publics du Canada*, Carole VALLERAND — *La fonction publique québécoise face au renouvellement
de son effectif*, Alain LÉVESQUE — *Âge et syndicalisme : réflexions pour l'action*, Christian PAYEUR
— *Face à face avec un nouveau profil de main-d'œuvre : compte rendu du forum*, Anabelle VIAU-
GUAY.

Santé mentale et travail : l'urgence de penser autrement l'organisation (LVIIIᵉ congrès 2003)

Préface, Fernande LAMONDE — *Remise du prix Gérard-Tremblay — Première partie — TRAVAIL ET
SANTÉ MENTALE — Travail et santé mentale : une relation qui se détériore*, Alain VINET, Renée
BOURBONNAIS et Chantal BRISSON — *Deuxième partie — TABLE RONDE : Qu'en est-il de la respon-
sabilité des acteurs ? — Un point de vue syndical sur la problématique de la santé mentale au travail*,
Micheline BOUCHER — *Santé mentale en organisation : notre partie de l'équation*, Danielle LAURIER
— *Santé mentale au travail : la responsabilité des acteurs*, Anne PARENT — *L'importance de la
recherche-action*, Louise ST-ARNAUD — *Troisième partie — ATELIERS — Stimuler la santé par le
travail ? Le cas des cadres supérieurs du réseau de la santé et des services sociaux au Québec*, Estelle
M. MORIN — *Synthèse des interventions — Le plan d'action contre l'épuisement professionnel au
CLSC Charlevoix — Synthèse des interventions — Les sources de l'épuisement professionnel dans
le travail syndical*, Marie-France MARANDA, Jacques RHÉAUME, Micheline SAINT-JEAN et Louis TRUDEL
— *Synthèse des interventions — Communauté d'apprentissage : le stress au travail et sa prévention
— Synthèse des interventions — La santé psychologique au travail : du diagnostic à l'intervention*,
Caroline BIRON, Micheline BEAUDOIN et Jean-Pierre BRUN — *Synthèse des interventions — Quatrième
partie — LES PRATIQUES DE GESTION — Miser sur les pratiques de gestion comme outil de
prévention en santé mentale au travail*, Jean-Pierre BRUN — *Devons-nous être optimistes ou pessi-
mistes face à l'avenir ? Compte rendu du forum*, Anabelle VIAU-GUAY.

Le travail tentaculaire : existe-t-il une vie hors du travail ? (LIXᵉ congrès, 2004)

Préface, Fernande LAMONDE — *Remise du prix Gérard-Tremblay — Remerciements — Première
partie — L'EMPRISE CROISSANTE DU TRAVAIL ET LES DÉFIS QU'ELLE SOULÈVE —
Paradoxes et évolution récente du travail dans la société postindustrielle*, Paul-André LAPOINTE — *Les
exigences du temps pour la famille, la collectivité et pour soi*, Gilles PRONOVOST — *La conciliation
des temps au travail et hors du travail*, Nicole DE SÈVE — *Deuxième partie — ATELIERS —
L'organisation du travail et la conciliation travail-famille — Manquons-nous de temps ou avons-nous
besoin d'une réduction du temps de travail ?*, Diane-Gabrielle TREMBLAY — *L'expérience de Bouchons
MAC*, Karole FORAND — *Synthèse des interventions — Le professionnel-salarié dans l'organisation
a-t-il du temps hors du travail ? — Savoir rester maître de son temps*, Claude TESSIER — *La maîtrise
de son temps : une course à obstacles*, Carol ROBERTSON — *Synthèse des interventions — Le travail
autonome et la maîtrise du temps de travail — Le travail autonome : voie de dépassement ou figure
exemplaire du travail tentaculaire ?*, Martine D'AMOURS — *Le travail autonome comme mode de vie
ou la métaphysique de l'« intello précaire »*, Jean-Sébastien MARSAN — *Synthèse des interventions
— Le télétravail : mode d'emploi pour concilier travail et vie personnelle ? — Préparation et intégration : deux conditions préalables à l'instauration du télétravail*, Marie-France REVELIN — *Synthèse
des interventions — La conciliation : un enjeu de négociation comme les autres ? — La régulation
du temps de travail et des activités hors du travail : entre le discours, la négociation et la réalité
empirique*, Renaud PAQUET et Elmustapha NAJEM — *Synthèse des interventions — Troisième partie
— LA RÉGULATION DES TEMPS SOCIAUX — Quelle est la place de l'entreprise privée et celle
de l'État dans le développement des politiques de conciliation ?*, Hélène LEE-GOSSELIN — *Temps de
travail et temps hors du travail : les nouvelles règles à établir et leur impact sur les relations de
travail et la société*, Marguerite BLAIS — *La conciliation famille-travail dans les milieux de travail :
faut-il plus d'interventions publiques ?*, Claudette CARBONNEAU — *L'évolution du marché du travail*

MEMBRE DU GROUPE SCABRINI

Québec, Canada
2006